KB023123

내게 너무 낯선 나

STRANGERS TO OURSELVES

Strangers

내게

Anorexia nervosa

Depressive disorder

정신건강의학이
포착하지 못한
복잡한 인간성에 대하여

Schizophrenia

Postpartum depression

Bipolar disorder

Borderline personality

disorder

to

Valium

너무

Eskazine

Depakote

Effexor

Ourselves

Chlorpromazine

낯선 나

Lexapro

Zyprexa

Ativan

Zoloft

레이첼 아비브 지음
김유경 옮김

Abilify

Reserpine

Elavil

Synthroid

SSRI

타인의사유

부모님께 바칩니다.

이 책을 향한 찬사

레이첼 아비브는 경이로울 정도의 공감으로 무장한 채 글을 쓴다. 400쪽 남짓한 지면을 빌려 그는 우리 각자가 정신질환 그리고 '어떤 이에게 치료받을 자격이 있는지'를 인식하고 사유하는 데 문화적 배경이 얼마만큼 영향을 끼쳤는지 치열하게 탐구한다. 『내게 너무 낯선 나』는 우리를 뒤흔드는 동시에 실로 눈이 부신, 기념비적인 보고문학이다.

캐시 박 홍(『마이너 필링스』 저자)

『내게 너무 낯선 나』는 집요할 정도로 복합적이기를, 가능한 최고의 방식으로 불안정하기를 택한다. "예술의 진정한 목적은 대답 뒤에 가려진 질문들을 드러내는 것"이라는 제임스 볼드윈의 말대로라면, 레이첼의 글은 문학이 된다. 이는 그의 글이 인물과 장면에 따라 민첩하게 전환되고 우리의 기대를 교묘히 무너뜨리는 방식 때문이 아니라, 진실성을 담보하기 위한 그만의 고유한 태도 때문이다. 시인 루이즈 글릭의 이야기를 빌리자면 거식증은 "그럴듯한 자아를 구성하려는 시도"와도 같다. 레이첼은 자신의 주제를 진단으로서가 아닌, 철저히 인물—저마다 열망, 자아 성찰, 상심, 기지 그리고 희망을 갖고 있는—의 차원에서 탐구하고자 한다. 부조리와 불평등으로 얼룩진 사회적 풍경 속에서도, 또한 우리가 정신질환이라 부르는 마음의 상태를 경험하고서도 그들은 글릭의 말처럼 그럴듯한 자아를 구성하려 고군분투한다. 레이첼은 그들 내면에 귀 기울이며 그들의 경험이 그들이 설명하는 이야기와 맞아떨어지지 않는 순간을 잡아낸다. 그는 다른 작가들이 쉬운 출구로 여기는 결론을 진실의 황야로 들어가는 험준한 입구로 간주하는 작가다.

레슬리 제이미슨(『공감 연습』, 『비명 지르게 하라, 불타오르게 하라』 저자)

정신질환과 마음에 관한 획기적인 탐구.

《뉴요커》

꼼꼼하게 연구하고 우아하게 구성된 최고의 논픽션.

《커커스》

놓쳐서는 안 될 날카롭고 자비로우며 없어서는 안 될 조사.

《북페이지》

자신의 고통에 관한 대안적 설명의 기로에 선 여섯 사람의 초상을 훌륭하게 그려낸다.

《가디언》

레이첼 아비브는 언어가 실패한 정신의학이라는 공간에서, 역설적으로 우리 인간의 가장 형언할 수 없는 경험들을 기록하기 위한 언어를 찾아낸다. 그렇게 그는 잘못 명명된 것을 바로잡는다. 언론인과 정신과 의사에게 이보다 더한 성취는 없다.

《월스트리트 저널》

진실이란, 분명한 현실이지만 그와 동시에 불완전한 것이기도 하다. 레이첼 아비브의 서술은 미묘하고도 복잡한 맥락을 다루는 데 최적화돼 있다. 그는 모든 디테일에 촉각을 곤두세우고는 그 어떤 포괄적이거나 논쟁적인 사항에도 굴복하지 않는다. 이것은 반反정신의학 책이 아니다. 다만 그는 각각의 환자들이 경험한 정신적(또는 삶의) 위기가 고유함을 인식하고, 그것들을 설명하려는 충동에 뛰어드는 대신 다양한 해석을 탐구하기를 택한다. 그와 동시에 유지하기 대단히 어려운 이 두 가지 시도 간의 균형을 섬세하게 맞추고 있다.

《뉴욕 타임스》

놀라울 정도의 열정적 관심으로 쓰인 책. 정확한 내러티브, 각 이야기를 아우르는 맥락의 폭, 섬세한 보고. 그러나 이 책의 가장 큰 미덕은 연민이나 감상에 휘둘리지 않는 작가의 순수한 공감이다.

《북포럼》

이 책의 즐거움 중 하나는 명확하고 쉽게 받아들일 수 있는 판정에 대한 저항과 '알지 못함'에 머물기를 바라는 태도일 것이다.

《애틀랜틱》

정신질환에 관한 한 지금껏 봐 온 그 어떤 시각보다 배려 깊고 참신하다. 연구 결과, 학술 논문, 의사의 소견서, 인터뷰 등 광범위한 자료를 능숙하게 엮어 내는 작가의 헌신은 감동적이기까지 하다.

《고커 Gawker》

『내게 너무 낯선 나』는 보고문학의 계시록과도 같다. 눈만 뜨면 배울 수 있는 급진적인 교훈이 여기 있다.

《오프라 데일리》

치열한 도덕적 고민이 담긴 작품. 환자들에 대한 판단을 기꺼이 유보하며 그들 스스로 자신의 내러티브를 펼칠 수 있도록 함으로써 작가는 지금껏 사회가 거두어들인 존엄성을 환자에게 되돌려준다.

《벌처 Vulture》

차례

POSTPARTUM DEPRESSION

ANOREXIA NERVOSA

BIPOLAR DISORDER

프롤로그

레이첼의 이야기:
"나는 나보다 더 나은 사람이
되고 싶다."

BORDERLINE PERSONALITY DISORDER

DEPRESSIVE DISORDER

ANOREXIA NERVOSA

거식증

나는 마치 '디지털화된' 세상에 들어선 것 같았다. 모든 것은 미터, 센티미터, 킬로그램, 칼로리, 시간 등의 숫자로 이해되었기 때문이다. 나는 어느 누구와도 문화나 사회적 현실, 심지어 언어도 공유하지 않았다. 나는 모든 것이 나에게만, 오직 나 혼자에게만 말이 되는 그런 폐쇄된 세상에서 살고 있었다.

SCHIZOPHRENIA

POSTPARTUM DEPRESSION

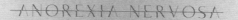
ANOREXIA NERVOSA

초등학교 1학년 초, 나는 엘리자베스라는 친구를 사귀게 되었다. 엘리자베스는 우리들 중 나이가 제일 많음에도 불구하고 키가 작고 뼈마디가 툭 불거져 있을 만큼 말랐었다. 우리는 만칼라라고 하는 게임을 하면서 친해졌다. 구멍이 패 있는 나무 보드에 대리석 구슬을 굴려 넣는 게임이었다. 나는 다른 친구들을 일부러 피하고 있었으므로 엘리자베스가 보기엔 언제든지 함께 게임을 할 수 있는 대상이었다. 엘리자베스는 늘 나에게 놀자고 했고, 우리의 우정이 가능했던 건 마치 나의 계획이었던 것만 같았다.

디트로이트 교외에 있는 부자 동네 블룸필드 힐스에 위치한 엘리자베스네 집에서는 우리 집과 다른 냄새가 났다. 엄마에게 왜 그런지를 묻자 세제가 달라서 그럴 거라는 김빠지는 답을 내놓았다. 엘리자베스네 집은 너무 커서 집에서도 길을 잃어버릴 것 같았다. 그 집에는 노란 캐노피가 달린 침대에 커다란 드레스룸과 수영장도 있었다. 또 나는 엘리자베스의 금발 머리는 빗으면 빗을수록 더 밝아진다는 것도 알게 되었다. 지하실에는 탄산음료용 냉장고까지 있었다. 어느 날 엘리자베스는 콜라를 무릎으로 먹어 보자는 제안을 했다. 우리는 엘리자베스를 봐 주는 도우미의 차에서 실험해 보기로 했다. 콜라가 카시트에 줄줄 흘러내리는 걸 보면서 우리는 웃음을 터뜨렸다. 탄산음료를 입으로밖에 마실 수 없다고 생각했었다니, 정말 놀라울 지경이었다.

집에 오면 나는 마치 엘리자베스가 된 것처럼 행동했다. 방을 돌아다니면서 집이 너무 넓어서 여기가 어딘지도 모르겠다고 상상했다. 엘리자베스로 태어나지 못한 건 내게 닥친 큰 불행인 것만 같았다. 꿈에서 깨어나 쓸쓸한 기분으로 앉아 있었던 어느 밤이 기억난다. 꿈에서 나는 스쿨버스에 올라타 제대로 된 자리에 앉기만 한다면 엘리자베스로 다시 태어날 기회를 얻을 수 있었다. 하지만 꿈속에서 나는 너무 흥분한 나머지 13번 좌석을 지나쳐 버렸고, 결국 그런 행운은 오지 않았다.

그때 나는 막 여섯 살이 되었고, 사람들 사이의 경계는 불분명해 보였다. 음악 시간에 선생님은 나를 두 남자아이 사이에 앉혔다. 한쪽에는 1학년을 통틀어 제일 키가 큰 슬로운이 있었다. 슬로운은 연두색 콧물을 줄줄 흘리고 있었다. 다른 쪽에는 뚱뚱한 브렌트가 있었다. 브렌트는 숨을 쉴 때마다 숨소리가 너무 커서 잠든 게 아닌지 매번 확인해야 했다. 이유는 알 수 없었으나 그 아이들의 신체 특징들이 내게 옮을 것만 같다는 생각을 했던 것 같다. 그래서 나는 스스로를 지키기 위해 두 아이에게서 최대한 멀리 떨어질 수 있게 의자 정중앙에 앉으려고 애썼다. 내가 슬로운에게 조금이라도 기울면 내 키가 너무 커질 것만 같았다. 그리고 브렌트에게 1인치라도 가까이 간다면 뚱뚱해질 것이었다. 나는 언니인 사리와 함께 어느 초고도비만 남자에 대한 뉴스를 보았다. 침대에서 심장마비가 온 그를 옮기기 위해서 크레인을 불러야 했다. 우리는 사람들이 그를 어떻게 옮겼는지 상상했다. 벽을 부수어야 하지 않았을까? 크레인에는 어떻게 실었을까? 나는 결국 슬로운 쪽으로 가는 게 낫겠다고 결정했다.

점심시간이면 우리 반 아이들은 모든 반찬을 최소한 '한 입' 이상씩 먹어야만 했다. 국수 한 젓가락, 콩 한 쪽, 이런 식으로 말이다. 시간이 흐른 뒤에 1학년 담임이었던 캘핀 선생님은 이렇게 말했다. "너는 수심에 잠긴 표정으로 접시를 하염없이 들여다보면서 앉아 있었지. 그러면 나는 '레이첼, 어서 먹어! 이제 20분밖에 안 남았어! 계속 먹어야지!' 하고 격려했어. 하지만 정말이지 너는 너무 느렸어." 학교에 다니기 시작한 지 2주일 정도 되었을 때 나는 점심을 먹은 후 화장실에 가겠다고 했다. "응가하러 가야 하니?" 하고 캘핀 선생님은 물었었다. 나는 그냥 거울을 보고 싶다고 대답한 기억이 난다.

며칠이 지나고 나는 캘핀 선생님이 접시에 올려 준 한 입 크기 음식을 아예 건드리지도 않았다. 선생님은 나에게 대신 샐러드바에 가겠느냐고 물었다. 거기에 가면 가끔 튀긴 빵조각을 주곤 했기 때문이다. 나는 싫다고 말했지만 마음속으로는 만족의 미소를 지었다. 선생님이 나를 조심스럽게 쳐다보면서 묘한 표정을 지었기 때문이었다. 찡그리면서 동시에 미소를 짓고 있는 듯한 표정이랄까. 나는 선생님이 나에 대해 깊이 생각하고 있다는 걸 느낄 수 있었고, 그렇게 선생님의 관심의 대상이 된다는 사실이 너무나 즐거웠다. 사실 나는 선생님이 참 좋았는데 나 혼자만 좋아하는 것 같아 쓸쓸한 마음이 들었던 차였기 때문이다. 선생님은 엄마가 학교에 봉사를 나오지만 선생님한테는 전혀 관심도 없는 냉랭한 아이들에게만 관심이 있는 것처럼 보였다.

그 뒤 이틀 동안 나는 먹지도 않고 마시지도 않았다. 내가 뭐라고 하면서 그렇게 했는지는 기억나지 않는다. 기억나는 것이라곤 나를 보는 어른들의 반응과 그걸 보는 나의 은밀한 희열뿐이다. 나는 일주일 전에 우리가 기념했던 유대교의 '속죄일'*에서 아이디어를 얻었다. 먹는 것을 거부하는 게 가능하다는 것을 그때 처음으로 깨닫게 되었다. 나의 결심은 속죄일의 관습이라는 종교적 힘을 가지고 있었고, 일종의 순교자 같은 아우라도 풍기고 있었다.

나는 일주일에 세 번 유대교 학교에 갔고, 내가 신과 보이지 않는 채널로 소통하고 있다는 생각을 하자 기분이 좋아졌다. 나는 하루에도 몇 번씩 우리 가족이 '여든일곱 살이 넘을 때까지' 건강하게 해 달라고 기도했다. 특히 '나랑 엄마'를 여러 번 강조했는데, 왜냐하면 우리 두 사람의 생존이 무엇보다 중요하게 느껴졌기 때문이었다. 하루는 아빠의 여자 친구 집에 갔는데, 그곳 뒤뜰에 깔려 있는 자갈 위를 걷다가 문득 내 모든 발자국이 신에 의해 미리 운명지어져 있다는 강한 확신이 들었다. 하지만 그런 초월적 깨달음은 나의 자의식에 의해 가려졌다. 내가 불꽃이 일어나는데도 타지 않는 탈출기의 떨기나무 속에 있는 것이라고 생각했기 때문이다. 내가 신의 계시를 받을 수 있는 사람이라는 걸 드러내고 싶은 욕망에 비하면 그 같은 초월적 계시의 내용 자체는 부차적인 것에 불과했다.

---

* 대속죄일이라고도 불리며 히브리력 7월 10일을 기념하는 유대인들의 명절. 가을 절기에 해당하며, 모든 죄를 용서받는다는 의미를 지니고 있다. 유대교에서는 '욤 키푸르'라 불리며, 일 년 중 가장 크고 엄숙한 명절이다.

1988년 9월 30일, 나는 엄마에게 너무 어지러워서 벽에 부딪힐 것 같다고 말했다. 3일 동안 거의 아무것도 먹지 않은 상태였다. 엄마는 나를 소아과 의사에게 데려갔다. 엄마는 나중에 이렇게 말했다. "나는 그때 생각했지. 의사가 레이첼에게 뭔가 영양가 있는 액체 같은 걸 주겠지. 그러고 나서 집에 데리고 가면 될 거야." 엄마가 보기에 나는 활기차고 순진무구한 여섯 살짜리 아이일 뿐이었다. 하지만 나중에 새어머니가 된 아빠의 여자 친구 린다에 따르면, 나는 그때까지 린다가 본 것 중 세상에서 제일 슬픈 아이였다. 린다는 내가 좋아할 만한 액티비티를 권해 주고는 했는데, 그때마다 나는 똑같이 대꾸했다. "그게 뭐가 그렇게 대단한데요?" 린다는 또 내가 식탁 앞에서 꼼짝하지 않고 앉아서 눈물만 줄줄 흘리는 특별한 능력을 가지고 있다는 사실도 알아냈다. 아빠는 나에게 뭘 좀 먹으라고 했고, 그럴 때마다 나는 싫다고 대답했던 것이다. 어떤 때는 아빠와 한 시간이 넘게 씨름하다가 결국 아빠 쪽에서 먼저 포기하고 나를 학교에 태워다 주곤 했다.

의사는 내가 한달 동안 1.8킬로그램이나 살이 빠졌다는 사실을 알게 되었다. 최근까지도 "피자, 치킨, 시리얼과 같은" 정상적인 식사를 하고 있었다고 의사는 기록했다. 그 정도의 체중 감량은 뛰기, 점프하기, 자전거 타고 달리기와 같은 운동을 쉴 새 없이 해야만 이룰 수 있는 "성과"라고 했다. 그는 나를 개인적으로 혹은 사회적으로 지루함을 느끼는 아이라고 보았다. 그리고 엄마에게 디트로이트에 있는 미시간주립 어린이 병원에 데려가 보라고 권했다. 그곳에서 나는 식이 장애로 진단받고 입원하게 되었다. 그곳의 소아과 의사는 나를 두고 "발달상태가 나쁘지 않고 급성 통증이 없는데도 심하게 마른 여자아이"라고 표현했다.

당시 아빠는 엄마와 이혼한 지 1년이 지났으며 나의 양육권을 놓고 분쟁 중인 상태였다. 엄마와 아빠를 인터뷰한 의사는 이렇게 기록했다. "아이의 엄마는 아이의 아빠가 비만인 사람을 보고 조롱하곤 했다고 진술했고, 이에 대해 아이 아빠는 부인하지 않았다." 반면 아빠는 엄마가 문제라고 주장했다. 왜냐하면 엄마는 "음식에 대해 지나치게 걱정이 많은 사람"이기 때문이라고 했다. 엄마는 실제로 동네 통밀빵을 다 사 모아서 냉동고를 열면 디트로이트 전역 시장에서 사 모은 빵 덩어리들이 굴러떨어지곤 했다. 이렇듯 엄마는 음식에 대해 지나칠 정도로 열정적인 부분이 있긴 했지만, 굳이 따지자면 음식과 비교적 정상적인 관계를 유지한 편이었다. 엄마 역시 그 또래 다른 여자들처럼 때로 다이어트를 했지만 오래가지는 못 했기 때문이다.

입원하기 일주일 전에 엄마는 나를 위한 일기를 쓰기 시작했다. 주로 내 이야기를 받아 적었는데, 아직 내가 일기를 쓸 나이가 아니었기 때문이다. 물론 나는 내 마음 상태를 엄마에게 있는 그대로 말하지는 않았고, 그저 있었던 일을 시간 순서대로 이야기할 뿐이었다. 중간중간에 질문을 섞기도 했다. "뱀은 설사하면 어디로 나와?" "왜 사람한테는 꼬리가 없어?" 같은 질문들이었다. 당시 남자 친구와 헤어진 엄마는 자기 일기를 쓰기도 했다. 엄마는 그때 꾼 꿈을 기록했다. (엄마는 늘 자신의 꿈을 기록했다.) 꿈에서 엄마는 정원을 가꾸는 사람에게 우리 집을 벽돌 하나하나까지 다 해체해 달라 부탁했다고 한다. "남은 건 먼지와 시멘트 흔적뿐이었다"라고 엄마는 썼다.

병원에 입원한 첫날 저녁에 간호사는 내게 밥을 갖다주었다. 나는 먹지 않겠다고 했다. 엄마는 배가 고프다면서 자신이 대신 먹었다. "그 사람들 나한테 완전 화냈잖아." 엄마는 말했다. "네가 뭘 먹었는지를 알아야 하는데 나 때문에 헷갈린 거지." 다음 날 간호사는 나에게 정맥주사를 놓아주었다. 탈수증세가 왔기 때문이었다.

의료 기록만 봐서는 그 당시 내가 왜 아무것도 먹지도 마시지도 않았는지에 대한 일관된 그림을 그릴 수가 없다. 어느 심리학자는 이렇게 기록했다. "레이첼의 증상은 부모와의 관계에서 발생하는 병리적 감정의 표출임에 분명하다." 또 다른 심리학자는 말했다. "레이첼은 외부 세계에 관한 강렬한 감정을 이해하고 해소하기 위해서 자신의 내면을 들여다보려고 시도"하고 있지만 "자기 비하적 태도, 이를테면 '내가 문제야' 같은 태도로 이어지는 지나치게 복잡한 사고 과정"으로 인해 힘들어하고 있는 것으로 보인다고 했다. 이런 설명은 거의 모든 사람에게 적용될 수 있음에도 불구하고, 의사들은 내가 신경성 식욕부진증의 특이한 사례라고 결론 내렸다.

'거식증Anorexia'이라고도 불리는 식욕부진증은 "읽기 장애reading disorder"[1]의 한 가지라고 설명된다. 이는 마른 상태를 이상적 여성의 모습으로 제시하는 텍스트를 무비판적으로 받아들임으로써 거식증이 발병한다고 보는 시각이다. 하지만 나는 그때 겨우 글을 읽기 시작했을 뿐이다. 게다가 거식증이라는 말은 듣지도 보지도 못 했었다. 엄마가 그 진단명을 이야기했을 때 나는 무슨 공룡 이름을 듣는 듯한 기분이었다. 한때 거식증 환자였던 일본의 학자 타카요 무카이Takayo Mukai는 1980년대에 그 단어를 처음 듣고는 비슷한 느낌을 받았던 경험을 이렇게 표현한 바 있다. 그 당시는 거식증이라는 단어가 일본에 잘 알려지기 전이었다. "그 세 음절 단어는 우표도 없고 주소도 없는 텅 빈 편지봉투 같았다."[2]

아빠와 린다는 지역 도서관에 유일하게 소장되어 있던 거식증 관련 서적인 힐데 브루흐Hilde Bruch의 『황금새장 속에 갇힌 소녀』를 찾아 읽었다. '거식증 부인'이라고 알려진[3] 정신분석학자 브루흐는 거식증이 제대로 알려지지 않았던 1960년대에 거식증에 관한 책을 저술했다. 그녀는 거식증을 "정체성과 개성을 찾기 위한 맹목적인 탐색"[4]이라고 묘사하면서, 이 질병에는 새로움이 필수적이라고 가정했다. 그리고 비판적인 소녀들이 모두 거식증에 걸리게 되면 거식증 자체가 더 이상 특별하게 느껴지지 않을 것이기 때문에 발병률도 줄어들리라는 기발한 예상을 했다. "거식증은 구원을 향한 자신만의 길을 발견했다고 생각하는 고립된 소녀의 자아 성취"[5]라고 그녀는 썼다. "그들 각각은 어떻게 보면 독립으로 가는 잘못된 길을 고안해 낸 독창적 발명가라고 할 수 있다."

엄마도 거식증에 관한 책을 읽었다. 대부분은 당시 지배적이었던 정신분석학적 관점을 따른 것이었고, 그것들은 '문제는 바로 엄마다'라는 공통된 메시지를 담고 있었다. 엄마는 지갑 안에 링으로 된 작은 일기장을 넣어서 가지고 다녔는데, 거기에 이렇게 기록했다. "이 모든 고통과 그 원천이 되는 트라우마를 만들어 낸 건 바로 나였다."
이런 깨달음은 급기야 자기 성격에 대한 자책으로 바뀐다. "나는 남한테 못되게 굴고 상처를 주는 성향이 있다는 걸 고백한다." 엄마는 계속해서 이렇게 적었다. "때로 내가 하는 행동은 아이들에게 안 좋은 것 같다. 그 아이들을 지키려고 엄청나게 노력하고 있다고 생각하지만." 언니도 나도 엄마가 우리에게 못된 행동을 했다는 기억은 없지만, 엄마는 그 책들이 엄마에 대해 이야기하는 것을 그대로 믿었다. 의사와의 면담을 위한 메모를 하면서 엄마는 "겸손할 것" 그리고 "무슨 일이 일어나고 있는지 다 이해한다고 말하지 말 것"이라고 스스로에게 상기시키고 있었다.

거식증이라는 단어는 너무 강력해서 나는 이를 입에 담는 것조차 두려웠다. 그 당시 발음 규칙을 익히고 있던 중이었으므로, 내게 모든 단어는 의미를 체화하고 있는 구체적인 실체처럼 느껴졌다. 나는 음식의 이름을 말하려 하지 않았는데, 왜냐하면 내게 그 이름을 말하는 것은 그것을 먹는 것과 똑같이 느껴졌기 때문이었다. "그런 단어들이 자기 앞에서 사용되면 레이첼은 귀를 막곤 했다"라고 심리학자는 기록했다. 나는 8eight이라는 숫자를 말하려고 하지 않았는데, 그 발음이 '먹었다ate'와 같았기 때문이다. 내 고집에 지친 간호사 하나는 나를 "이빨도 안 들어가는 쿠키" 같다고 했고, 당연하게도 그 말은 나를 속상하게 했다. 엄마도 이런 내 상태를 잘 알고 있었기 때문에 내가 병원에서 같은 병실을 쓰게 된 소녀의 병명을 물었을 때, '당뇨병'의 '당'이라는 단어를 쓰지 않고 대답하려 무던히 애를 썼다. "지금

네 상태랑 정반대야."

　　나는 토머스 켑케라는 부드러운 목소리를 가진 친절한 젊은 심리
학자에게 배정되었다. 물론 나는 그때도 여전히 그의 질문에 최소한
의 단어만으로 대답하려고 애썼다. 나는 내가 말하지 않아도 내가 생
각하는 것들이 글자로 바뀌어서 프린터에서 종이가 인쇄되어 나오
듯이 내 머리 뒤로 나올지도 모른다는 막연한 공포심을 가지고 있었
다. 또 다른 심리학자는 이렇게 기록했다. "레이첼은 인터뷰를 통제
하는 자신의 능력을 아주 잘 알고 있다는 듯 스스로를 컨트롤하고 있
다." 내가 성인이 되어 갖게 된 직업에 대해 예견하는 듯한 평가이다.
　　켑케 선생은 우리 부모님에게 여섯 살짜리 아이가 거식증으로 진
단받은 경우는 자기 팀 의사들에게도 처음 있는 일이라고 말했다. 그
들은 당뇨병 소녀와 함께 쓰던 병실에서 나를 빼내어 5층에 있는 다
른 병실로 옮겼다. 그곳은 내가 볼 때 인종적으로 구획된 곳이었다.
복도의 제일 끝에는 겸상 적혈구 빈혈*을 앓고 있는 흑인 아이들이
있었다. 내가 있던 중앙 쪽에는 나보다 더 나이가 많은 백인 소녀들
이 있었다. 한눈에 봐도 영양실조처럼 보이는 그 아이들의 얼굴과 팔
은 솜털같이 부드러운 털로 덮여 있었다. 매일 아침이면 우리는 병원

*　유전병의 하나로, 헤모글로빈 단백질의 아미노산 서열 중 하나가 정상의 것과 다
　르게 낫 모양으로 변하여 악성 빈혈을 유발하는 현상을 일컫는다. 흑인에게서 발
　병 확률이 높다.

가운을 입은 채로 등을 대고 체중을 측정하곤 했다.

그 소녀들은 종종 '특별 혜택'에 대해 이야기했다. 만일 우리가 침대로 배달된 식사를 끝내고 간호사들이 우리가 빵 조각을 숨기지 않았다는 것을 확인하면 우리는 부모님에게 전화를 거는 혜택을 누릴 수 있었다. 우리가 하루에 두 끼를 먹는 것에 성공하면 부모님이 병원에 와서 한 시간 정도 우리와 함께 시간을 보낼 수 있었다. 하지만 음식을 먹지 않을 경우, 가혹한 결말이 기다렸다. 두 끼를 굶을 경우에는 침대에만 있어야 했다. 화장실을 사용하려면 간호사를 불러야 했는데, 그러면 간호사는 와서 우리의 '배설물'을 기록했다. 우리는 다른 질환이 있는 어린이들과 텔레비전을 보거나 함께 놀 수 있는 게임 룸에 가는 자유도 박탈당했다. 너무 살이 많이 빠진 데 대한 징벌로 음식을 튜브로 체내에 집어넣겠다는 위협이 끼니마다 계속되었다. 나는 그들이 말한 '튜브'라는 것이 코로 삽입되는 것인 줄 몰랐다. 단지 내가 들어가서 놀 수 있는 뚜껑 있는 커다란 물놀이용 고무 튜브를 상상했을 뿐이다.

거식증 병동에서 나는 캐리라는 이름의 담황색 머리칼을 가진 열두 살짜리 언니와 룸메이트가 되었다. 나는 틈만 나면 캐리에게 "언니가 보기에도 내가 이상해?"라고 물었다. 급기야 캐리는 "한 번만 더 그 질문하면 진짜 이상하다고 대답해 버릴 거야." 하고 말했다. 캐리는 우리 층에 있는 간호사들을 죄다 알고 있었고 다른 환자들과도 친했다. 캐리와 우리 옆방에 살던 캐리의 친구 하바는 내게 멘토 같은 존재였다. 하바는 갈색 머리를 헝클어뜨린 이목구비가 날카롭고 아름다운 열두 살짜리 소녀였다. 하바에게는 뭔가 강인하고도 거친 데가 있어서 전장에서 싸우던 여전사들을 떠올리게 했다. 하바는 병원에서 보내는 날들에 대해 일기에 자세히 기록하고 있었다. 그 일기에는 병원에서 사용하는 치료 용어들이 가득했는데, 하바 스스로 자신을 이해하려는 노력이 담겨 있었다. 병원이라는 환경의 충실한 학습자였던 하바는 나를 만나고 나서 열광적인 문체로 일기에 썼다. "세상에나, 저 아이는 이제 겨우 여섯 살인데!"[6] 그녀는 계속해서 병원 직원 같은 말투로 이렇게 적었다. "저 아이를 봐! 어른을 얼른 신뢰하게 만들어서 저 뻣뻣한 몸 안에 숨어 있는 어린아이 같은 태도를 벗어 버리게 해야 하는데. 분명 저 아이는 누군가 자기에게 손을 뻗어 주고 박수를 쳐 주기를 기다리고 있는 거야!"

하바도 유대교의 속죄일 정신에 과하게 영향을 받았던 것 같다. 하바는 유대교 학교에 갔다가 자신의 이름이 '생명의 책에 올라와 있지 않을지도 모른다'라는 공포에 사로잡혔다. 생명의 책이란 한 해를 더 살 만한 가치가 있는 사람들을 기록한 신의 노트로, 하바는 자신이 "신성한 완벽의 상태를 이루지 못했다"라며 스스로를 비난했다.

게다가 하바는 나와 또 다른 유사점을 가지고 있었다. 하바의 부모도 오랫동안 이혼 분쟁 중이었고 뚱뚱한 친구들을 보면 비웃곤 했던 것이다. 그들은 항상 오르스타인 부부를 보고 오크 같다며 '오크스타인' 부부라고 놀렸다. 그리고 결정적으로 하바에게도 엘리자베스 같은 친구가 있었다. 부러울 뿐만 아니라 그렇게 되고 싶은 친구 말이다. 하바가 그 친구의 집에서 놀 때면 자신이 거기에 살고 있다고 상상했고, 그래서 자기 집으로 돌아가지 않았으면 하고 바랐다고 한다. 또 하바의 글씨는 내 글씨랑 정말 많이 닮아서 최근에 하바의 일기를 읽을 때 내 일기장을 읽고 있는 듯한 착각에 빠질 정도였다.

내가 하바를 만났을 때 그녀는 입원한 지 다섯 달 정도 된 상태였다. 하바의 엄마 게일은 하바의 6학년 친구들을 만나서 하바가 왜 학교에 나오지 못하는지 설명하려고 노력했다. "하바는 그렇게 말랐는데도 자기가 뚱뚱하다고 생각하고 있어." 게일은 하바의 반 친구들에게 그렇게 말했다.

31킬로그램밖에 나가지 않았던 하바는 엄마의 설명이 자신의 사회적 지위를 더 낮춘 것은 아닌지 혼란스러워했다. 하바는 일기장에 "내가 나 자신에 대해 좋아했으면 하고 바라는 것"을 나열했는데, 여기에는 "나의 성격과 지능, 성적" 그리고 "나의 감정"이 포함되어 있었다. 하바는 "친구들에게 내 상태를 호소했는데, 아이들이 나를 완전히 받아 주고 이해해 주었다"라는 꿈을 꾸기도 했다.

하바는 아이들이 팩맨 게임을 하려고 다투곤 하는 놀이방에서 열세 살짜리 여자아이를 알게 되었는데, 그 아이는 쌍둥이를 임신 중이었다. 하바가 거식증 병동의 엄격한 식사 규칙에 대해 불평하자 그 아이의 엄마는 하바에게 차라리 운동을 해서 칼로리를 태우는 게 어떻겠느냐고 말했다. "그 아주머니의 이야기를 들으니 오늘 밤에 반드시 점핑잭을 해야겠다는 생각이 확고하게 들었다"라고 하바는 일기에 적었다.

나는 하바와 캐리의 우정에 경외심을 품을 정도였다. 둘은 서로의 목표를 공유하면서 더욱더 공고히 관계를 쌓아 갔다. "캐리와 나는 뼈, 피부, 피부색, 마른 정도를 비교했다." 하바는 또 이렇게도 기록했다. "캐리가 없었다면 내가 대체 어떻게 여기 있을 수 있을까!" 둘은 체중이 증가하고 감소하는 사이클도 공유하는 것처럼 보였다. 그들의 상태가 좋아지면 간호사들은 두 사람이 산부인과 병동을 방문하도록 허락해 주었고, 그곳에서 둘은 새로 태어난 아기들을 들여다보았다. 하바는 자신의 일기장에 이렇게 기록했다. "어떤 아기는 온몸에 바늘을 꽂고 있었다. 나는 내가 건강하게 태어난 게 감사했다." "죄책감 없이 밥을 먹는 게 더 수월해졌으면," 간호사들이 없을 때 하바와 캐리는 숨이 찰 때까지 복도를 전속력으로 질주했다. 둘은 또한 다른 환자에게 점심을 배식하는 봉사에 자원하기도 했다.

당시 나는 운동이 체중과 무슨 관계가 있는지 알지 못했지만 밤마다 캐리, 하바와 함께 점핑잭을 하기 시작했다. 나는 더 이상 가만히 앉아서 (그 아이들의 표현으로) '카우치 포테이토'가 되어서는 안 되었다. 간호사들은 청소년 도서를 담은 카트를 밀면서 거식증 병동을 돌아다녔다. 내가 가 보니 둘은 《베런스타인 베어스Berenstain Bears》《클리포드The Clifford》《미스터 맨과 리틀 미스Mr. Men and Little Miss》 시리즈를 읽기 시작했다. 여기에는 아침으로 달걀을 8개나 먹는 『미스터 스트롱Mr.strong』도 포함되어 있었다. 무시무시했다. 나는 병실에서 선 채로 책을 읽는 법을 배웠다. 간호사들이 우리 방에 들어오자 나는 그들의 이름표에 있는 대여섯 글자를 연결하는 새로운 기술을 보여 주기도 했다.

프롤로그

언니들은 나를 거식증의 마스코트처럼 생각하는 것 같았다. 하지만 음식과 몸에 대한 나의 생각은 언니들의 생각보다 훨씬 더 허무맹랑했다. 나는 베이글은 먹어도 작고 동그란 시리얼인 치리오스는 먹지 않았다. 베이글의 큰 동그라미를 먹는 것이 삼백 개나 되어 보이는 작은 동그라미들을 먹는 것보다는 적게 먹는 것처럼 느껴졌기 때문이다. 또 하바와 캐리가 내게 '고피쉬'라는 카드 게임을 할 테니 구경 오라고 했을 때, 나는 그 물고기가 어떤 물고기인지 궁금했지만 부끄러워서 물어보지 못했다. 바다에서 헤엄치는 물고기? 아니면 요리가 되어 접시에 올라온 물고기? 나는 바다에 있는 그 물고기란 게 접시 위에 있는 물고기가 된다는 사실을 이해하지 못했고, 만일 물고기란 게 접시 위에 있는 걸 의미하는 거라면 그런 게임은 결코 하고 싶지 않았다.

나는 체중을 킬로그램이 아니라 그램 단위로 이야기하는 하바와 캐리의 말을 따라갈 수가 없었다. 거식증은 읽기 장애로 알려져 있지만 수학에 관한 것이기도 하다. 거식증을 연구한 일본 학자인 무카이는 자신이 거식증에 걸렸을 때 마치 "'디지털화된' 세상에 들어선 것 같았다. 모든 것은 미터, 센티미터, 킬로그램, 칼로리, 시간 등의 숫자로 이해되었기 때문이다"[7]라고 회고한다. "나는 어느 누구와도 문화나 사회적 현실, 심지어 언어도 공유하지 않았다. 나는 모든 것이 나에게만, 오직 나 혼자에게만 말이 되는 그런 폐쇄된 세상에서 살고 있었다."

나는 거식증이 요구하는 만큼의 수학을 할 정도로는 성숙하지 못했다. 하지만 하바와 캐리가 육체적 감각을 해석하고 자신의 가치를 평가하는 그 낯선 방식에 매료되었다. 그것은 내게는 새로운 가치 체계였다. 우리 병동에 새로운 환자가 들어올 때마다 하바는 그 아이의 키와 체중을 일기장에 썼다. "나는 음식에 대해 느끼는 조급함을 늦춰야만 한다. 그럼으로써 느낄 수 있는 황홀함을 경험해야 한다." 하바는 또 이렇게 적었다. "그건 정말이지 끝내준다." 하바는 자신이 결코 입 밖에 내지 않은 어떤 더 높은 목적을 위해 육체를 훈육하고 있었던 것 같다.

인류학자이자 스스로도 거식증 환자였던 논자 피터스Nonja Peters는 1995년에 발표한「금욕적인 거식증 환자The Ascetic Anorexic」라는 논문에서 거식증이라는 질병은 특유의 단계들을 가지고 있다고 말한다.[8] 처음에 거식증 환자는 많은 여성들로 하여금 다이어트를 하게 만드는 동일한 문화적 힘에 이끌린다. 그 과정은 아주 사소한 말 한마디로 촉발될 수 있다. 무카이는 자신이 크면 할머니처럼 뚱뚱해지냐고 엄마에게 물었을 때 "그럴 수 있지"[9]라는 대답을 듣고는 다이어트를 결심했다고 한다. 무카이는 엄마가 "웃으면서 농담으로 말했다는 걸 알고 있었"음에도 그 말에 사로잡히고 말았다. 하바는 친구가 자신의 사이즈를 "미디엄"이라고 말했던 순간이 결정적이었다고 했다. 하바의 부모는 하바에게 친구들 말을 듣지 말라고 했지만 하바는 기어코 "걔들이 내가 뚱뚱하다고 생각하면 나는 뚱뚱한 거야"라고 일기장에 썼다.

이렇듯 충동적 결심이 모여서 결정적 계기가 되며, 그렇게 되면

ANOREXIA NERVOSA

갈수록 돌이킬 수 없는 상황에 맞닥뜨린다. "한번 금욕의 길을 선택하면 금욕적 행위가 금욕적 동기를 낳는다. 이제 다른 길은 없다"라고 피터스는 논문에서 말한다.[10]

몇몇 학자들은 신경성 식욕부진증과 '아노렉시아 미라빌리스anorexia mirabilis' 사이의 유사성을 연구해 왔다. 아노렉시아 미라빌리스란, 중세에 젊은 여성들이 자신의 육체로부터 영혼을 해방시켜 예수의 고통을 이해하고 그 고통과 하나가 되기 위해 스스로 기아 상태에 빠지는 것을 말한다. 그 여성들의 식욕 상실은 하나의 기적이라고 이야기되었다. 그들의 육체는 신앙과 순결의 강력한 상징이 되었기 때문에 그들이 다시 음식을 먹는 것은 쉽지 않은 일이었고, 그렇게 스스로를 몰아붙이다가 때로는 목숨을 잃기도 했다.

역사학자인 루돌프 벨Rudolph Bell은 이 여성들은 사실은 거식증을 앓았던 것이라고 결론 내리며 이를 '신성한 거식증'[11]이라고 명명했다. 하지만 그와 정반대의 주장도 가능해 보인다. 거식증 자체가 영적 수련으로 느껴질 수도 있다는 것이다. 자신의 고귀한 자아를 찾는 왜곡된 방식으로써 말이다. 프랑스의 철학자 르네 지라르는 거식증이 "성인聖人이 되고자 하는 것이 아니고 성인처럼 보이고자 하는 욕망"에 뿌리를 두고 있다고 말한다.[12] "종교를 없애려는 현대의 여러 과정들이 오히려 희화화된 형태의 종교를 낳고 있다는 사실은 거대한 아이러니다."[13] 거식증의 과정이 일단 자리를 잡기 시작하면 규칙과 조건을 바꾸기는 어렵다. 2학년 때 나는 "'거식증'이라고 불리는 뭔가 이상한 병을 가지고 있다"라고 일기장에 적었다. 그러면서 내가 거식증에 걸린 이유를 "내가 나보다 더 나은 사람이 되고 싶기 때문"이라고 설명했다.

　부모님을 보지 못한 채 12일이 지났다. 언젠가 한번 엄마가 나에게 잠옷을 가져다주러 병원에 들른 적이 있었다. 정맥주사 바늘이 팔에서 떨어지면서 잠옷에 피가 많이 묻었기 때문이었다. 나는 침대에 갇혀 있어야 했지만 엄마 목소리를 듣고 방에서 뛰쳐나가서 복도를 내달렸다. 엄마도 나도 울었다. 하지만 엄마에게 다다르기 몇 발자국 전에 간호사들이 나를 붙들었다.

　하루 세 번, 내가 얼마 먹지도 않고 밥을 쳐다만 보고 있는 동안 간호사가 내 옆을 30분간 지키고 있었다. 매끼 300칼로리였다. 식판이 치워지고 나면 간호사는 45분간 나를 감시했다. 토하지 않는지 확인하기 위해서였다. 당시 나는 자의로 토할 수 있다는 사실도 몰랐다.

　2주 정도가 지나자 나는 아침도 먹고 점심도 먹었다. 마카로니와 치즈는 제법 맛있었다. 나는 내가 밥을 다 먹었다는 사실도 인지하지 못했다. 하바는 일기장에 "나는 이제 밥 시간을 기다리게 된다. 가끔은 나를 잊고 즐기기 시작했다고 할 수 있을 것 같다"라고 적었다. 아마 나도 그런 우연한 즐거움에 사로잡혔던 것 같다. 나를 감시하던 간호사는 축하해 주면서 내가 특별 혜택을 얻게 되었다고 말했다. 부모님께 전화를 걸어도 된다는 것이었다. 나는 침대 옆 전화기로 달려가서 엄마에게 전화를 걸었다. 엄마 목소리를 듣자 너무 마음이 놓인 나머지 아무 말도 하지 않은 채 그저 웃기만 했다.

부모님은 나를 방문하고는 내가 온갖 종류의 '거식증 행위'를 하고 있는 모습을 보고 몹시 실망했다. 나는 점핑잭을 하는 것뿐만 아니라 잠자리에 드는 9시까지 앉거나 눕지도 않으려고 했다. 한편 나를 방문할 수 있게 된 나의 언니도 나의 새 친구들이 보여 주는 매력을 느꼈다. "나는 그때 캐리한테 약간 반했던 것 같아." 언니는 몇 년 후에 나에게 그렇게 말했다. "캐리는 정말 이쁘고 쿨하더라. 그리고 머리칼이 부드럽고 멋졌어." 그러고는 이렇게도 덧붙였다. "그 아이들이 항상 너를 돌봐 줬지."

부모님은 내가 거식증에 아주 익숙한 손위 여자아이들과 함께 있는 걸 보고 화를 냈다. "그때까지는 순전한 정신적 과정이었어. 그런데 그걸 완전히 내면화하고 만 거야." 새어머니는 이렇게 말했다. "너는 잡지를 읽지도 않아서 이상적인 '마른' 사람이 어떤 몸을 하고 있고 어떻게 생겼는지도 전혀 몰랐잖아." 엄마 역시 이렇게 말했다. "나는 네가 '말랐다'라는 말을 제대로 이해했다고 생각하지 않아. 내 생각에 너는 그저 배가 툭 튀어나오는 게 싫었을 뿐이야. 아이들은 원래 다 그런데도 말이야."

내게 내려진 진단을 받아들이지 않았던 유일한 사람은 바로 아빠였다. "아주 어릴 때부터 너는 '아빠가 내 보스도 아니잖아요'라고 말하곤 했지." 아빠는 말했다. "그건 거식증이 아니라 네가 항상 밥상머리에서 하던 행동이었어." 병원에서 아빠에게 체크하라고 한 '자녀의 식사 태도 목록'에는 "나의 10대 자녀는 운동을 할 때 칼로리를 태운다고 생각한다"라는 문항이 있었다. 아빠는 "10대 자녀"에 줄을 그어

지우고 여백에 이렇게 썼다. "원래는 몰랐지만 이제는 배워서 그렇게 하고 있다."

부모님이 나를 방문하기 시작하자 마치 마법이 풀린 듯한 느낌이었다. 내 목표는 재정립되었다. 부모님을 계속 만나기 위해서는 식판에 있는 걸 모두 먹어야만 했다. 엄마와 아빠는 매일 따로 나를 30분씩 방문할 수 있었다. 내가 밥을 다 먹을 경우에 한에서 말이다.

내 병실 창문에는 언니와 내가 주말마다 보곤 했던 텔레비전 프로그램인 〈피위의 플레이하우스〉에 나오는 작은 인형들이 가득했다. 아빠는 나를 만나러 올 때마다 새로운 캐릭터 인형을 하나씩 가지고 왔다. 소파 캐릭터인 체어리, 우체부 레바, 피위가 "인형 나라에서 가장 아름다운 여성"이라고 불렀던 이본느 양 등등. 나는 이제 캐리와 하바 덕택에 그 프로그램을 보면 카우치 포테이토가 된다는 걸 알았고, 따라서 더 이상 탐닉해선 안 된다는 사실을 깨달았다. 하지만 아빠가 나를 방문해서 침대에 걸터앉아 있는 동안에는 양손에 아빠가 가져다준 인형을 들고 새된 콧소리로 그 프로그램에 나온 대사를 따라하곤 했다.

퇴원을 하려면 22킬로그램이 되어야 했다. 입원했을 때보다 4킬로그램이 더 쪄야만 하는 것이다. 나는 밤이면 간호사실로 가서 설탕 가루를 입힌 과자를 달라고 했다. 살이 더 빠지지 않기 위해서 코딱지도 삼켰다. "레이첼은 입원한 지 12일째 되는 날에 하루에 900칼로리를 먹기 시작했다. 그리고 서서히 섭취량을 늘려서 나중에는 하루에 1,800칼로리도 거뜬하게 먹었다"라고 켑케 선생은 기록했다.

마지막으로 병원을 방문했을 때 언니는 내게 "살이 쪄서 스웨터가 끼는 것처럼 보였다"라고 했다. 캐리도 살을 충분히 찌워서 집에 갈 준비가 되었다. 하바는 회복이 더뎠다. "나는 뭘 먹고 나면 기분이 너무 이상해서 미칠 것만 같다. 나 자신에게도 설명하기 힘든 기분이어서 아무도 나를 이해하지 못할 것 같다. 누군가 나를 도와줬으면, 그래서 이 모든 것들에 대한 내 생각을 바꿔 줬으면 좋겠다." 하바는 일기에 그렇게 적었다.

나는 입원한 지 6주 만인 1988년 11월 9일에 퇴원했다. 켑케 선생은 나의 회복에 대해 비관적이었던 것 같다. "부모 사이에 흐르는 강렬한 적대감을 생각해 볼 때, 그리고 병의 심각성을 고려했을 때, 레이첼의 예후에 대해 극도로 신중해야 한다." 켑케 선생과 그의 팀은 "레이첼에게 적합한 장소"는 바로 정신병동이라며 나를 그곳으로 보낼 것을 제안했다. 하지만 나의 부모는 그 제안을 당분간 받아들이지 않기로 했다. 사실 엄마는 큰 충격을 받았다. "일단 네가 정신병동 시스템 안으로 들어가고 나면 너를 빼내는 건 정말 어려워질지도 몰라서 너무 무서웠어."

나는 퇴원한 다음 날 학교로 돌아갔다. 친구들에게는 결핵 때문에 입원했던 거라고 말하고 싶다고 했지만 거짓말을 해서는 안 된다며 엄마가 반대했다. 엄마는 나와 함께 등교해서 다른 친구들 옆에 빙 둘러앉아 내가 병원에 있었다고 설명했다. "그냥 간단하게만 이야기했어. 아무도 네가 정신적으로 다르다거나 아프다고는 생각하지 않았어. 아이들은 아프다는 걸 늘 육체적으로만 이해하는 것 같아. 게다가 너는 정말 영양실조처럼 보이기도 했으니까."

카우치 포테이토가 되는 게 무서웠던 나는 책상에 앉거나 동아리 시간에 카펫에 앉는 것조차 거부했다. 다행히 캘핀 선생님은 내가 서 있는 걸 허락해 주었다. 지금은 결혼 상담사가 된 엘리자베스가 "너는 한쪽 손으로 팔을 잡고 서 있곤 했지"라고 말해 주었다. 친구들은 나 때문에 칠판이 보이지 않는다면서 내게 비켜 달라고 부탁하기도 했다. 실제로는 전혀 그들의 시야를 가리지 않는데도 그 아이들은 내 이상한 행동을 놀리기 위해 그렇게 말하는 듯싶었다. 하지만 내가 기억하는 한 아무도 나를 대놓고 놀리지는 않았다. 그리고 한 달이 지나자 나는 다른 아이들처럼 자리에 앉을 수 있었다. "너는 아이들과 어울리기 시작했지." 캘핀 선생님은 말했다. "나는 네가 다시 우리 공동체의 일원이 되었다고 느꼈으면 했단다." 그해 봄, 심리학자는 내 증상이 사라졌다고 기록했다. 그가 보기에 내가 거식증에 걸린 까닭은 "압박감을 다루기 위한 하나의 대처 방식"에 다름 아니었다.

엘리자베스와 나는 다시 만칼라 놀이를 하기 시작했다. 우리는 곧 서로를 절친이라고 불렀다. 엘리자베스는 내게 종종 자기 집에서 자고 가라고 했고, 우리는 엘리자베스의 드레스 룸에서 '뉴 키즈 온 더 블록NKOTB'* 팬클럽을 결성했다. 하바에 대한 기억은 엘리자

ANOREXIA NERVOSA

---

* 1980년대 말에서 1990년대 초 미국에서 큰 인기를 누렸던 보이 밴드.

베스의 모습과 어느 정도는 합쳐져 있다. 둘 다 실크로 된 가운을 걸치고 있었고 극도로 마르고 연약했으며, 우리 엄마의 표현대로라면 "여리여리"했다. 나는 일기에 이렇게 삐뚤삐뚤 적었다. "나는 엘리자베스가 되고 싶다. 나는 더 큰 집에서 살고 싶다. 모두가 나를 좋아했으면 좋겠다."

5학년 때 엄마는 길에서 캐리를 본 것 같다고 말했다. 우리가 살던 버밍햄 시내에서 카모플라주 바지를 입고 캔을 쓰레기통에 던지고 있었다고 한다. 나는 캐리의 성이 기억나지 않았고, 이는 의사들도 마찬가지였다. 그래서 그 아이가 정말 캐리였는지는 확인할 방법이 없었다. 그리고 하바에 대해서도 수년간 아무런 소식을 들을 수 없었다. 그러다가 《디트로이트 신문》에 실린 기사에서 어린 시절 앓았던 정신질환이 청소년기에 재발한 사례로 하바의 이야기가 실려 있는 것을 보았다. 사진 속 하바는 머리를 허리까지 기르고 호수 앞에 서 있었다. 여전히 아름다웠지만 어딘가 모르게 황폐해 보였다. 기사에 따르면 하바는 청소년기 내내 그리고 성인이 되어서도 정신병동을 들락날락했다고 한다. 고등학교도 중퇴했다. 하바는 섭식 장애가 자신의 삶에서 가장 결정적이고 중요한 요인이라고 생각했다.

* * * *

몇 년 전에 나는 '체념 증후군'[14]으로 알려진 상태에 대한 기사를 쓰기 위해 스웨덴으로 향했다. 그곳에는 망명 신청을 거부당한 구소

련과 구 유고슬라비아 가정의 아이들 수백 명이 침대에 누워 있었다. 그 아이들은 음식을 거부했다. 말하기를 그만두었다. 마지막에는 운동 능력도 잃은 것처럼 보였다. 많은 아이들이 튜브로 영양을 공급받고 있었다. 일부는 혼수상태(정확히는 그렇게 '보이는' 상태)로 점차 진행해 갔다. 어떤 아이는 그렇게 몇 달 동안 침대에 누워 있었던 때의 기억을 두고 마치 얇은 유리관 안에 갇혀서 바다 깊숙이 잠겨 있는 기분이었다고 말했다. 자신이 말을 하거나 움직이면 진동이 일어 유리가 깨져 버릴 것 같았다고 했다. "그러면 물이 쏟아져 들어와서 나는 죽을 것 같았어요."

정신과 의사들은 그 상태가 망명 과정에서 받은 스트레스와 원래 있었던 국가에서 경험한 트라우마에서 기인한 것으로 보았다. 하지만 그럼에도 불구하고 왜 그 증후군이 유독 스웨덴에서만 발생하는지에 대해서는 이해할 수 없다고 했다. 같은 나라에서 온 난민들이 정착한 다른 주변 북유럽 국가에서는 발생하지 않았기 때문이다. 나는 그 가족들을 인터뷰하면서 체념 증후군을 진단받은 많은 아이들이 똑같은 병을 앓은 아이들과 서로 아는 사이였다는 사실을 발견했다. 당시 스웨덴 언론에서는 그 아이들이 꾀병을 부린 것일지도 모른다고 의심하기도 했다. 체념 증후군이 망명을 허가해 주는 하나의 구실이 되었기 때문이다. 하지만 아이들을 직접 만나 그들의 상태를 살펴보니 결코 그들이 꾀병을 부리고 있는 게 아님을 확신할 수 있었다. 그들은 심지어 망명을 허가받은 후에도 그 같은 긴장증 상태에서 빠져나오는 데 몇 주 혹은 몇 달이 걸렸다. 처음에는 저항으로 시작한 것이 갈수록 걷잡을 수 없는 사태가 되는 것처럼 보였다. 아이들은 마치 순교자라도 된 양 일견 자유로워 보였지만, 서서히 파괴돼가고 있었다.

스웨덴에서 체념 증후군을 앓고 있는 가족과 그들을 진료한 의사들을 인터뷰하면서 나는 거식증을 앓았던 어린 시절의 경험을 다시 생각해 보게 되었다. 그렇게 말을 하지 않고 음식을 거부하는 스웨덴 아이들의 모습에서 뭔가 기시감을 느꼈기 때문이다. 선천적으로 어린아이는 '절망'에 관해 제대로 소통하는 법을 모른다. 이에 더해 각 문화는 절망을 표현하는 것에 대한 구체적인 각본을 가지고 있다. 거식증과 체념 증후군 모두에서 아이들은 음식을 거부함으로써 분노와 무기력감을 표현한다. 그게 그 아이들에게 가능한 몇 안 되는 표현 방법들 중 하나이기 때문이다. 전문가들은 아이들에게 너희들은 지금 이런저런 이름을 가진 질병의 전형적 방식으로 행동하고 있다고 말해 준다. 그러면 아이들은 의식적이든 무의식적이든 자신을 분류하는 방식에 맞춰 자기 행동을 수정하게 된다. 시간이 흐르면 흐를수록 그 행동 패턴은 갈수록 자신의 의지와는 상관없이 자기 안에 깊이 배어들게 된다.

철학자 이언 해킹Ian Hacking은 '고리 효과looping effect'[15]라는 용어를 사용해서 사람들이 질병에 대한 자기 성취적 이야기에 사로잡히게 되는 과정을 설명한다. 그는 새로운 진단이 "개인적 특성과 관련한 여러 가능성들의 공간"[16]을 변화시킬 수 있다고 말한다. "우리는 그 질환으로 가능해진 인물에 대한 과학적 이미지를 스스로에게 부여한다."[17] 스웨덴에서 체념 증후군을 진단받은 아이들에 대한 논문에서 해킹은 '파스칼의 내기'를 언급한다. 블레즈 파스칼이 주장한 기독교적 변증론인 이 이야기의 골자는 영원한 지옥으로 떨어지는 것을 피하기 위해, 신의 존재에 대한 증명이 부재함에도 불구하고 신이 실재한다고 믿는 편이 더 낫다는 것이다. 시간이 흐르면 우리는 우리가 가정했던 믿음을 내면화하게 된다. 그리고 그 믿음은 더욱 견고해진다. 그에 따르면 몇몇 질환에서도 이와 동일한 과정이 작동한다. 우리는 모방을 통해 절망을 표현하게 되며, 결국에는 "새로운 정신 상태를 '학습'하거나 더 정확하게 말하면 몸으로 '체득'하게 되는 것이다."[18]

여섯 살의 나에게는 순수한 의지만으로 다른 누군가가 되는 것이 가능해 보였다. 만약 내가 병원에 더 오래 있었거나 학교에 돌아왔는데 아이들이 차갑게 굴었다면 나도 하바와 같은 길을 걸었을지도 모른다. 하바는 일기에 이렇게 적었다. "꼬리표는 나쁜 것만은 아니다. 그 꼬리표는 우리가 살아갈 수 있는 타이틀을 준다. 그리고 정체성도!"

우리 가족 중에서 가장 현실적인 인물인 새어머니는 내가 과연 성인이 되는 과정을 제대로 거칠 수 있을까 의심했었다고 고백한 바 있다. 내가 아무 이유 없이 단식을 하려고 하는 어떤 성격적 특성을 가지고 있는 것만은 확실하다. 자기 절제는 도덕적으로 선하다는 모호한 생각 같은 것 말이다. 하지만 한편으로 그때 내가 정말로 거식

중이었던 게 맞나 싶은 의문도 든다. 이상적인 날씬함의 모습을 잘 모르는데 어떻게 그걸 간절히 원할 수 있다는 말인가? 섭식 장애의 탄생에 대해 유려한 글을 쓴 역사가 조앤 제이콥스Joan Jacobs Brumberg 의 말을 빌려 보자면, 나는 거식증에 "채용"[19]되었지만 거식증이 나의 "커리어"[20]가 된 것은 아니다. 거식증은 나 자신을 이해하는 데 필요 한 언어를 마련해 주지 못했던 것이다.

이렇듯 거식증을 가까스로 피했다는 생각 때문에 나는 정신질환 의 초기 상태에 대해 관심을 갖게 되었다. 정신질환의 초기 상태란, 뭔가 강렬하게 자신을 망가뜨리는 것 같지만 아직은 자신의 정체성 과 사회적 세상을 재구성할 정도까지는 가지 못한 상태를 말한다. 흔 히들 정신질환은 만성적이고 고치기 힘들며 삶을 송두리째 삼켜 버 리는 힘이라고 생각하곤 한다. 그렇다면 정신질환의 초기 상태에서 우리가 그 질환에 대해 이야기하는 많은 부분이 과연 그것의 진행 과 정을 얼마나 많이 결정하게 될까? 자기 자신에 대한 이러한 이야기 들은 스스로를 자유롭게 해 주기도 하지만 동시에 우리는 그 이야기 에 스스로를 가둬 버리기도 한다.

정신과 의사들은 환자들의 정신 속에서 일어나고 있는 일과 관련 해 그 진실성을 평가하기 위해 '병식病識'*이라는 표현을 사용한다. 정신의학 분야에서 이 개념은 매우 중요하며 거의 마법적인 힘을 갖

---

* 병에 걸린 상태를 인식하는 것으로, 환자가 자신의 증상과 감정, 태도 및 행동의 의미와 원인을 이해하고 인지하는 상태를 가리키는 의학 용어.

고 있는 것처럼도 보인다. 1934년《영국 의료 심리학 저널The British Journal of Medical Psychology》에 실린 중요한 논문에서 정신과 의사인 오브리 루이스Aubrey Lewis는 병식을 "자신에게 발생하고 있는 병리적 변화에 대한 환자의 올바른 태도"라고 정의했다.[21] 이를테면 '올바른 태도'를 가진 환자는 죽은 사람의 영혼이 자신에게 갑자기 말을 걸고 있는 것이 아니라 자신이 지금 약을 복용하면 더 이상 듣지 않을 수 있는 어떤 목소리를 듣고 있음을, 그러한 병적 증상에 시달리고 있음을 식별한다는 것이다. 정신질환자가 입원할 때마다 병식이 평가되는데, 이는 환자의 의지에 관계없이 계속해서 치료를 진행해야 하는지를 결정할 때 중요한 역할을 한다. 하지만 이 개념은 '올바른 태도'라는 것이 어떻게 문화나 인종, 민족성, 신앙에 의해 좌우되는지를 간과하는 경향이 있다. 연구에 따르면 유색인종의 경우 '병식이 부족하다'고 평가받는 사례가 백인에 비해 더 많다.[22] 아마도 의사들이 유색인종의 표현 방식에 익숙하지 않거나, 아니면 이들이 의사의 말을 잘 신뢰하지 않는 경향이 있기 때문일 것이다. 노골적으로 말하자면, 병식이란 환자가 의사의 해석을 얼마나 잘 받아들이는지를 측정하는 개념이라고도 할 수 있겠다.

50년 전 정신분석학이 정점을 찍은 시기에 병식은 일종의 '계시epiphany'와도 같은 것으로 설명되었다. 즉 무의식적 욕망과 갈등이 환하게 의식되는 것을 의미했다. 예를 들어 한 환자가 아버지에 대해 가지고 있던 억압된 증오를 스스로 인식하고 그 금지된 감정이 자신의 인격을 형성해 왔음을 인정할 때, 그 환자는 '병식을 가진 것'으로

ANOREXIA NERVOSA

간주되었다. 하지만 여기서 명확해진 사실은, 그 같은 식별력을 얻는 것이 지적으로는 유익하다 할지라도 정신질환을 치료해 주지는 않는다는 것이었다.

1980년대와 1990년대에 들어서 지배적 이론으로 부상한 생물 의학적 질환 설명은 이러한 종류의 병식을 필요로 하지 않게 되었다. '올바른 태도'는 이제 새로운 인식에 좌우되었다. 이때부터는 환자가 자신의 뇌에 생긴 문제 때문에 정신질환을 갖게 되었다고 이해할 때 비로소 병을 식별하는 상태라 할 수 있다. 이러한 생물 의학적 접근 방법은 환자와 가족에게 문제가 있다는 식의 도덕적 문제를 해결했고, 따라서 사회적 낙인으로부터 환자를 어느 정도 자유롭게 해 주리라는 기대를 받게 되었다. 1999년 미국 공중 보건부 장관은 정신질환에 관한 최초의 보고서를 발간하면서 정신질환에 대한 사회적 낙인은 "데카르트가 처음 제시한 정신과 육체라는 잘못된 이분법"[23]에 근거하는 것이라고 말하고 있다. 기자회견에서 그는 "정신질환과 다른 질환 사이를 구별하는 과학적 근거는 존재하지 않았다"라고 단언했다.[24]

물론 그렇게 이야기할 수는 있다. 하지만 실제적으로 그러한 생물 의학적 프레임이 사회적 낙인 자체를 줄여 준 것 같지는 않다. 연구에 따르면[25] 정신질환이 생물학적이거나 유전적 원인에 따른 것이라고 생각하는 사람들은 그 질환이 환자의 나약한 성격 때문이라는 식으로 가혹하게 반응하지는 않는다. 그러나 그들은 또한 정신질환을 환자의 통제를 벗어나 있고 그를 사회로부터 멀어지게 하는 위험한 것으로 보는 경향이 강하다. 정신질환은 쉽게 치료되지 않는 것, 마치 번개를 맞은 것과 같아서 한번 맞으면 돌이킬 수 없는 것으로 여기는 식 말이다. 서던캘리포니아대학의 법학, 심리학, 정신의학 겸임 교수인 엘린 색스Elyn Saks는 저서 『마음의 중심이 무너지다』에서 자신이 처음 조현병 진단을 받았을 때 "마치 내 머릿속이 영원히 잘못되었고 그래서 모든 사항을 고려해 보았을 때 치유 불가능하다는 선고를 받은 것처럼" 느껴졌다고 회고한다.[26] "나는 계속해서 '심신이 쇠약한' '이해할 수 없는' '만성적인' '대단히 비극적인' '극도로 파괴적인' '상실'과 같은 단어들을 맞닥뜨리게 되었다. 그것도 평생 그럴 것이었다. 평생."

하바는 일기에서 자신의 "화학적 불균형"에 대해서 자주 언급할 만큼 뛰어난 병식을 가지고 있었다. 반면 여섯 살이었던 나에게는 아무런 병식도 없었다. 내가 다시 음식을 먹기 시작한 건 그저 우연이었던 것처럼 느껴졌다. 하지만 아마도 그건 의사의 설명이 나에게는 아무런 의미가 없었기 때문인지도 모르겠다. 나는 거식증이 내 삶 속에서 어떤 역할을 하는지에 관한 그 어떤 이야기에도 얽매여 있지 않았던 것이다. 어떤 이야기는 우리를 구원하기도 하고 우리를 올가미처럼 숨 막히게 죄어 오기도 한다. 하지만 질환이 한참 진행 중일 때에는 어느 쪽인지를 알기가 아주 어렵다.[27]

왜 어떤 사람은 정신질환을 앓고도 회복되는데 반해 어떤 사람은 그 질환을 마치 자신의 '커리어'인 양 지니고 살아가는지에 대해 정신과 의사들은 놀랄 만큼 무지하다. 이 질문에 대답하기 위해서는 질환을 설명하는 '정신의학적 모델'과 사람들이 의미를 부여하는 '이야기' 사이에 존재하는 거리에 더 주목할 필요가 있다. 이와 관련한 해석에 문제를 제기하는 게 효과적인 의학적 치료법을 찾는 것에 비해 덜 중요하다 할지라도, 이러한 이야기들은 사람들의 삶을 때로는 예측 불가능하게 바꿔 놓을 수 있으며 그 사람의 자존감 형성에 지대한 영향을 끼칠 수도 있다. 그리고 치료를 받겠다는 의지 자체를 크게 좌우하기도 한다.

* * * *

나는 늘 '사례사case study'라는 장르에 매료되곤 했다. 하지만 그와 동시에 그것이 한 사람을 하나의 해석에만 국한시켜 어떤 닫힌 세계의 그림만을 보여 준다는 사실에 불편함을 느끼기도 했다. 정신질환에 관한 글을 쓰는 사람들은 지나치게 정신의학에서만 이야기의 단서를 얻는 것이 아닌가 싶은 생각도 든다. 정신질환에 대한 이야기는 지극히 개인적인 이야기다. 병리적 현상은 개인의 내면으로부터 생겨나고 지속된다. 하지만 이러한 이야기들은 사람들이 어디에서 어떻게 살아가고 있는지, 그리고 다른 사람의 시선이 얼마나 자신의 정체성에 반영되어 있는지에 대해서 충분히 설명해 주지 못한다. 우리의 질환은 우리의 두개골 안에만 한정되어 있는 것이 아니라, 우리의 관계와 공동체에 의해 만들어지고 지속된다. 정신의학 모델은 정신질환을 가진 사람들이 자신의 질병으로부터 살아남기 위한 필수적 방편임에는 분명하다. 그럼에도 불구하고 정신의학이라는 사고의 틀이 특히 질환이 진행되고 있는 시기나 위기가 닥친 시기에 지속적인 자아감을 유지하기 위한 다양한 해석과 이해를 외려 막아 버릴 수도 있음을 나는 이 책의 제목 『내게 너무 낯선 나』(이 문구는 하바의 일기에서 가져왔다)를 통해 상기시키고자 한다.

「숨어 있는 자아The Hidden Self」라는 논문에서 윌리엄 제임스William James는 "모든 과학의 이상은 자기 완결적이고 닫혀 있는 진리의 체계를 구축하는 것이다"라고 말했다.[28] 그의 표현에 따르면 학자들은 "분류되지 않은 잔여물"을 무시함으로써 그러한 목표를 이루게 된다. 이 잔여물이란 "이상적인 체계에 맞지 않는" 증상들과 경험들을 말한다. 이 책은 그가 말한 '자기 완결적이고 닫혀 있는 진리의 체계' 그 '바깥'에서 사투를 벌이고 있는 사람들에 대한 이야기다. 그들의 삶은 서로 다른 시대와 문화에서 펼쳐지지만 한 가지 공통점을 공유하고 있다. 언어로 묘사할 수 없는 인간 경험의 바깥 가장자리, 다시 말해 '정신의 오지psychic hinterlands'라고 불릴 만한 곳에서 펼쳐진다는 점이다. 나는 글쓰기를 통해 이러한 소통 불가능성을 극복하려고 했던 환자들의 이야기와 그 세계를 번역하고자 한다. 이 책은 그들과의 대화에 기초하고 있을 뿐만 아니라 그들이 남긴 일기, 편지, 미출간 회고록, 시, 기도에 근거하고 있다. 그들은 자기 자신을 이해하는 정신의학적 해석 방식의 한계에 부딪혔고, 이 세계에서 자아를 이해하기 위한 적절한 (화학적, 실존적, 문화적, 경제적, 정치적) 설명 방식을 찾고 있다. 그러나 이 같은 서로 다른 설명 방식이 상호 배타적인 것은 아니다. 오히려 때로는 이 모든 설명이 다 맞을 수도 있다.

　본래 나는 이 책을 여기에 나오는 사람들 각각의 삶을 기술하는데 바치려고 생각했다. 하지만 정신질환 경험의 다양성도 강조하고 싶었고, 다양한 각도에서 문제를 검토하면 대답이 계속해서 변한다는 사실도 보여 주고 싶었다. 이 책은 정신질환에 대해 20세기에 지배적이었던 두 설명 방식(즉 정신역학적 방식과 생화학적 방식) 사이에서 혼란을 느낀 한 남자의 이야기로 시작한다. 그러고는 책의 마지막까지 내내 이러한 지배적인 틀을 벗어나려는 시도들을 다룬다. 한 사람은 영적 스승과 신과의 관계 속에서 스스로를 이해하고자 했으며, 다른 사람은 자신이 살고 있는 국가의 인종차별적 역사와 그것이 어떻게 자신의 정신을 구성했는지에 대해 고민했다. 세 번째 인물은 정신의학적 개념에 지나치게 경도된 나머지 자신만의 언어로 고통을 설명하는 방법을 아예 찾지 못했다. 이런 의미에서 이 책은 '잃어버린 이야기'에 관한 것이며, 우리의 이론이 포착하는 데 실패한 정신과 그 정체성에 관한 이야기이기도 하다. 시간을 돌이켜 이야기가 시작되기 전에 존재했던 기본적 감정을 있는 그대로 드러내기란 아마 불가능할 것이다. 불안과 외로움, 방향 상실이 아직 이름과 그 표현 방식을 얻기 전이기 때문이다. 나는 여전히 경험과 이야기 사이에 존재하는 간극 속을 탐험하고 있다. 이야기는 자신의 고통을 체계화해 주고 때로는 그들의 인생행로를 결정하기도 한다.

　현대의 정신의학은 질환자들과 언어를 공유하면서 그들의 외로움을 덜어 주고 있다. 우리는 정신의학적 설명의 영향을 당연시할 수도 있지만, 그것은 결코 중립적이지 않다. 그것은 '병에 대한 식별력'으로 평가되는 자아에 대한 이야기를 바꾸며, 따라서 우리가 자신의 잠재력을 이해하는 방식도 바꾼다. 첫 번째 장의 주인공인 레이 오셔로프Ray Osheroff는 마음에 대한 두 가지의 상충하는 설명 모델을 이해하려고 애쓴다. 하지만 그 어느 것도 그의 고통을 분명하게 만들어 주지 않는다. 레이는 자문한다. "내가 정말 이렇다고? 내가 이게 아니라고? 나는 대체 뭐지?"

내가 십 대였을 때 고등학교 영어 교사였던 엄마는 (우리가 아는 한에서) 최연소 거식증 환자였던 나의 경험에 대해 서로 한 챕터씩 번갈아 가면서 책을 써 보자고 제안했다. 나는 그 아이디어를 거절했는데, 당시에는 내 경험을 밝힌다는 게 부끄러웠기 때문이다. 20여 년이 지난 지금 내가 그때의 경험에 대해 책을 썼다고 알리자 엄마는 깜짝 놀랐다. 나 또한 책을 쓰면서 그때의 경험이 여전히 나에게 지적 영향력을 끼치고 있음을 깨닫고 놀랐다. 지금 내가 살고 있는 삶을 생각할 때면 간혹 아득한 심연에 빠지는 아찔한 느낌을 받곤 한다. 내 삶이 얼마나 쉽게 다른 방향으로 흘러가 버릴 수 있었는지를 깨달았기 때문이다. 내가 마지막 에필로그에서 이야기할 하바의 경우처럼 말이다. '정신의 오지'와 우리가 '정상'이라고 부르는 환경 사이의 구분은 상호 침투적이라고 할 수 있다. 이는 불안하기도 하지만 긍정적이기도 하다. 우리가 완전히 다른 삶을 살 가능성을 얼마나 아

프롤로그

슬아슬하게 피했는지 혹은 놓쳤는지를 생각하면 다시 한번 모골이
송연할 따름이다.

DEPRESSIVE DISORDER

우울증

"이건 살아도 사는 게 아니야."

그의 강박적 후회는 어떤 '상실'에 다가가려는 방편이었다. 그 상실이란 바로 '대단한 사람이 될 수 있었던' 삶을 상실한 것을 의미했다. 레이는 자신이 실패했던 상황과 이유를 아주 세세한 부분까지도 끝없이 반추하고 있었다. 그는 여전히 자신이 도달했고, 도달할 수 있었던 이상적 모습에 사로잡혀서 자신이 실패했다는 사실 자체를 부정하고 있었다.

레이의 이야기:

"과연 그것이 나인가?
 내가 아닌가?
 나는 대체 무엇인가?"

DEPRESSIVE DISORDER

1979년, 라파엘 '레이' 오셔로프는 매일 8시간씩 걷고 있었다. 그는 앙다문 입술 사이로 숨을 거칠게 내쉬면서 미국의 최고급 병원 중 하나인 체스트넛 롯지Chestnut Lodge 복도를 일정한 속도로 걸었다. "오늘은 몇 킬로미터나 주파할 건가요, 레이?" 한 간호사가 물었다. 레이는 잠시 계산을 하더니, 자기는 그날 슬리퍼를 신은 채로 29킬로미터를 걸었다고 대답했다. 또 다른 간호사는 레이가 자주 사람들과 부딪혔지만 "다른 사람들과 신체적 접촉을 했다는 것조차 깨닫지 못하는 것처럼 보인다"라고 기록했다.[1]

콧수염을 기르고 검은 머리를 덥수룩하게 늘어뜨린 레이는 복도를 걸으며 아내와 함께 즐겼던 호화로운 휴가를 회상했다. 둘은 버지니아주 북부에서 의사로 일하고 있었고, 자주 외식을 즐겼다. 그런 까닭에 그들이 단골 식당에 들어서면 사람들이 즉시 알아보곤 했다. 우리는 워싱턴에서 제일 유명한 의사 커플이었지, 하고 레이는 되뇌었다. 레이는 자신의 걷는 행위를 두고 "내가 한때 누리던 삶에 집중할 수 있도록 자기 최면을 작동시키는 메커니즘이 되었다"라고 미출간 회고록에 기록하고 있다.[2] 발에는 물집이 너무 많이 잡혀서 체스트넛 롯지 병원 측에서는 그를 발 전문가에게 보내기도 했다. 레이의 발가락 피부조직은 이미 죽어서 검게 변해 있었다.

레이의 담당의 마누엘 로스Manuel Ross는 진료 차트에 레이가 "애도가 아닌 우울의 한 형태"로 고통받고 있다고 기록했다. 이는 지그문트 프로이트의 1917년 논문인 「애도와 우울Mourning and Melancholia」의 논의 틀을 빌린 것이다. 프로이트에 따르면 '우울'이란 환자가 무언

레이의 이야기

가 혹은 누군가를 애도하고 있으나 "자신이 상실한 것이 무엇인지 분명하게 알지 못하는" 상태이다. 마흔한 살의 신장학腎臟學 전문의 레이는 투석 관련 회사를 창업했고, 회사는 한때 잘나갔다. 하지만 어느 날 갑자기 사업이 흔들리기 시작했다. 레이는 자신의 경영 과실에 정신적으로 사로잡혀 버렸다. 로스의 결론에 따르면, 레이의 강박적 후회는 어떤 '상실'에 다가가려는 방편이었다. 그 상실이란 바로 '대단한 사람이 될 수 있었던' 삶을 상실한 것을 의미했다. 그가 보기에 레이는 자신이 실패했던 상황과 이유를 아주 세세한 부분까지도 끝없이 반추하고 있었다. 그는 여전히 자신이 도달했고, 도달할 수 있었던 이상적 모습에 사로잡혀서 자신이 실패했다는 사실 자체를 부정하고 있었다.

레이는 병원 복도에 서서 자신의 회사를 대신 경영하고 있는 동료 로버트 그린스펀Robert Greenspan에게 전화를 걸어 자신의 회한을 함께 나누었다. 그린스펀은 레이와 통화할 때 뒤에서 "특이한 목소리"를 가진 환자들의 소리를 들었다고 한다. 어느 청년은 "초공간, 초공간, 초공간이야"라고 계속 말하면서 복도를 헤매고 있었다. 그린스펀은 병원에 있는 사회복지사에게 전화해 어째서 레이의 상태가 계속 나빠지는지 물었다. "레이 씨는 더 나빠질 수 있는데, 그건 치료의 일부입니다. 앞으로 레이 씨는 인격이 재구성되어야 해요. 원래 있던 것이 해체되고 새롭게 만들어지는 거죠." 사회복지사는 그렇게 설명했다.

레이가 병원에 입원한 지 반년이 지나 어머니 줄리아가 아들을 찾아왔다. 줄리아는 레이의 모습을 보고 경악했다. 머리는 길어서 어깨까지 내려와 있었고 살은 18킬로그램이나 빠진 채 헐렁해진 바지를 목욕 가운에 끼워져 있는 허리띠로 질끈 동여매고 있었다.

레이는 한때 천재 독서광이었지만 책 읽는 것도 완전히 그만둔 상태였다. 레이는 또한 뛰어난 연주자이기도 했다. 그는 재즈밴드에 소속되어 있었고 밴조banjo,* 트럼펫, 클라리넷, 피아노, 드럼, 트롬본까지도 능숙하게 연주할 줄 알았다. 입원할 때 짐 가방에 챙겨 온 악보도 전혀 들여다보지 않았다. 간호사가 그를 '닥터 오셔로프'라고 부르면 그는 "오셔로프 씨"라고 부르라고 정정하기도 했다.

줄리아는 아들에게 항우울제를 처방해 줄 것을 체스트넛 롯지의 의사들에게 요청했다. 하지만 당시 항우울제의 사용은 아직 일반화되지 않은 상태라 무엇이 잘못되었는지에 대한 의학적 병식 없이 약으로 치료한다는 것은 비상식적인 일로 여겨졌다. 비용이 저렴하다는 장점에도 불구하고 말이다. "약이 일부 증상을 완화시킬 수는 있죠." 레이의 담당의 로스는 그 점을 인정하면서도 이렇게 말했다. "하지만 약을 먹는다고 해서 레이가 갑자기 '이것 보세요, 이제 나아졌어요. 이제 감정을 절제할 수 있어요'라고 말할 만큼 확실한 치료가 되지는 않을 겁니다." 로스는 레이가 그저 '자신의 이전 지위'를 회복

---

* 주로 재즈나 민속음악에 쓰이는 기타의 일종이며, 아랍이나 유럽의 기타가 아프리카로 건너가서 변형된 것으로 추정된다.

시켜 줄 수 있는 방편을 찾고 있을 뿐이라며, 하지만 그 지위라는 건 그저 레이의 환상에 불과하다고 주장했다.

체스트넛 롯지 병원은 과거 남부의 대규모 농장 같은 분위기를 풍기고 있었다. 벽돌로 된 병원 본관 건물은 예전에는 우드론 호텔이었다. 호텔은 메릴랜드주 로크빌의 고급 휴양지로, 32킬로미터 떨어진 워싱턴 D.C에서 온 부자 손님들로 북적거렸다. 프랑스식 건축양식으로 지어진 건물에는 점판암으로 된 이중 지붕에 6개의 굴뚝과 하얀 문틀로 된 80여 개의 창문이 있었다. 2미터 높이의 나무들이 그늘을 드리우고 있는 병원 주위 400여 평의 부지에는 식민지 건축양식으로 된 대저택들이 여기저기 흩어져 있었다.

어니스트 불러드Ernest Bullard라는 의사가 1910년에 설립한 그 병원은 20년이 지나 그의 아들인 덱스터Dexter가 물려받아 정신병원으로 바꾸었다.[3] 그곳 의사들은 이곳에서 마침내 인간 정신의 신비가 밝혀질 수 있으리라 믿었다. 덱스터는 어릴 때부터 병원 1층에서 환자들과 크로켓도 하고 야구도 하면서 자랐다. 그는 이렇게 말했다. "저는 '환자'라는 단어에 함축된 의미를 알기 훨씬 이전부터 정신질환자들과 인간적인 관계를 맺어 왔어요."[4] 정신질환자들에게는 공감능력이 없다는 생각은 "결코 내 삶 속에서 경험해 본 적 없는 일"이며 그들에게 "이름표를 붙이고는 그대로 방치하는 것"이 얼마나 그들을 좌절하게 하는지 깨달았다고도 말한 바 있다.

덱스터는 아버지의 서재에서 프로이트의 저서들을 탐독했고, 그 결과로 체스트넛 롯지 병원을 미국의 다른 병원이 지금껏 하지 못했던 것을 하는 병원으로 만들기로 결심했다. 다시 말해 환자가 아무리 현실로부터 동떨어져 있든 간에 모든 환자에게 정신분석을 시도하는 병원이 되겠다는 것이었다(물론 그 환자가 병원비를 낼 수 있는 경우에 한에서 말이다). 그는 자신의 병원에서는 "모든 치료법이 남김없이 시도될 것"[5]이라고 말했다. 덱스터의 목표는 정신분석가의 정신을 표방하는 병원을 세우는 것이었다.[6] 1954년, 그는 동료에게 이렇게 말했다. "우리는 왜 환자가 계속해서 아픈지를 단정 지을 수 있을 만큼 환자에 대해 많이 알지는 못 해. 그걸 알 때까지는 환자들을 '만성적'이라고 부를 자격이 없는 거지."[7]

체스트넛 롯지에서 모든 대화와 활동의 목적은 바로 '이해하는 것'이었다. 정신과 의사인 알프레드 스탠튼Alfred Stanton과 사회학자인 모리스 슈워츠Morris Schwartz는 체스트넛 롯지에 대한 연구서인『정신병원The Mental Hospital』(1954)에서 다음과 같이 밝히고 있다. "그곳에서 사용되는 모든 단어는 정서적 의미로 가득 차 있었고 복잡한 인식적 함의를 가지고 있었다."[8] 사람들 간의 역동적 관계에 대한 통찰을 얻음으로써 환자를 "회복시키겠다"[9]는 희망은 그 자체로 병원의 정신이 되었다. 두 사람의 이야기에 따르면 "그 병원에서 일어나는 모든 일은 집단적인 평가 작업이라고 할 수 있었다. 그래서 신경증이나 질환은 절대 악이 되고 정신적 건강은 절대 선"[10]이었다.

당시 다른 병원들은 환자들에게 전기충격요법과 뇌엽 절제술을 시행하고 있었고 심지어 신경안정제인 바르비투르산염barbiturates도 처방하고 있었다. 하지만 덱스터는 "약물학은 정신의학에서 설 자리가 없다"[11]라고 굳게 믿었다. 어느 의학 단체의 학회에서 한 의사가 환자에게 뇌엽 절제술을 시행해서 열흘 만에 그녀를 치료했다고 보고하자, 덱스터는 환자의 자기 인식조차도 요구하지 않는 그런 치료법에 반대하면서 "그걸 치료라고 말하면 안 되지!" 하고 소리를 질렀다고 한다.[12]

"체스트넛 롯지 병원의 여왕"[13]이라고 불리던 프랑크푸르트 정신분석협회의 창시자인 프리다 프롬-라이히만Frieda Fromm-Reichmann은 병원 부지에 따로 지은 사택에서 거주하고 있었다. 그녀는 환자들을 데리고 근처 식당에서 점심을 먹기도 했고, 때로는 미술 전시회나 콘서트에 함께 가기도 했다. 그리고 환자들을 더 잘 이해하기 위해서 그들의 자세를 따라하기까지 했다. 적절한 때에 감정을 담아 말하는 "나도 알아요"[14]나 "내가 여기 있잖아요" 같은 표현들은 "나 말고는 아무도 내 마음을 몰라 줘'라는 환자의 쓸쓸한 마음을 위로해 줄 수 있다'라고 그녀는 말했다.

프롬-라이히만은 '외로움'을 "정신의학 교과서에는 아예 언급조차 되지 않는, 심리 현상 중에서 가장 개념화되지 않은 현상"[15]이라고 설명한다. 외로움이란 "지난 시절 자신에게 가까웠던 사람들에겐 잊혀지고, 다가올 미래에 사람들과 관계를 맺을 가능성은 사라져 버린"[16] 상태이다. 그녀에 따르면 정신과 의사들도 외로움은 이야기하기를 피할 만큼 심각한 위협인데, 왜냐하면 그들도 외로움에 전염될까 두려워하기 때문이다. 외로움이라는 경험은 소통하기가 거의 불

제1장

가능하다. 그것은 "벌거벗은 실존"[17]이기 때문이다.

프롬-라이히만을 비롯한 롯지 병원의 분석가들은 "엄마 같은 존재"[18]라고 묘사되었다. 젊은 치료사들은 분석가들의 관심을 얻으려고 경쟁하는 자녀들 같았다. 스스로에 대한 자기분석을 모두 마친 의사들은 자신을 마치 덱스터 불러드의 집안으로 입양되어 들어간 양자처럼 느꼈다. 어느 의사가 말했듯, 그들은 "기능하지 않는 가족의 일원"[19]이었다. 환자들이 약속 시간에 맞춰 복도를 내려가면 다른 사람들은 "좋은 시간 보내고 와요!"[20] 하고 외쳤다. 미국 정신과 의사협회의 의장이었던 앨런 스톤Alan Stone은 체스트넛 롯지를 "북아메리카에서 가장 세련된 병원"이라고 묘사했다. "그곳은 신들이 거주한다는 '발할라'처럼 보였습니다."

그 당시 심리학과 정신의학의 잠재력은 무한한 것처럼 보였다. 심리학은 사회를 이해하는 새로운 사고의 틀을 제공해 주었다. "세상은 병들었다. 그리고 세상에 고통을 가져다준 질병들은 대부분 인간이 자기 자신과 평화롭게 살 수 없기 때문에 발생했다"[21]라고 세계보건기구WHO의 초대 의장은 선언했다. 전쟁이 끝난 다음인 1948년, 미국 정신의학협회 회의에서 의장 트루먼은 이렇게 환영 인사를 한다. "우리 모두의 마음과 정신에서 가장 중요한 '평화'를 위해 지금 시급하게 요구되는 것은 바로 '온전한 정신'입니다."[22] 전쟁은 단지 권력이나 자원 쟁탈에 국한되지 않는다. 그것은 불안, 신경증, 그리고 다른 정신적 상처로부터 비롯되고 또 그런 것들을 야기한다. 심리학자인 에이브러햄 매슬로Abraham Maslow는 말한다. "세상은 심리학자들에 의해 구원될 것이다. 아주 넓은 의미에서 말하자면 말이다. 그렇지 않다면 세상을 구원하기란 아예 불가능할 것이다."[23]

체스트넛 롯지는 정신의학의 유토피아적 약속을 구현한 병원이었다. 그러나 그런 이야기는 레이 같은 환자의 요구보다 오래가지는 못 했다. 1982년, 레이는 자신을 치료하는 데 실패했다는 이유로 체스트넛 롯지 병원을 고소했다. 그 소송에서 정신질환에 대한 20세기의 두 가지 지배적인 설명 방식이 충돌했다. 획기적 저서인 『프로작의 말을 듣기Listening to Prozac』의 저자이자 정신과 의사 피터 크레이머Peter Kramer는 이 소송의 중대성을 '로 대 웨이드Roe v. Wade'* 판결과 비교할 정도였다.[24] 《정신의학 신문》이 표현했듯이 이 소송은 "두 가지 형태의 지식 사이의 최후의 결전"[25]이었다.

체스트넛 롯지에 입원하기 전 레이는 카리스마 넘치고 열정적인 의사였다. 그의 모습은 말 그대로 '아메리칸 드림'을 실현하고 있는 듯했다. 레이는 버지니아주 북부에 투석 센터를 세 군데 열었다. 그리고 자신이 "아주 새로운 것, 스스로 한 번도 가져 본 적이 없던 것"으로 가까이 가고 있다고 느꼈다. 그는 회고록에 이렇게 썼다. "그것

---

* 1973년 임신중절 권리를 인정한 미국 연방대법원의 판례. '로 대 웨이드'는 사건 명칭이다. 다만, 미국 내에서 해당 판례를 여러 차례 무력화시키려는 움직임이 있었고, 이로 인해 2022년 미국 연방대법원이 로 대 웨이드 판례를 뒤집어 폐지했다. 그 결과 낙태권에 대한 존폐 결정은 미국 내 각 주 정부 및 의회의 권한으로 이양되었다.

은 내가 성공으로 다가가고 있다는 명확하고도 분명한 예감이었다."
레이는 전화 벨소리를 사랑했다. 그것은 분명 자신에게 새롭게 환자
를 소개하려고 걸려 오는 전화일 것이고, 이는 사업이 잘나가고 있음
을 의미했기 때문이다. 자신이 다른 이들에게 중요한 사람이 되었다
는 느낌도 좋았다. 레이는 대기실에 고급 영화관 의자를 설치했다.
그리고 환자들과도 친구가 되어 그들에게 에어컨도 사 주고 월세도
대신 내주고 장례식 비용도 보태 주었다. 심지어 이민 온 지 얼마 되
지 않은 환자에게는 택시를 사 주기도 했다.

하지만 "나의 에너지는 사업과 커리어에만 너무 집중되어 있었던
것 같다"라고 그는 회고록에서 말한다. 그래서 아내와 두 아들을 소
홀히 했다. 결국 아내는 이혼소송을 청구했다. 이혼 절차를 끝낸 레
이는 곧 화려하고도 야망에 찬 의대생 조이와 사랑에 빠졌다. 그는
때로 비즈니스 회의에 조이를 대동하기도 했고, 그럴 때면 둘은 탁자
아래로 손을 꼭 잡고 있었다. 그들은 1974년에 결혼했다. 그의 말마
따나 "내 인생은 하늘 높은 줄 모르고 치솟고" 있었다.

안타깝게도 좋은 시절은 오래가지 않았다. 조이와의 결혼 후 레
이의 인생은 정체되기 시작했다. 레이는 전처가 아들들을 데리고
1년 동안 룩셈부르크로 이주하겠다는 말에 동의했지만 곧 자신의 결
정을 후회하기 시작했다. 브롱크스에서 식당을 운영했던 레이의 아
버지도 레이에게 무관심했고 집에 항상 부재했으며 젊은 나이에 사
망했다. 레이는 자기 아들들도 똑같이 아버지에게 버림받은 느낌을
갖게 될까 봐 두려웠다. "내가 어린 시절에 갖지 못했던 좋은 아버지

가 됨으로써 악순환을 끊을 수 있을 거라는 희망이 더 이상 위로가 되지 않았다"라고 그는 회고한다.

급기야 레이는 꼬리에 꼬리를 물고 똑같은 생각을 반복하기에 이른다. 그와 대화를 하려면 "똑같은 이야기를 계속해서 하고 또 해야 하곤 했죠"라고 비서였던 도티는 말한다.[26] 레이는 말을 끝없이 반복했기 때문에 사람들을 지루하게 만들었다. 게다가 밥을 먹을 때도 오래 앉아 있지 못했다. "레이는 몇 입 먹고는 일어나서 화장실에 가고, 또 밖으로 나가고는 했어요." 도티는 말한다.

조이는 결혼 후 2년이 되지 않아 아이를 낳았다. 하지만 레이의 정신은 오직 과거에만 쏠려 있었던 까닭에 현재에 집중하지 못했다. 그는 심지어 그 아이가 자기 아이가 아니라는 듯 행동하기 시작했다. 투석 분야의 경쟁사들로부터 받는 스트레스에 대처하는 것도 쉽지 않았다. 그래서 그는 회사의 지분 일부를 더 큰 투석 회사에 팔았다. 그는 여전히 관리자의 역할을 유지하면서 서른다섯 명의 직원을 감독했지만, 다시 한번 자신이 잘못된 선택을 하고야 말았다고 확신하기 시작했다. 지분을 판 후 레이는 "나는 바깥으로 나가 차에 앉았는데 갑자기 내가 나무조각이 되어 버렸다는 사실을 깨달았다"라는 감각을 느꼈고, 공기는 마치 유해가스처럼 무겁게 느껴졌다고 한다.

그해, 레이는 서점에 들렀다가 당시 미국의 저명한 정신과 의사 네이선 클라인Nathan Kline의 『슬픔에서 기쁨으로From Sad to Glad』(1974)라는 책을 발견한다. 레이는 즉각 책을 읽어 내려가기 시작했다. 클라인은 우울을 "육체 안을 이리저리 휩쓸고 다니는 생화학적 흐름 일부에 혼란이 생겨 발생하는 것"[27]이라고 정의한다. 클라인은 환자들이 왜 아프게 되었는지에 대해서는 관심이 없었다. 그는 환자들에게 이렇게 말했다. "그 이유를 들춰내려고 굳이 애쓰지 마세요."[28] 책의 표지에는 "우울증: 정신분석 없이도 정복할 수 있다!"라는 문구가 인쇄되어 있었다.

클라인은 결핵을 치료하는 약물이었던 '이프로니아지드iproniazid'를 연구함으로써 유명세를 얻었다. 그 약이 환자들의 기분을 아주 좋게 만드는 예상외의 효과가 있었던 것이다. 환자들은 절제력을 잃고 약을 과다 복용하기 시작했다. 롱아일랜드의 어느 요양원에서는 그 약을 복용한 환자들이 기분이 날아갈 듯한 나머지 복도에 나와 계속 춤을 추었다고 한다. 1953년의 연합통신 보도사진을 보면[29] 무늬 있는 긴 치마를 입은 환자들이 멍하지만 즐겁게 웃고 박수 치며 서 있는 것을 볼 수 있다. 어느 여성은 자신의 의사에게 결핵에서 회복될 때 종교적 대화가 행복을 주었다고 말했는데, 그 의사는 《뉴욕 타임스》에서 이렇게 이야기한다. "나는 그 환자의 황홀한 경험이 주님에게서 온 것이 아니라 그 약에 대한 생화학적 반응에서 왔다고 차마 이야기하지는 못 했다."[30]

클라인은 이프로니아지드를 환자들에게 투약했고, 그들이 더 활기차고 유능해지는 것을 목격했다. 그가 이프로니아지드를 신혼 생활 중인 여성에게 처방하자, 그 여성은 "집안일을 효율적으로 하면서도 대학원 공부를 병행"[31]하기 시작했다고 한다. 심지어 그 약을 어느 간호사에게 처방했더니 "그녀는 심지어 외모도 변했다. 찡그린 눈썹과 앙다문 입술은 편안하고 미소가 넘치는 외모로 바뀌었다. 스무 살은 더 어려 보였다"라고 남긴 기록도 있다. 또한 이프로니아지드는 1년 넘게 그림을 그리지 못하고 있던 어느 예술가 환자를 예술적 곤경에서 빠져나오게 해 주었다. "그는 총 백 점이 넘는 유화와 수채화, 스케치를 작업해 냈다"[32]라고 클라인은 말한다.

항정신병제제 약물인 클로르프로마진Chlorpromazine(상품명은 소라진)도 프랑스의 어느 실험실에서 그보다 몇 해 전에 개발되었다. 이제 환자들은 상태가 나아지기 위해서 굳이 어린 시절의 상처와 마주할 필요가 없었다. 하지만 그러한 견해는 아직 대중적이지는 못 했다. 클라인의 동료들은 그에게 그렇게 약물로 우울증 증상을 완화시킬 수 있다고 주장하면 결국 스스로에 대한 모욕이 될 것이라고 경고했다. "그런 약이란 애당초 존재하는 것이 불가능하다는 거대한 철옹성 같은 이론적 견해가 버티고 있었다"[33]라고 클라인은 회고한다. 당시에 정신과 의사가 생물학적 연구를 한다는 것은 "다소 특이하다고 생각되었고, 따라서 그는 아마도 '진짜 감정'을 마주하는 것을 피하기 위한 어떤 갈등 상황을 겪고 있는 것"[34]으로 간주되었다고 신경과학자 솔로몬 스나이더Solomon Snyder는 이야기한 바 있다.

그러나 클라인은 어떤 종류의 감정이 '진짜'인지에 대해 완전히 새로운 이야기를 제시하기에 이른다. 그의 저서 권두에 실린 인용문 중 하나는 『에픽테투스』의 다음과 같은 문장이다. "당신은 우울하고 불행하기 위해 태어난 것이 아니다."[35] 클라인 자신도 직접 이프로니아지드를 복용해 보니 전형적으로 미국적인 '초월'을 경험할 수 있었다고 한다. 다시 말해 그는 더 열심히, 더 빨리, 더 오래 일할 수 있었던 것이다.

클라인의 『슬픔에서 기쁨으로』에 크게 감명을 받은 레이는 클라인을 직접 만나기 위해 뉴욕 맨해튼 동쪽 69번가에 있던 클라인의 사무실을 방문한다. 레이는 조이에게 클라인이 처방해 주는 약을 먹고 '새 사람'이 되어 오겠다고 약속했다. 클라인의 진료를 기다리는 동안 레이는 대기실에서 기적적으로 회복했다는 환자들의 이야기를 들었다. 한 동료의 회상에 따르면 환자들은 클라인을 "신이라고 느낄 만큼"[36] 전적으로 믿었다고 한다. 그러나 뉴욕에 있는 의사들 중에서 우울증 환자 수가 가장 많았던 클라인은 직접 환자를 진료하지 않았다. 그의 조수들이 그 자리를 대신했다. 〈미국 철학협회 의사록Proceedings of the American Philosophical〉에 실린 글을 보면 클라인은 이제 정신과 의사가 한 시간에 네 명까지 진료를 볼 수 있게 되었다고 자랑한다. "그 약물은 정신과 의사가 반드시 환자와 함께 있지 않아도 충분히 효과를 발휘합니다."[37]

레이는 클라인과 10분간 면담을 했다. 클라인은 레이에게 불면증 치료제인 시니콴Sinequan과 이프로니아지드 후속으로 개발된 항우울제를 처방했다. 레이는 몇 주 동안 클라인의 처방대로 약을 복용했다. 그러나 상태가 나아지지 않는 것처럼 보이자 투약을 중단한다. 레이는 클라인의 진료소를 "정해진 레시피로 요리하듯 진료하는 곳"[38]이라고 격하했다.

레이는 자신이 조심스럽게 구축해 온 훌륭한 삶을 충동적 결정들 때문에 한 번에 날려 버렸다고 생각했다. 자신이 성취하리라고는 상상도 못 했던 멋진 삶을 한순간에 날려 버린 것이다. "내가 할 수 있는 일이라고는 나의 상실에 대해 끊임없이 이야기하는 것밖에 없다."

레이에게는 모든 음식이 마치 바닷물에 푹 담갔다 꺼낸 것처럼 썩은 맛이 났다. 섹스도 더 이상 즐겁지 않았다. "쾌락이나 황홀의 느낌" 없이 그저 "기계적으로만 관계할"[39] 뿐이었다고 그는 회고록에 기록한다.

레이와 동료 그린스펀은 업무가 끝나면 함께 음악상을 뒤지면서 여러 가지 악기들을 연주해 보곤 했었다. 그린스펀의 아내인 보니는 말한다. "레이는 그냥 악보만 연주하는 게 아니었어요. 정말로 아름답게 연주했죠. 레이가 살면서 이룬 것들 중에서 그렇게 미묘한 아름다움을 담은 건 없었어요." 하지만 이때의 레이에겐 음악조차도 서서히 매력을 잃어 갔다.

레이는 극단적 선택을 하겠다고 사람들을 위협하기 시작했다. 그린스펀과 조이는 그런 레이의 무기력함에 지쳐서 결국 최후통첩을 한다. 레이가 병원에 입원하지 않는다면 조이는 이혼소송을 하겠다고 했고 그린스펀은 업계를 떠나겠다고 한 것이다. 레이는 마지못해 응했다. 창립자의 손자인 덱스터 주니어가 운영하는 체스트넛 롯지 병원에 가기로 결정한 것이다. 레이는 조앤 그린버그Joanne Green-berg의 대표작이자 자전적 소설인 『나는 장미 정원을 약속한 적은 없다Never Promised You a Rose Garden』(1964)에서 그 병원에 대한 이야기를 읽은 적이 있었다. 이 소설은 프롬-라이히만에게서 치료받은 경험을 소재로 한 이야기로, 정신분석학의 통찰력에 바치는 송가 같은 책이다. 조현병 진단을 받았던 그린버그는 이 책에서 "증상과 질병, 그리고 비밀은 많은 존재 이유를 가지고 있다"[40]라고 말하고 있다. "그렇지 않다면 그저 이런저런 약을 깔끔하게 처방해 주면 그만이다. 하지만 이런 증상들은 다양한 필요에 의해 만들어진 것이고 다양한 목적에 봉사하고 있다. 그런 까닭에 이 증상들을 사라지게 하는 것이 그토록 고통스러운 것이다."

레이는 회사를 비우기로 하고 1979년 1월 2일에 체스트넛 롯지에 입원한다. 원래 그 시기에는 사람들이 정신과를 많이 찾는다. 고독하게 살다가 억지웃음을 지으며 휴일을 보내고 난 뒤 견딜 수가 없어지는 것이다. 습하고 흐린 날이었다. 레이의 양아버지는 정원의 장식 석상이 드문드문 서 있는 잔디밭을 지나, 하얀 돌이 나란히 서 있는 길을 운전해서 레이를 병원에 데려다주었다. 주차장에는 자리마다 나무에 의사들의 이름을 새겨 표시해 놓았는데, 그 장면을 두고 레이는 "십자가들이 일렬로 나란히 서 있는 느낌이었다. 무슨 묘지 같았다"라고 회상한다. 병원의 외관은 우아했지만 내부에는 장판이 깔려 있었고 창문에는 쇠창살이 달려 있었다. 천정 조명도 철사로 된 망으로 덮여 있었다. 레이는 마치 제정신이 아닌 듯한 커다란 목소리로 "전 여기 있어도 상관없어요."[41] 하고 말했다. 양아버지는 레이에게 집으로 돌아가면 안 된다고 말했다.

레이의 룸메이트는 변태성욕으로 치료를 받고 있었는데, 레이에게 운이 좋다고 말했다. 왜냐하면 레이를 담당하게 된 마누엘 로스라는 정신분석가는 롯지 병원에서 제일 훌륭한 분석가 중 하나로 평가받고 있기 때문이라고 했다. 희끗한 콧수염에 'M'자 머리를 한 강단있어 보이는 의사인 로스는 체스트넛 롯지에서 근무한 지 16년이 되었다고 했다.

레이가 치료를 받기 시작한 초기에 로스는 레이의 인생이 끝난게 아니라고 위로했다. 하지만 레이는 그저 "뒤로 더 멀리 물러나서 자신의 말을 계속 반복할 뿐"[42]이었다고 로스는 회고한다. 로스는 레이가 스스로의 상태에 대해 더 많이 통찰할 수 있도록 자기 연민에 빠지려 할 때마다 말을 끊었다. "그딴 소리는 그만!" 레이가 자신의 삶은 비극일 뿐이라고 말하면 로스는 "비극적인 건 없어요. 당신은 비극을 운운할 만한 영웅이 못 되거든." 하고 대꾸했다.

로스에 따르면, 레이는 분석 시간 동안 자기 인생의 문제가 순전히 자신이 만들어 낸 것일 뿐이라는 걸 이해하기 시작했고, 문제가 외부의 힘이 아닌 자기 내부에 있었다는 생각에 극도로 고통스러워했다고 한다. 그러고는 아주 음침한 목소리로 전화를 걸어와 이렇게 말했다고 한다. "나는 침대에 누워서 에로스와 타나토스의 중간에서 살고 싶은지 죽고 싶은지를 결정하려 해요."

'모든 환자는 이해받을 자격이 있다'라는 롯지 병원의 철학에도 불구하고 레이의 의료 기록을 보면 의사들이 그를 좋아하지 않았다는 것이 드러난다. 레이가 병원에 입원한 후 몇 달이 지나고 열린 직원 회의에서 심리학자인 레베카 리거Rebecca Rieger는 레이의 성장 과정을 "유태인 이민자 가정의 희화화된 버전"이라고 묘사하면서 레이와 시간을 보내고 나면 극심한 두통에 시달린다고 말했다. "이 환자와 시간을 보내고 나면 다른 환자보다 훨씬 더 진이 빠지는 것 같아요."[43] 또 하도 잘 흥분하는 나머지 로르샤흐 검사라도 한 번 하려면 레이가 걸어 다닐 때 옆에서 따라다녀야 할 정도였다고 한다. 어느 사회복지사는 또한 이렇게 불평했다. "레이는 환자 열 명분만큼이나 힘들어요."

리거는 레이가 "망상 수준의 생각"을 품고 있는 것이 아닌지 의심했다. "레이는 계속해서 뇌에 대해서 이야기했는데, 실제로 자기 뇌에 문제가 있다고 생각하는 것처럼 보여요."

입원 원무과 과장인 로버트 그루버는 레이가 아내의 강요 때문에 체스트넛 롯지에 온 것일 뿐이라고 했다. 그루버는 레이의 아내를 한 번 만난 적이 있는데 좋은 사람처럼 보였다고 했다. "레이의 부인이 제정신이라면 관계를 유지하기는 아마 힘들었을 거예요." 하고 그루버는 직원 회의에서 대놓고 말했다. "우리가 레이에게서 꺼내고 싶은 건 그 파괴적 요소 같습니다. 자신에게 도움을 주려는 부인의 의지를 파괴했듯이, 레이는 우리의 의지도 파괴하려 들 거예요."

로스는 여기에 동의한다. "레이는 여성을 자기 불안을 담는 존재인 것처럼, 그리고 자기 응석을 다 받아 주어야 하고 힘들 때는 자기 손을 잡아 주고 위로해 주기 위해 존재하는 것처럼 다루더라고요."

그는 계속해서 이렇게 말했다. "그리고 나에게도 똑같이 그렇게 합니다. '내가 얼마나 힘든지 당신은 모르잖아요. 나한테 어떻게 이럴 수가 있죠?' 이런 식이죠." 로스는 레이에게 이렇게 경고했다고 한다. "당신의 파괴성 병력을 보니 곧 나와의 치료도 파괴하려 들겠군요." 하지만 로스는 레이가 5년에서 10년 정도 치료를 받으면 좋은 결과가 있을 거라고 확신했다.

"5년에서 10년 사이가 대충 적절하겠네요." 다른 의사가 맞장구쳤다.

"나는 레이를 아주 좋아하고 레이를 치료하는 일은 즐거워요." 로스는 분명히 한다. "레이는 아주 창조적인 사람이에요. 지나치게 창조적이다 보니 하나의 진단으로만 고정해 버릴 수 없는 것인지도 모르죠. 하지만 이건 좀 복잡한 문제예요. 예를 들어 레이는 '뭘 할지 나한테 이야기해 주세요.' 하고 말해요. 그러면 나는 '당신이 해야 할 건 여기에 엉덩이 붙이고 앉아서 아무것도 안 하는 거예요. 그냥 가만히 앉아 있어요. 우리가 알아서 케어해 줄 테니까요. 아예 꼼짝하지도 말아요.' 나는 이렇게 레이에게 말한답니다."

레이가 체스트넛 롯지에 입원하기 몇 년 전, 병원 설립자의 증손자인 덱스터 불러드 3세가 집에서 목을 매달아 자살했다. 그는 고등학교 졸업반이었고 가업을 이어받을 첫 번째 후계자였다. 당시 그는 정신분석가에게서 상담을 받고 있었다. 덱스터 주니어는 "약물을 믿지 않는 정신분석가가 아니라 정신과 의사에게 아들을 보냈더라면 지금 살아 있을지도 모르는데"라고 이야기한 적이 있다고 롯지 병원의 의사 앤-루이스 실버Ann-Louise Silver는 회상했다.

당시 롯지 병원의 의사들은 두 파로 나뉘어 있었다. 한쪽은 약물을 포용할 준비가 되어 있던 덱스터 주니어를 비롯한 의사들이었고, 다른 쪽은 롯지 병원의 설립 이념을 보존하기를 주장하는 로스를 비롯한 의사들이었다. 로스는 레이가 스스로를 이해하기 위해 더 노력한다면 회복될 수 있으리라 생각했다. 하지만 병원에서 보낸 지 반년이 넘어가면서 레이가 무엇을 잃어버렸는지가 더 명확해지기 시작했다. 조이는 이제 몇 달째 레이의 전화를 받지 않고 있었을 뿐만 아니라 이혼소송까지 제기했다. 두 아들과 함께 유럽에 체류하고 있던 전 부인은 레이의 면접교섭권을 제한해 달라고 법원에 청구했다. 또한 레이가 투석 클리닉을 1년 이상 출근하지 않을 경우에는 계약상 새로운 원장을 앉히도록 되어 있었는데, 그의 회복 속도를 볼 때 1년 안에 센터에 복귀하기는 힘들어 보였다.

치료를 받을 때 레이는 "내 앞에 거울이 세워져 있는 것 같은" 느낌을 받았다고 한다. "내가 누구인지를 들여다볼 수 있는 거울이었다." 그리고 레이는 자신의 모습에 절망했다. "내가 손자들에게 둘러싸여 노후를 보낼 수 있을까요?" 하고 레이는 로스에게 물었다. 레이의 회고록에 따르면 로스는 이렇게 대답했다고 한다. "당신, 가부장인가? 그런 바보 같은 소리를. 완전히 바보 같은 소리구먼. 당신, 정말 가부장이구나? 하하, 하하하."

체스트넛 롯지에 환멸을 느낀 레이의 어머니는 레이를 항우울제

를 처방해 주는 코네티컷주 뉴케이넌의 실버힐 병원으로 이송하기
로 결심한다. 1979년 8월 1일 레이의 어머니와 양아버지는 체스트
넛 롯지 병원의 두 직원을 대동하고 나온 레이를 공항까지 데려다주
었다. 레이의 어머니는 공항에서 손수건으로 입을 가린 채 소리 없이
울었다. 직원들에 따르면 레이는 공항에서뿐만 아니라 비행기에서
도 계속해서 자신이 잃어버린 것들에 대해 끊임없이 이야기했고, 참
다못한 양아버지가 엔진 소음 때문에 잘 들리지 않으니 착륙하고 나
서 이야기하라고 말할 정도였다고 한다.

완만한 초록 언덕들에 둘러싸인 실버힐 병원은 "우아하고 아름
답게 손질된" 평지에 서 있었다고 레이는 회고록에 쓰고 있다. 환자
들은 흰 나무판자로 덧댄 작은 집에서 살고 있었고, 널따란 판석으
로 된 바닥에 등나무가 격자 차양을 타고 우거져 있었다. 《정신의학
트렌드Trends in Psychiatry》에 실린 1964년의 논문에 따르면 실버힐 병
원에는 주로 대기업 간부, 외과 의사, 예술가 등이 많았고, 드문드문
"좋은 집안에서 태어났으나 학업 성취도가 낮아서 죄책감에 시달리
는 대학생들"[44]이 "정상적인 대화 주제를 찾으라고" 보내졌다. 그러
나 이 논문은 이렇게 덧붙인다. "하지만 여기저기에서 우리는 다른
것들도 보게 된다. 어느 여성은 외모가 정말 아름다운데 안면 경련이
일어난 것처럼 눈을 깜빡거리고 있고, 키 크고 잘생긴 청년은 끊임없
이 의미 없는 폭소를 발작적으로 터뜨리고 있다."

실버힐 병원에서 새로이 레이의 담당의를 맡게 된 조앤 나라
드Joan Narad는 즉시 레이에게 두 가지 약물을 처방한다. 레이의 과

흥분과 불면증을 완화시키기 위해 항정신병제제 약물인 소라진과 1960년대에 발견된 항우울제인 엘라빌Elavil을 처방한 것이다. 나라드는 레이의 첫인상을 두고 "아들과의 관계를 회복하기를 간절히 원하고 있는 상처 입은 사람"처럼 보였다고 이야기했다.

실버힐 병원에서 보낸 첫날 밤에 레이는 자신의 결혼반지를 간호사에게 줘 버린다. "저는 이제 더 이상 필요가 없어요." 그는 자신을 "홀어머니만 있는 집 없는 남자"라고 묘사했다. 다음 날 그는 어머니에게 전화를 걸어 "이 병원과 약물이 상황을 바꿀 수는 없을 거예요." 하고 말했다. 레이는 정해진 방향도 없이 공중에서 표류하고 있는 것 같은 기분이었다. 때때로 그는 실제로 몸의 균형을 잃기도 했다. 그래서 가구나 벽을 붙들어야만 했다.

입원 일주일째에 접어들자 레이는 간호사에게 이름을 바꾸고 어디론가 사라지고 싶다고 말한다. 그리고 8일째에는 이런 말을 하기에 이른다. "저는 앞으로 1~2년만 더 살려고 해요. 잠을 자다가 심장마비로 죽었으면 좋겠어요."

그러나 실비힐 병원에서 보낸 지 3주가 지나자 레이는 아침에 일어나서 안락의자에 앉아 뜨거운 커피를 마시며 신문을 읽을 수 있게 되었다. 그러고 나서 자신의 정신과 간호보조원을 방으로 불러 이렇게 말했다. "뭔가가 나에게 일어나고 있어요. 뭔가가 바뀌었어요." 그는 "끔찍한 슬픔"을 느끼고 있다고 했다. 그 감정은 이전에는 아예 접근조차 할 수 없는 것이었다. 그는 아들들을 거의 1년 동안 보지 못했다. 레이는 이 이야기를 하면서 울기 시작했는데, 거의 몇 달 만에 처음으로 우는 것이었다. 그는 자신이 아들들과 헤어진 일에 대해 슬픔을 느끼고 있다고 생각은 했었지만, 그동안 자신이 경험한 것은 살아 있는 감정이 아니었음을 알게 되었다. 자신이 느꼈던 감정에 대해 레이는 "이는 감정 너머에 있는 것, 더 정확하게는 감정의 완벽한 부재였다"라고 밝히고 있다.

항우울제 반응에 대한 최초의 심층 보고서는 1956년 스위스 정신과 의사인 롤랜드 쿤Roland Kuhn에게서 나왔다.

> 지금까지 3일 동안 환자는 큰 변화를 겪은 것처럼 보인다. 그녀의 불안과 흥분은 모두 사라졌다. 어제 그녀는 자신이 완전히 혼란 상태에 있었음을 스스로 자각했으며, 평생 그토록 어리석게 행동했던 적이 없었다는 사실도 깨달았다. 무엇이 원인인지는 알지 못했으나 상태가 호전되어 그저 기쁠 뿐이라고 했다.[45]

항우울제 개발 경쟁에서 롤랜드 쿤과 네이션 클라인은 경쟁 관계였다. 1950년대 중반에 스위스의 외딴 마을에 있는 공공 병원에서 일하던 쿤은[46] 'G22355'라는 합성물을 가지고 실험을 하기 시작했다 (이 약물은 나중에 '이미프라민imipramine'이라 불리게 된다). 그는 이를 조현병 환자 몇 명에게 투여했는데, 안정될 줄 알았던 그들은 오히려 흥분하고 들뜬 모습을 보였다. 그들 중 하나는 잠옷을 입은 채로 한밤중에 병원을 뛰쳐나가 큰 소리로 노래를 부르면서 자전거를 타고 시내를 돌아다녔다.

쿤은 이 약이 희열의 상태를 유도한다고 결론을 내리고 이번에는 조현병이 아닌 우울증 환자에게 투약을 시도한다. 투약 후 6일이 지나자 "예전에는 고착된 생각 때문에 계속해서 고통을 받았던"[47] 우울증 환자들이 이제는 새로운 관심사를 추구하기 시작했다는 사실을 발견한다. 환자들에게 그들을 강박적으로 사로잡고 있던 생각에 대해 지금 어떤지를 묻자 그들은 "더 이상 생각하지 않는다" 혹은 "더 이상 머리에 떠오르지 않는다"[48]라고 대답했다. 쿤에게 그 약은 "가장 중요한 '경험의 힘'을 완벽하게 복원시키는"[49] 것처럼 보였다.

쿤은 정신의학적 현상학파의 일원이었다. 이들은 마르틴 하이데거와 에드문드 후설 등 현상학자들에게 영감을 받아 정신질환의 경험을 기존 이론의 개입 없이 그 자체로 연구하고자 했다. 이들은 환각이나 극심한 피로와 같은 정신질환 특유의 증상들에 초점을 맞추는 대신, 쉽게 명명될 수 없는 애매한 종류의 사례들에, 특히 환자의 시공간 감각이 변화되거나 뒤틀리는 방식(이를테면 보행로는 단단하므로 쉽게 공중으로 날아가 버리지 않을 거라는 사실을 믿는 능력이 질환으로 인하여 변화되는 방식)에 관심을 기울였다. 그들의 프로젝트는 '설명'하는 것이라기보다는 '서술'하는 것이었다. 쿤은 자신의 방법을 "상황이 스스로 말하게 하는 것"[50]이라고 정의했다. "그렇게 될 때에만 환자와 의사 사이에 진정한 관계 맺음"이 가능하며, 이는 "두 인간 사이의 대등한 관계"라고 쿤은 말한다.

쿤은 정신과 의사들이 환자의 정신적 경험을 설문지 문항들로 측정하는 점에 대해서도 회의적이었다. 이는 결국 삶의 정신적 측면들을 중상들의 목록으로 축소하는 것에 불과하기 때문이다. 쿤은 뇌를 "천천히 혹은 빠르게 작동하는 기계"[51]로 다루는 네이선 클라인의 방식을 비판했다. 정신과 의사는 자신이 "자족적이고 완고한 대상을 다루는 것이 아니라 끊임없이 움직이고 변화하는 하나의 개인을 다루고 있다는 사실"[52]을 이해해야 한다고 쿤은 강조했다. 때로 환자들은 약물을 복용하고 나서야 자신이 생각했던 것보다 훨씬 오래 앓고 있었다는 사실을 깨닫는다고 한다. 자신이 누구였는지를 비로소 재평가하기 시작하는 것이다.

그러나 결과적으로 쿤의 관점은 그다지 사람들의 관심을 끌지 못했다. 쿤에 대한 몇 안 되는 영어 논문의 저자인 니콜라스 와이스Nicholas Weiss는 이렇게 말하고 있다. "정신약리학의 시초에는 포괄적인 관점을 창조하려는 시도가 존재했다. 고통받는 개인의 생생한 세계를 연구하고, 그러한 세계를 변화시킬 수 있는 방법을 고민하려는 시도였다. 그러나 미국의 주류 의학은 그런 관점을 막아 버렸다. 그리고 이 같은 차단을 과학적 진보라고 주장했다." 의사들은 인간 경험에서 측정하기 어려운 측면들은 연구하지 않았다. 정신의학의 역사 역시 마찬가지였다.

레이는 항우울제를 복용하기 시작하면서 유머 감각과 너그러운 성격을 되찾았고, 문학과 음악에 대한 이전의 열정도 회복하기 시작했다. 어느 간호사는 레이가 "따뜻하고 감수성이 풍부한 성격을 가지고 있으며 특히 어린아이들을 보면 더욱 그러했다"라고 기록하고 있다. 그의 담당의였던 나라드는 "새로운 인간이 출현하기 시작했다"라고 말할 정도였다.

시인인 제인 케니언Jane Kenyon도 이와 유사한 변신에 대해 묘사하고 있다. 수년간 "불에 타 그을린 고깃조각이 내 옷을 입고 / 내 목소리로 말하고 있다"[53]라고 느꼈던 그녀에게 의사는 항우울제 복용을 제안했다. 그러자 그녀는 이 같은 구절을 남기게 된다. "경이로움과 함께 / 그리고 짓지도 않은 죄를 / 용서받은 사람의 쓸쓸함과 함께 / 나는 다시 결혼 생활과 친구들에게로 돌아왔다"라고. 또 이렇게도 말한다. "지금 이 순간까지 내 인생에 / 그토록 참혹하게 상처를 주었던 것은 과연 무엇이었나?"

레이는 자기 또래 여성 환자와도 시간을 보내기 시작한다. 그는 자신들이 〈데이빗과 리사David and Lisa〉라는 영화의 주인공 같다고 느꼈다. 1962년에 나온 이 영화는 정신질환을 앓는 두 청소년이 학교에서 만나 서로를 보살피는 이야기로, 한 인물은 사람들과의 (물리적) 접촉에 공포를 느끼고, 다른 인물은 운율에 맞춰서만 이야기하려고 한다. 병원에서 외출 허가를 받은 레이는 버스를 타고 뉴케이넌 시내로 가 샴페인 한 병을 사 와서는 그 여성 환자의 방문을 두드렸다. 그렇게 그들은 그날 밤을 함께 보낸다. "사랑을 나누는 우리의 행위는 성적이거나 생물학적인 것이 아니었다. 그것은 저항의 행위였고, 우리의 인간성에 손을 뻗어 그것을 확인하고 되찾으려는 움직임이었다"라고 레이는 기록한다.

레이는 실버힐 병원의 정신의학 도서관에서 몇 시간이고 앉아서 책을 읽기 시작했다. 그는 1975년에 출간된 퍼시 크나우스Percy Kn-auth의 회고록에 충격을 받았다. 그는 《뉴욕 타임스》의 기자였고 항우울제를 먹기 전에는 자살까지 시도했던 인물이었다. 크나우스는 자신의 회고록에서 "(약을 복용한 지) 일주일도 채 되지 않아 기적이 일어나기 시작했다"[54]라고 말한다. "공포감도, 걱정도, 죄책감도 사라졌다. 나는 흐린 11월의 어느 날, 창문을 열고 밖을 내다보면서 이토록 아름다운 세상을 본 적이 없다는 생각을 했다. 이토록 기분이 좋았던 것은 거의 1년 만이었다."[55] 그러고는 덧붙였다. "나는 노르에피네프린Norepinephrine 불균형 때문에 고통받고 있었던 것이 확실하다."[56] 이는 당시 우울증의 한 원인으로 생각되곤 했는데, 이후로 이 이론은 폐기되었다.

'화학적 불균형 이론'은 1965년 미국의 국립정신건강연구소NIMH에 소속된 과학자 조셉 쉴드크라우트Joseph Schildkraut에 의해 처음 제안되었다. 그의 논문은 《미국정신의학저널》에서 가장 빈번하게 인용되었다. 그는 사람과 동물 모두에 실시된 항우울제의 연구와 임상실험을 검토하면서 항우울제가 신경전달물질인 도파민, 노르에피네프린, 그리고 세로토닌을 뇌의 수용체 영역에서 활성화시킨다고 생각했다. 그리고 역으로 추론한다. 만일 항우울제가 그러한 신경전달물질에 효과적으로 작동한다면, 우울증은 이 물질의 결핍 때문에 생겼으리라는 식으로 말이다. 그는 이 이론을 하나의 가설로만 제시하고 있다. "이는 아주 복잡한 생물학적 상태에 대한 환원주의적 단순화일 수도 있다."[57]

그럼에도 불구하고 이 이론은 자아에 대해서 이야기하는 새로운 장을 열어 주었다. 사람의 기분 변화는 뇌의 화학물질, 다시 말해 신경전달물질들의 기능 변화 때문이라는 것이다. 이러한 사고방식은 '자기 인식'을 새롭게 정의하게 된다. "이는 새로운 설명을 정립할 뿐만 아니라 설명되어야 할 대상까지도 새롭게 확립했다"[58]라고 영국의 사회학자인 니콜라스 로즈Nikolas Rose는 말했다. "20세기를 열어젖힌 심층심리학*의 공간이 이제는 얕고 평평해졌다. 이는 인간 존재론의 변화와도 다름없다. 우리가 우리 자신에 대해 사고하는 그 영역이 달라진 것이다."

체스트넛 롯지 병원에서 레이는 병식이 부족한 환자였다. 하지만 정신질환에 대한 해석을 다른 모델로 접근하는 실버힐 병원에서 레이는 자신의 상태에 대해 열정적으로 공부하는 학생이었다. 그는 자신의 병에 대한 회고록을 작성하기 시작했다. 또한 자신의 원고에 체스트넛 롯지 병원의 평면도를 그려 넣었다. "내가 달렸던 길은 화살표로 표시되어 있다"라고 그는 설명한다. 회고록을 위해 레이는 우울증에 대한 의학적 문헌을 읽어 나가기 시작했다. 그에게 우울증은 이제 "정교하게 치료할 수 있는" 하나의 질병으로 생각되었다. 그는 지난 2년이 우울증이라는 단어로 설명될 수 있다는 사실에 안도감을 느꼈다.

---

* 정신분석의 입장에서 무의식을 연구하는 심리학.

실버힐 병원에서 한 달을 보낸 후 레이는 투석 센터 사업을 접으려고 했던 자신의 계획을 재고하게 된다. "나의 화학적 상태 변화가 내게 다시 싸울 의지를 주었다"라고 그는 회고록에서 말하고 있다. 하루는 새벽 2시 30분에 일어나 방을 서성거리다가 양복을 입고 넥타이를 매기도 했다. 그러고는 병원 직원에게 "내가 의사처럼 보이나요?" 하고 물었다.

레이는 자신의 소식을 알리기 위해 동료인 로버트 그린스펀에게 전화를 걸었다.[59] 그린스펀은 레이가 없는 동안 본인의 월급을 두 배로 인상했다. 레이는 다시 복귀할 준비가 되었고 자기 회사를 팔고 싶지 않다고 말했다. 그때 전화기 너머로 "우스꽝스럽고 기이하며 망설이는 듯한 침묵"이 느껴졌다고 한다.

****

레이는 3개월간의 치료 과정을 끝낸 후 실버힐 병원에서 퇴원했다. 레이가 보호시설의 울타리를 벗어난 건 거의 1년 만이었다. 그는 빈집으로 돌아갔다. 조이는 이미 아들과 떠나고 없었다. 그녀는 가구들도 대부분 챙겨서 떠났다. 레이의 다른 두 아들은 여전히 유럽에 있었다.

레이는 자기 투석 센터에 예고 없이 등장했다. 환자들은 그를 얼싸안거나 악수를 청해 왔다. 간호사들 몇몇은 반가움에 입맞춤을 해오기도 했다. 하지만 레이가 떠난 후 그린스펀에게 고용된 직원들은 레이와 거리를 뒀다. 레이가 정신병동에 있었다는 이야기가 돌았다. 휴게실에서 수간호사는 레이를 "미치광이"이자 "무능한 인간"[60]이라고 불렀다. 레이가 투석 기계를 작동시키는 기본적인 요령도 몰라서 질문을 하는 걸 어느 비서가 목격했다. 그린스펀은 이렇게 말한다. "사람들이 제게 와서는 몇 번이고 '방금 레이가 하는 거 봤어요? 레이가 뭐 하는지 보셨어요?' 하고 이야기했죠. 그래서 저는 '일단 다 기록해 놓으세요'라고 대답했어요."

그린스펀은 레이가 체스트넛 롯지 병원의 치료 과정을 끝내지 못했다는 사실에 분노했다. 그리고 실버힐 병원은 그저 "누더기를 기우는 일"을 했을 뿐이라고 생각했다. 그린스펀은 레이의 투석 센터를 그만두고는 같은 건물에 자신의 센터를 개업했다. 레이의 환자들과 직원들도 그곳으로 옮겨 갔다. 레이의 정신질환과 그린스펀과의 불화에 관한 소식은 의료계에 순식간에 퍼졌고, 레이는 더 이상 환자들을 소개받지 못했다. 아들들과도 이별하고 일도 제대로 되지 않자 레이는 "이 세상에 존재하는 사람이라고 확인해 주는 표식"을 상실해 버렸다고 느꼈다.

레이는 실버힐에서 퇴원한 다음 해인 1980년에 『정신질환의 진단 및 통계 편람Diagnostic and Statistical Manual of Mental』(이하 『편람』이라 칭함)을 통독했다. 막 제3판이 출간된 참이었다. 제1판과 제2판은 얇은 팸플릿이었기 때문에 학계에서 그다지 중요하게 여겨지지 않았다. 진단도 의사와 맥락에 따라 달라질 수 있었으므로 신뢰하기가 어려웠다. 하지만 이 새로운 판본은 미국정신의학협회APA가 임명한 위원회에 의해 더 객관적이고 보편적인 단행본으로 제작되었다. 이 위원회는 이를테면 우울증 소개란의 "내적 갈등"에 대한 "과도한 반응"[61]이라는 식의 정신분석적 설명을 삭제했다. 조증에는 리튬, 조현병에는 클로르프로마진, 우울증에는 이미프라민 등의 약물을 처방하는 게 더 효과적인 것처럼 보였으므로 더 이상 환자의 경험을 파고드는 것은 적절치 않아 보였다. 정신질환은 바깥에서 관찰되는 것에 따라, 즉 행동 징후 체크리스트에 따라 다시금 정의되고 있었다. 미국정신의학협회의 이사장이던 멜빈 새브신Melvin Sabshin은 이 새로운 『편람』이 "이데올로기에 대한 과학의 승리"[62]를 대변한다고 말했다.

『편람』제3판의 임상적 언어는 레이의 고립감을 누그러뜨려 주었다. 이에 따르면 그의 절망감은 실상 질환이었던 것이고, 또한 그 사실을 전 세계 수백만 명의 질환자와 공유하게 된 것이다. 레이는 우울증에 대한 이러한 새로운 사고방식에 힘을 얻어 '상징적 죽음'이라고 제목을 붙인 자신의 회고록을 본격적으로 쓰기 위해 학계의 선도적인 정신의학자들과 인터뷰도 잡았다. 그는 회고록의 부제를 '미국 정신의학 역사에서 가장 수치스러운 스캔들의 비하인드 스토리(나의 실화)'로 정했다.

하지만 레이는 자신에게 "독자의 공감을 불러일으킬 문학적 재주"[63]가 없다는 사실에 절망했다. "누가 성공했다가 실패한 사람의 이야기를 듣고 싶어 하겠는가? 그는 자문했다. 레이는 회고록 내내 스스로를 격려하고 있다. "나는 이 이야기를 반드시 해야만 한다." 그

제1장

는 계속해서 되뇐다. "분명 다른 사람들이 내 이야기를 들을 것이다. 그리고 이야기를 하는 나와 이야기를 듣는 사람들 사이에 유대감과 공동체 의식이 생길 것이다. 그러면 나는 다시금 인류와 함께 앞으로 나아가고 있다는 느낌을 받게 될 것이다."

레이는 회고록 초고를 연방 정부의 '알코올 약물 남용 및 정신보건국' 국장을 막 사퇴한 제럴드 클레르만Gerald Klerman에게 보냈다. 클레르만은 "약물학에 대한 칼뱅주의"[64](만일 약이 당신을 기분 좋게 만든다면 그건 뭔가 도덕적으로 잘못된 것이 있든지 아니면 약물의존이나 간 손상, 염색체변이, 혹은 세속적 신의 인과응보를 대가로 치르게 될 것이라는 주장[65])를 비난하며 레이에게 동조하는 답장을 보내 왔다. 또한 레이의 원고가 "매력적이며 설득력이 있다"라고도 말했다.

클레르만의 인정을 받은 레이는 용기를 내어 체스트넛 롯지 병원을 업무상 과실과 태만 혐의로 고소하기로 결심한다. 그런 뒤 자신을 위해 증언해 줄 전문가를 찾아 나서기에 이른다. 레이는 엘라빌에 대한 최초의 임상 시험을 실시했던 프랭크 에이드Frank Ayd에게 회고록의 일부를 보냈다. 엘라빌은 레이가 당시 투약하고 있던 항우울제였다. 에이드는 정신약리학의 등장을 "인류에게 주어진 하나의 은총"[66]과 같다며, 의학의 역사 자체에서 "가장 중요하고도 극적인 서사시"[67] 중 하나라고 서술한 바 있다. 그는 『우울증 환자 알아보기Recognizing the Depressed Patient』(1961)라는 자신의 베스트셀러 저서에서 이렇게 이야기한다. "질병의 심리적 측면을 지적으로 이해한다고 해서 얻어지는 이점은 없다."[68]

에이드는 레이를 만난 뒤 "우울증의 소강상태에 있는 진실하고 정직한 개인을 만났다"[69]라고 확신했고, 레이의 소송에서 자문 역할을 맡는 데 동의했다. 그렇게 얼마 지나지 않아 레이는 소송을 제기했다. 그는 체스트넛 롯지 병원이 자신의 우울증을 치료하는 데 실패한 탓에 더 이상 의료 행위를 할 수 없게 되었고 의료 커뮤니티에서의 명성도 상실했으며 자녀들에 대한 보호 감독도 할 수 없게 되었다고 주장했다. 레이의 친구인 앤디 씨워드Andy Seewald는 레이가 종종 자신을 『모비딕』의 에이해브 선장에 비유했다고 전해 주었다. "체스트넛 롯지 병원은 레이에게 백상아리 같은 존재였어요. 레이는 자신을 무기력하게 만든 그 백상아리를 뒤쫓게 된 거죠."

미국정신의학협회의 전 의장이었던 앨런 스톤은 의학적 진료 태만 소송 중에서 레이의 소송만큼 의료계의 저명한 전문가들을 많이 끌어들인 소송은 없다고 말했다. 레이의 소송은 생명 의학계의 선도적인 의사들이 "자신의 의제를 밀어붙이는" "조직적 원천"이 되었다고 한다.

레이는 클레르만과 에이드뿐만 아니라 버나드 캐롤Bernard Carroll도 소송에 끌어들였다. 그는 아드레날린 분비선의 기능을 측정함으로써 우울증을 진단하는 (지금은 더 이상 사용되지 않고 있는) 테스트를 발명한 듀크대학교의 의학 교수였다. 레이는 『편람』 제3판을 저술한 위원회에 있었던 도널드 클레인Donald Klein에게도 증언해 줄 것을 설득했다. 클레인은 의학계의 많은 의사들이 그러하듯 체스트넛 롯지 병원의 의사들도 과학의 요구에 부응하는 데 실패했다고 생각했다. "환자를 진단하고 치료하는 것이 응용과학이 아니라면 대체 무엇이라는 말인가?" 그는 학회에서 이렇게 질문했다. "예술 형식? 철학적 구성물? 아니면 발레라는 말인가?"[70]

사례를 소송으로 진행시킬지 여부를 결정하는 중재위 청문회에서 레이가 고용한 전문가들은 생물학적 정신의학이 주장하는 새로운 공간을 정의하려고 시도했다.

"정신과 의사들은 이제 '의학의 정신-항해사'가 되어 가고 있습니다." 에이드가 말했다.

"의학의 뭐라고요?" 체스트넛 롯지 병원 측 변호사가 물었다.

"정신-항해사요." 에이드가 대답했다. "우리는 인간의 내면이라는 우주를 탐구하고 있거든요."

"당신은 이 분야가 여전히 탐구의 영역에 있다는 말씀을 하고 있는 건가요?"

"앞으로 백 년간은 그럴 거라고 저는 확신합니다." 에이드가 이어서 대답했다. "이천 년 동안 그래 왔듯이 말이죠."

"예, 아니요로만 대답하세요." 체스트넛 롯지 측 다른 변호사가 말했다. "정신 치료의 이점 중 하나가 사람들이 스스로를 성찰할 수 있게 한다는 점이 맞습니까?"

에이드의 대답은 다음과 같았다. "자신을 성찰할 준비가 전혀 되어 있지 않은 사람에게 그것을 강요하는 것은 아주 위험할 수 있습니다."

2주간 계속된 청문회 기간 동안 체스트넛 롯지 병원 측은 우울증을 약으로 해결하려는 레이의 시도에 대해 책임을 회피하는 태도라고 대응했다. 서면 보고서를 보면 체스트넛 롯지 병원 측의 전문가 증인인 하버드대학교 정신의학과 교수 토머스 구테일Thomas Gutheil은 레이가 작성한 소송의 언어가 오히려 레이의 "외부화externalization" 시도를 잘 보여 주고 있다고 말했다. 외부화란 "자신의 문제를 남의 탓으로 뒤집어씌우려는 경향"[71]을 의미한다. 구테일은 "자신의 문제가 생물학적인 성격을 가지고 있다는 식의 레이의 고집스러운 주장은 불합리할 뿐만 아니라, 문제를 자신으로부터 멀리 떼어 놓으려는 또 다른 시도를 보여 줄 뿐이다. 문제는 내가 아니라 나의 생물학적 요인이라는 식으로 말이다"라고 말했다.[72]

체스트넛 롯지 병원 측 전문가들은 실버힐에서 레이가 회복될 수 있었던 것은 어느 여성 환자와 낭만적 관계를 맺었기 때문이라고 주장했다. 그 관계 때문에 레이가 예상치 못하게 자존감을 회복할 수 있었다는 것이다.

"모욕적인 발언이군요."[73] 증언대에 선 레이가 말했다. "게다가 징후학과 질병의 합법성을 완벽하게 불신하는 발언입니다." 그는 이어서 또 이렇게도 말했다. "내가 생활에 어려움이 있었다는 사실을 부정하지는 않습니다. 나는 이제 정신의학에 대해 많은 것을 알게 된 사람으로서 스스로를 들여다보고 검토하고 있습니다. '나는 과연 나르시시스트인가? 과연 그것이 나인가? 내가 아닌가? 나는 대체 무엇인가?' 하고요."

체스트넛 롯지 병원 측 변호사들은 레이가 그곳에서 피아노도 치면서 즐거운 시간을 보내는 모습을 보여 주었다고 주장하면서 우울증에 대한 레이의 진술을 깎아내리려고 들었다.

그러자 레이는 이렇게 답변했다. "그 병동에서 썩어 가고 있는 낡은 피아노를 기계적으로 두들겼을 뿐입니다. 그건 음악을 만들어 내는 창조적이고 즐거운 행위라기보다는 마음의 동요를 드러내는 행위에 지나지 않았습니다."[74] 그런 뒤 그는 이렇게 덧붙였다. "내가 탁구를 하고 피자를 먹고 미소를 띠고 농담을 하고 예쁜 여성에게 눈길을 보냈다고 해서 내가 계속해서 즐거운 기분을 느끼는 상태에 있었다는 말은 아닙니다." 그는 계속했다. "나는 스스로에게 이렇게 말하곤 했습니다. '이건 살아도 사는 게 아니야.'"

레이의 담당의였던 마누엘 로스는 8시간이 넘도록 증언했다. 그는 레이의 회고록 초안을 읽었으며 레이가 항우울제를 복용해서 치유되었을 가능성을 극구 부인했다. 로스가 보기에 레이는 아직 회복되지 않은 상태였다. 왜냐하면 레이는 여전히 과거에 집착하고 있었기 때문이다. "그렇기 때문에 내가 1913년의 논문에 따라 '우울증'이라고 부르는 겁니다." 그는 프로이트의 「애도와 우울」을 언급하면서 그렇게 말했다.

로스는 레이가 체스트넛 롯지 병원에서 병식을 발달시키기를 희망했다고 말했다. "자기 인생에 무슨 일이 일어났는지를 진정으로 이해하는 것, 그것이야말로 참된 정신적 지지가 될 테니까요." 로스는 레이가 자기 분야에서 가장 부유하고 영향력 있는 의사가 되겠다는 욕망을 포기해야 한다고 생각했다. 그리고 레이가 스스로에 대해 "의학이라는 포도밭에서 일하는 지극히 평범한 인간들" 중 하나라는 사실을 받아들이기를 바랐다.

레이의 변호사인 필립 허쉬콥Philip Hirschkop은 미국에서 민권 변호사로 이름을 날린 인물이다. 그는 로스에게 질의했다. "정신분석가로서 당신은 특정 인물에 대한 개인적 감정을 원동력 삼아 행동하고 있는 것은 아닌지 반성해야 하지 않습니까?"

"아, 그렇죠." 로스는 대답했다. "그렇고말고요." 그는 안경을 벗더니 안경테 끝을 입에 물었다.

"19년 동안 월급이 오른 것을 제외하고는 승진도 없이 한자리에서 계속 일했던 당신은 그렇게 많은 돈을 벌고 이제 환자로 온 이 사람에 대해 같은 의사로서 질투하는 감정이 있지 않았나요?" 허쉬콥이 물었다.

"가능합니다. 그럼요." 로스는 말했다. "변호사인 당신도 그것을 생각해야겠지요. 거기에 대해서는 의문의 여지가 없습니다. 제가 보기에 그 질문은 변호사인 당신이 스스로에게 하는 심리적 질문 아닌가요? 내가 질투를 했다? 아니면 내가 그저 부러움과 원한에 사로잡혀 이 과대망상증 환자에 대해 진술하고 있다? 유감스럽게도 그렇게 생각되지는 않는군요."

"그렇다면 19년 동안 같은 일만 계속하고 있는 사람에 대해 야망이 부족하다고 추론하는 것도 정당하겠군요?"

"허쉬콥 씨, 그렇지 않습니다." 로스는 순간 정색했다. "나는 내가

제1장

하고 있는 일을 좋아합니다. 늘 나에게 자극을 주는 일이죠."

1983년 12월 23일 중재위원회는 체스트넛 롯지 병원이 환자 치료의 기준을 위반했다고 결론 내렸다. 이제 소송으로 넘어갈 수 있게 된 것이다. 맥길대학교의 정신의학과 교수인 조엘 패리스Joel Paris는 "오셔로프 사건의 결과는 이제 북아메리카에 있는 모든 정신과에서 화제가 되고 있었다"[75]라고 썼다. 《뉴욕 타임스》는 레이의 사건이 "만성 우울증은 질병이 아니라 단지 성격적 결함에 불과하다는 몇몇 의사들의 관습적 믿음"[76]을 뒤흔들어 놓았다고 보도했다. 《필라델피아 인콰이어러The Philadelphia Inquirer》에 따르면 레이의 소송은 "미국에서 정신의학 의술이 어떻게 행해져야 하는지에 대한 많은 부분을 결정하게 될" 터였다.[77]

그러나 소송으로 넘어가기 직전인 1987년, 체스트넛 롯지 병원은 레이에게 350만 달러의 합의를 제안한다. 그때 레이는 고등학교 동창이었던 모리세트와 데이트를 하고 있었는데, 그녀는 어느 정신분석가와 결혼한 전력이 있었다. 모리세트는 레이의 사건이 정신의학 학파들 사이에 갈등을 유발한 방식에 대해 유감을 표했다. "지나치게 단순했어요." 그녀는 이렇게도 말했다. "하나의 학파가 다른 학파를 대신할 수 있는 건 아니죠." 레이는 합의하기로 결심하고 그렇게 진행했다.

미국의 저명한 정신의학 의사들은 이 사건을 정신분석에 대한 최종 판결로 다루었다. 《미국정신의학저널》에 실린 1990년의 논문에서 레이의 전문가 증인 중 한 명이었던 제럴드 클레르만Gerald Klerman은 이제 정신과 의사들이 환자들에게 진단명을 알려 주고 임의로 뽑은 연구들을 인용함으로써 치료 방법을 결정해야 하는 것이 의무가 되었다고 기록하고 있다. 이런 의무는 클레르만에 따르면 의학계의 "미란다 원칙"[78]과 같았다. 용의자에게 권리를 나열함으로써 발언을 할지 말지에 대해 선택할 수 있도록 경찰이 고지해야 하는 원칙과 같아진 것이다.

클레르만은 당시 떠오르고 있던 '근거중심의학' 운동의 옹호자였다. 이는 임상적 의사 결정을 할 때 치료 방식을 다양하게 시도하도록 그 기준을 세우자는 의학적 방법론이다. 1972년 스코틀랜드의 전염병학자인 아치볼드 코크란Archibald Cochrane은 자신의 저서인 『효과성과 효율성Effectiveness and Efficiency』에서 이 개념을 처음으로 제안한다. 코크란은 여기에서 "최초의 환자가 과학적 연구에 기반해서 무작위로 선택될 때까지 치료에 대해 그 어떤 이야기도 해서는 안 된다"[79]라고 주장했다. 그 후 10년간은 무작위 임상 연구가 의학계에서 가장 신뢰할 수 있는 지식의 원천으로 떠오르게 되면서 개별적 사례 연구의 권위를 대체하게 된다. 그 같은 새로운 흐름이 의학 기술art을 어떻게 바꾸어 놓을지 설명해 달라는 《뉴욕 타임스》의 요청에 영국 옥스포드대학의 근거중심의학 센터장은 이렇게 대답했다. "예술art은 사람을 죽입니다."[80]

실버힐 병원에서 레이의 담당의였던 조앤 나라드는 사람들이 레

제1장

이의 이야기로부터 이끌어 낸 결론들 때문에 본인도 고통을 받았다고 내게 털어놓았다. "그 사건은 양극성을 조장하는 데 사용되었죠." 레이는 회고록에서 이렇게 쓰고 있다. "세계적으로 유명해진 오서로프 사건의 의미를 헌신적으로 이야기하던 그 '영세 산업'은 계속해서 번성하고 있지만, 그쪽 학자들 중 어느 누구도 살아 있는 일차적 원천을 인터뷰하러 찾아오지 않았다. 일차적 원천인 바로 나 말이다!"

미국정신의학협회는 1989년 연례 회의에서 레이의 사건에 대한 토론회를 열었다. 레이는 다시 함께 살게 된 큰아들 샘과 그곳에 참석했다. 나라도도 그곳에 참석했고, 샘에게 레이가 아이들을 얼마나 보고 싶어 했는지를 기록한 레이의 의료 기록을 보여 주기도 했다. "저는 말해 주었죠. '아버지가 너희와 연락하려고 얼마나 노력했는지 모른단다. 너희가 너무 보고 싶어서 필사적으로 너희를 만나려고 했었어.'"

하지만 샘과 동생 조는 아버지를 용서하지 않았다. 그들은 아버지의 인생이 어떻게 꼬여 버렸는지를 아버지가 잘못 알고 있다고 생각했다. "아버지는 사교적이고 친절하고 총명한 부분이 있었어요. 하지만 자신의 문제에 대해서는 제대로 인식하지 못했죠." 조는 이렇게 말했다. "계속해서 똑같은 이야기만 반복했어요." 조가 보기에 아버지는 할아버지가 강요했던 의학을 연구하느니 차라리 어린 시절의 꿈을 계속 좇아 뮤지션이 되었어야 했다. 그랬다면 인생이 그토록 우울하지는 않았을 것이다. 샘과 조는 연극계에 몸담기를 원했는데, 레이는 아이러니하게도 두 아들에게 경영이나 법학처럼 더 인정받는 분야로 진로를 정하라고 했다. "아버지는 음악 말고는 아무것도 원하지 않았다고 해요. 어린 시절에 그토록 음악을 하고 싶어 했던 남자가 아들을 둘 낳았고, 이 아들들이 모두 연극을 하고 싶다고 하는데도 반대하고 있는 거죠. 결국 본인이 어린 시절에 길들여진 패턴에서 벗어나지 못한 거예요."

레이와 소송전을 치른 이후 체스트닛 롯지 병원도 거의 모든 환자들에게 약을 처방하기 시작했다. 그곳의 정신과 의사였던 리처드 워거맨Richard Waugaman은 "우리는 순응해야만 했어요"라고 말했다. "환자에게 도움이 될지 아닐지는 문제가 아니었어요. 또 소송을 당할까 봐 두려웠고, 우리 스스로를 보호해야 했죠."

또한 체스트닛 롯지 병원 의사들은 1950년대부터 1975년까지 그곳에서 치료를 받았던 400여 명 이상의 환자들을 추적 연구한 1984년의 『일반정신의학 아카이브 Archives of General Psychiatry』를 보고 충격과 죄책감을 느꼈다.[81] 그곳을 거쳐 간 조현병 환자들 중 상태가 좋아지거나 회복된 사람들은 3분의 1에 지나지 않았다. 당시 모든 분야에서의 평균 회복률과 동일한 수준이었다.[82] 또한 잘 살고 있는 사람들과 여전히 회복되지 못한 사람들을 구별해 주는 요인도 그곳의 치료와 아무 상관이 없다는 사실이 드러났다. 500여 명이 참석한 심포지엄에서 『일반정신의학 아카이브』의 공저자이자 체스트닛 롯지 병원의 의사였던 토마스 맥글래션Thomas McGlashan은 이렇게 선포한다. "데이터가 나왔다. 실험은 실패했다."[83]

수년간 체스트넛 롯지 병원의 환자들은 개인 보험을 통해 치료비를 감당했다. (물론 황금 거위라고 불리는, 자비로 치료에 들어간 돈을 내는 사람들도 있었다.) 하지만 1990년대 초반이 되자 보험 산업의 지배적 경향은 보험사가 치료 과정을 관리하는 것으로 바뀌었다. 그 비용을 감당하기 위해 보험사는 의사에게 자신들이 검토할 수 있는 치료 계획을 제출하라고 요구했다. 또한 환자가 진전되고 있음을 측정 가능한 선에서 보여 줄 것을 요구했다. 환자들의 고난에 대한 길고도 우아한 이야기는 증상 리스트로 대체되었다. 정신건강보험도 협업이 아니라 상품으로 취급되었다. 롯지 병원 의사들은 여전히 함께 모여 환자들을 분석하고 있었지만 "그 시간은 더 이상 유급이 아니었다"라고 덱스터 주니어의 며느리이자 체스트넛 롯지 병원의 자문위원이었던 칼리나 불러드Kalyna Bullard는 말했다.

체스트넛 롯지 병원이 '외로움을 치유해 줄 매력적인 유대감'이라고 자부했던 의사-환자의 관계 또한 상업적 언어로 재정의되었다. 정신과 의사는 "서비스 제공자"가 되고 환자는 "소비자"가 되었으며, 환자의 질병은 『편람』에 나오는 진단으로 요약되었다. 정신질환 혹은 광기는 "시의적절한 방식으로 효율적이고 합리적으로 관리되어야 할 상품이 되었다"[84]라고 「미국 정신의학의 월마트식 쇼핑The Wal-Marting of American Psychiatry」이라는 논문을 쓴 인류학자 앨리스테어 도널드Alistair Donald는 말한다. "진짜 환자는 행동의 서술로 대체되었고, 따라서 종국에는 미지의 인물이 되었다."[85]

정신분석가들이 나이가 들면서 체스트넛 롯지 병원은 젊은 의사들과 사회복지사들을 고용하게 되었다. 이들은 투약에 대해 더욱 적극적이었다. 그러나 그곳의 전 사회복지 부장이었던 카렌 바르톨로메우Karen Bartholomew는 새로운 직원들이 이전 시대의 정신의학을 무시하면서 "이제 우리가 훨씬 더 낫지." 하고 말할 때마다 좌절감을 느꼈다고 회고한다. 갈수록 환자들은 "대여섯 개의 서로 다른 처방 약을 들고" 체스트넛 롯지를 찾아왔다. 그러나 "어떤 약이 어떤 부분에 작용하는지를 무슨 수로 알겠어요?" 하고 그녀는 말한다. "나는 그저 다음 단계로 진화하기를 기다릴 뿐이었죠. 왜냐하면 그 방식도 효과가 없기는 마찬가지였으니까요. 적어도 이 나라에서는 말이죠."

1995년에 덱스터 불러드 주니어도 사망한다. 불러드가에서 병원을 맡으려는 자손은 없었다. 병원은 지역 보건 비영리단체에 팔렸는데, 이들은 이곳을 곧 파산으로 몰아넣는다. 체스트넛 롯지의 의사였던 앤-루이스 실버는 덱스터 불러드의 아들이 자살한 것과 그 사건이 촉발한 변화(투약에 의존하게 된 것과 리더십의 부재)가 병원에 죽음을 가져왔다고 보았다. 덱스터 주니어가 "아들을 잃은 슬픔에 빠져 있었다"면 "우리들 대부분은 예전의 롯지를 잃은 슬픔에 빠져 있었다"라고 그녀는 말한다. 1990년대 후반에 들어서자 체스트넛 롯지 병원의 건물은 점차 폐허로 변하기 시작했다. 실버에 따르면 환자들 중 한 사람은 3층에 입원하고 있었는데, 어느 날 얼굴 위로 꿀이 떨어졌다고 한다. 천장이 온통 벌집으로 뒤덮였기 때문이었다.

2001년 4월 27일, 체스트넛 롯지의 최후의 날에는 여덟 명의 환자들만 남아 있었다. 직원들 중 몇몇은 병원을 조금이라도 더 유지하기 위해 급여 명세서까지 위조하고 나서겠다고 했다. 그들은 또 1700년대에 지어진 낡은 건물을 사서 '로즈 가든 롯지'라는 이름의 새로운 병원을 여는 것도 고민했다고 한다. 이는 『나는 장미 정원을 약속한 적은 없다』에서 따온 이름이었다. "우리도 우리 환자들과 그다지 다르지 않습니다."[86] 당시 롯지 병원의 의사였던 로버트 커츠Robert Kurtz는 《정신의학신문》에서 이렇게 밝혔다. "우리도 고집세고 이상주의적인 만성 환자들입니다. 우리는 결코 포기하지 않아요!" 하지만 계획은 실현되지 못했다. 실버는 이렇게 말했다. "그 위대한 등대는 밀려오는 조류 때문에 결국 무너져 버린 거죠."[87]

레이의 담당의였던 마누엘 로스는 병원이 폐쇄될 때까지 일했다. 1990년대 후반에 체스트넛 롯지 병원의 정신 치료 분과장이었던 크리스토퍼 키츠Christopher Keats는 로스에 대해 "그는 늘 그대로 있었어요. 늘 했던 방식 그대로 진료를 계속했죠"라고 말했다. 내가 로스에게 전화를 했을 때 그는 레이의 사건에 대해 이야기하기를 거부했다. "심지어 개인적인 자리에서도 그 사건에 대해 한 번도 이야기한 적이 없습니다." 그러면서 이렇게 덧붙였다. "그것이 정신의학의 핵심 원칙이라고 생각합니다. 그건 사제司祭도 마찬가지 아닙니까? 우리는 아무것도 폭로하지 않습니다."

미국의 많은 정신병원이 그러했듯 체스트넛 롯지 병원도 버려졌다. 어느 지역신문은 그곳을 "귀신 찾는 사람들"[88]이 모여드는 장소라고 묘사했다. 그런 사람들은 그곳에서 "귀신이 출몰하고 심령 현상이 일어난다는 이야기를 듣고" 찾아온 것이었다. 결국 그곳은

2009년 여름에 알 수 없는 이유로 화재가 발생하면서 무너졌다.

＊＊＊＊

나는 2013년 《정신의학 타임스Psychiatric Times》에서 "뒤늦은 부고"[89]라는 제목의 기사를 우연히 보게 된다. 그것은 레이의 인생에 대한 짧은 추도문이었다. 레이는 부고가 쓰이기 1년 전에 사망했고, 목격자도 없었다. 부고를 쓴 사람은 페이스북을 제외하고는 레이에 대한 어떤 개인 정보도 찾을 수 없었다고 한다. 레이의 페이스북 프로필 사진은 1986년에 출간된 심리학 서적 『아버지 찾기Finding Our Fathers: 인생이 어떻게 아버지와의 관계로 인해 결정되는가』의 표지였다.

나는 정신의학 관련 서적에서 레이의 사건에 대한 짧은 언급을 본 적이 있었다. (어떤 책에서 레이는 우울증을 겪기 전에는 "원하는 것을 모두 가진 남자"라고 묘사되어 있기도 했다.) 그리고 그의 인생 자체가 정신에 대한 두 가지 상반된 이론들 사이의 거대한 충돌로 평가받았다는 사실을 그가 어떻게 받아들이고 살았는지 궁금해졌다. 그래서 나는 로스의 변호사였던 필립 허쉬콥과 연락을 취했다. 그는 나를 버지니아주 롤튼에 있는 자기 집으로 초대해 창고에 보관하고 있던 박스 12개 분량의 파일을 내게 읽어 보라고 권했다. 모두 레이와 관련된 것이었다. 법정 기록과 의료 기록들 사이에 레이의 미출간 회고록 초안도 여러 부 있었다. 레이는 30년이 넘도록 그것을 수정하고 있었던 것이다. 그의 글은 과대망상과 자기 비하 사이를 오가고 있었다. "나는 역사적 인물이 되었다." 한편으론 또 이렇게도 적고 있다. "나는 모든 사람이 아는 사람이지만 아무도 제대로 모르는 사람이다."

체스트넛 롯지 병원과 합의를 끝낸 후 레이는 모리세트와 함께 뉴욕 스카스데일로 이사했다. 하지만 몇 년이 지나고 레이는 둘의 관계에 '아무런 알맹이가 없다'고 느꼈다. 그래서 또다시 이혼한다. 회고록 초안을 보면 레이는 우울증에 대한 정의를 다시 수정하고 있다. "이것은 질병이 아니고 질환도 아니다. 관계가 절연된 상태다." 레이는 다시 정신분석가를 찾기 시작했다. 그리고 이 분석가를 "좋은 아버지"라고 불렀다. (반면에 체스트넛 롯지 병원에서의 담당의 로스는 자신에게 나쁜 아버지였다고 적었다.) 레이는 체스트넛 롯지 병원이 자신을 약으로 치료했더라면 더 이상의 치료가 필요 없었을 거라고 믿었다. 하지만 이제 그는 "무언가를 세울 기본적인 틀 자체를 상실했다"라고 쓰고 있다.

레이는 모리세트와의 결혼 생활이 끝나자 뉴저지의 크랜포드로 이사해서 또 다른 고등학교 동창생인 파울라와 동거하기 시작했다. 하지만 얼마 지나지 않아 레이는 그조차도 지루하고 따분하다고 생각했다. 그는 크랜포드 근처에 있는 투석 클리닉에서 1년간 일했다. 하지만 체스트넛 롯지 병원의 의사들이 느꼈던 것처럼 자신도 보험사의 치료 관리 의무 사항들에 제약받고 있다고 느꼈다. 그의 선임은 레이가 환자와 20분 이상 상담한다고 꾸짖었다. 1년이 지나고 레이의 계약은 갱신되지 않았다. 그래서 이제 "신입 수준의 자리를 찾아다니기 시작했다"라고 레이는 어느 편지에서 이야기한다. "내 자식들이 나를 이런 식으로 보는 게 얼마나 수치스러운 일인지 상상이 가나? 늘 도망치기를 원하는 아버지인 것처럼 보이는 게?"

레이의 첫째 아들과 둘째 아들 샘과 조는 모두 배우가 되었다. 그는 두 아들을 찾아가서는 체스트넛 롯지 병원이 자기 인생을 얼마나 망쳐 놓았는지에 대한 이야기를 반복해서 늘어놓아 그들을 아주 질리게 만들었다. 레이는 아들들에게 회고록의 새로운 버전을 주기도 했다. "그 책, 그 책 말이죠." 조는 말했다. "아버지가 이야기하고 싶은 거라곤 그 책이 전부였어요." 샘의 첫 아이가 태어났을 때도 레이는 회고록의 수정본을 들고 나타났고, 손녀를 만나는 것보다 회고록에 대해 이야기하는 것에 더 흥미를 느끼는 것처럼 보였다고 했다. 레이는 샘에게 말하곤 했다. "이 회고록은 사람들을 깜짝 놀라게 할 거야. 사람들이 이걸로 영화도 만들걸." 샘과 조는 이제 더 이상 아버지의 전화를 받지 않았다. 레이의 막내아들은 이미 아버지와 연을 끊은 지 오래였다.

회고록은 500쪽으로 불어났다. 초창기에 작성된 원고는 잘 짜여 있었고 언어도 생생했지만, 30년간의 수정을 거치면서 뭔가 억압적이면서도 정직하지 못하게 변질되었다. 이제 회고록은 복수의 이야기로 바뀌고 있었다. 유일하게 나아진 점이라고는 초기 원고에는 없던 아버지에 대한 이야기가 추가된 것 정도였다. 이제 그는 아버지가 자신을 학대했을지도 모른다고 말한다. 아버지의 죽음은 프로이트가 말한 '원초적 장면'이 되었다. 둘이 마지막으로 만났을 때 아버

제1장

지는 레이에게 쓰레기를 대신 버려 주지 않는다며 불같이 화를 냈다. "갑자기 나는 아버지에 대한 나의 분노를 생생히 의식하게 되었다. 또 육체적으로 더 이상 아버지의 분노가 두렵지 않았다. 그러자 아버지를 패 버리고 싶다는 생각이 의식에 들어왔다." 레이는 이렇게 서술하고 있다. "물론 나는 그 생각을 재빨리 억압하기는 했지만, 그 같은 금지된 생각을 했다는 것만으로도 공포에 사로잡혔다." 레이는 인사도 하지 않고 집 밖으로 뛰쳐나갔다. 그리고 그날 밤 마흔다섯이었던 레이의 아버지는 심장마비로 사망했다. 레이는 그 시체를 안치소에서 확인해야 했다.

"그러므로 이 이야기는 결국 무엇으로 요약될 수 있는가?" 레이는 자문한다. "나는 어떻게 나 자신을 정의할 수 있는가? 이제 레이 오셔로프는 과연 누구인가?" 그는 정신과 약물을 30년간이나 복용해 왔지만 여전히 외로웠고 중심이 없는 것 같았다. 레이는 이렇게 말한다. "현재의 내 모습과 내가 되어야 했던 모습 사이에는 고통스러울 만큼 어쩔 수 없는 간극이 존재한다." 그는 '치료되지 않은 사람'이었던 것이다. 레이의 질환에 대한 두 가지 상이한 이야기인 정신분석학과 신경생리학은 모두 그를 치료하는 데 실패했다. 이제 레이는 새로운 이야기로 구원받을 수 있으리라는 희망에 차 있었다. 그 이야기란 바로 자신의 회고록이었다. 그는 스스로 자신의 이야기를 제대로 구성하거나 적절한 언어를 찾을 수 있다면 "마침내 치유의 땅에 닿을 수 있을 것"이라고 확신했다. "개인적 비극에는 그에 걸맞는 해석이 있을 것이다. 그렇게 나에 대한 새로운 유산을 재구성할 수 있으리

라. 빨리 하자! 시간이 다가오고 있다!"

2000년대 초반에 레이는 교통사고를 당한 환자들에게 전기진단 테스트를 하는 일자리를 얻었다. 그는 사람들의 근육과 신경에서 나오는 전자적 활동을 분석해 그들이 부상당했는지 아닌지를 판단했다. 아마 좋은 의도로 그 일을 시작했을 것이다. 하지만 그는 치료 비용을 부담해 주는 무과실 책임 보험 정책을 악용하는 병원을 위해 일하고 있었다. 이는 다시 말해 어떤 환자들은 아예 사고를 당하지 않았을 수도 있음을 의미했다. 레이가 녹음한 새로운 치료사와의 대화에서 그는 다음과 같이 불평한다. "나는 가짜 업무를 하고 있어요. 가짜 사고에 대한 가짜 보고서를 만들고 있죠." 그는 자신이 "텅 빈 사람, 시뮬라크르simulacrum* 같은 사람"이 되었다고 느꼈다. 업무가 끝나고 파울라와 시간을 보내는 것도 견딜 수가 없는 건 마찬가지였다. 레이에 따르면 파울라는 유대교식 중국 음식이 나오는 디너파티에 가는 것만이 인생의 낙인 사람이었다. "나는 집으로 갈 수가 없다. '뭐가 문제야, 자기야? 그냥 나랑 텔레비전이나 보자.' 나는 이런 경험에서 벗어나야 한다."

내가 파울라와 통화했을 때, 그녀는 내과와 신장학 두 분야에서 전문의를 따낸 레이를 친구들이 얼마나 대단하다고 생각하는지를

---

* 순간적으로 생성되었다가 사라지는 모든 사건 또는 자기 동일성이 없는 복제를 가리키는 철학 개념.

이야기하며 레이의 의학적 기술을 찬양했다. 그리고 레이에게 침상을 지켜 줘서 고맙다고 편지를 보낸 어느 암 환자의 이야기를 네 번이나 반복해 들려주었다. 하지만 레이의 업무에 대한 파울라의 설명은 모호했다. "레이는 뭔 테스트 같은 걸 했어요." 그녀는 이렇게만 이야기했다. "자기 스스로 할 줄 모르는 의사들이 레이에게 전화해서 '자네가 이 테스트를 굉장히 잘한다고 들었는데 브롱크스에 있는 내 병원으로 와 줄 수 있나?' 하고 부탁하곤 했죠."

2012년 초 레이는 친구 앤디 씨워드에게 자신의 은행 계좌가 연방 조사관 때문에 동결되었다고 말했다. 미국 연방검찰은 의료보험 회사를 속여 보험료를 타 낸 혐의로 30여 명에 대한 기소를 준비하고 있었는데, 레이는 자신도 곧 기소될 거라고 생각했다. 그는 자동차 보험회사에 "거짓이거나 의학적으로 쓸모없는 치료비"[90]를 청구했다는 혐의로 고소를 당했다고 불평했었다. 씨워드에 따르면 레이는 이를 두고 "수치스러워 죽을 것 같다"라고 할 정도로 적잖이 힘들어한 듯싶다.

레이는 10년 넘게 얼굴을 보지 못했던 둘째 아들 조에게 연락해 맨해튼 극장 거리에 있는 어느 이탈리아 식당에서 함께 저녁을 먹자고 했다. 조가 식당으로 들어서는데, 누군가가 자신의 이름을 외치는 것을 들었다. "소리가 난 쪽을 쳐다보니 아버지가 최소한 8~9명이 앉아 있는 둥근 식탁에 있었죠. 그들은 모두 러시아 사람들이었고 사진을 찍고 있었어요." 조는 말했다. "그 사람들은 모두 '오서로프 의사 선생이 아들이랑 다시 만날 날이 올 거라곤 생각도 못 했어!' 라는 식으로 이야기하고 있었어요." 레이는 자리에서 일어나 연설을 시작했다. "모두가 핸드폰을 꺼내서 아버지를 찍었어요. 연설이 끝 날 때쯤 아버지가 제게 『아버지 찾기』라는 낡아서 다 닳은 책을 건넸죠. 아버지는 심지어 울고 있었어요." 하버드대학의 심리학자가 쓴 그 책은 아버지와의 "끝내지 못한 일"이 어떻게 자신의 인간관계를 망쳤는지를 이야기하고 있었다.[91]

모두가 식사를 하기 시작했다. "아버지는 제 옆에 앉아서 체스트넛 롯지 병원 이야기를 또 하기 시작했어요. 마치 내가 한 번도 들은 적이 없다는 듯이 말이죠." 그러고는 이어서 말했다. "나는 얼어붙었어요. 이용당하는 기분이었죠." 레이가 아들과의 관계를 바로잡으려 할 때조차, 그의 노력은 그가 아들과 강박적으로 공유하려고 들던 이야기에 휩쓸리고 만 것이다.

그러고 나서 채 한 달도 되지 않아 씨워드는 일흔셋이 된 레이가 몹시 피곤해한다는 것을 알아차렸다. "레이는 계속해서 제게 말했어요. '쇠약해지는 것 같은 끔찍한 기분이 들어. 거울을 보면 완전 쭈그러든 내가 있어.' 하고 말이죠." 이틀 뒤 조는 맨해튼에서 공연을 하느라 아버지에게서 온 전화를 받지 못했다. 공연이 끝나고 조는 보이스메일을 들었다. 레이가 전기진단 테스트를 하러 도시 곳곳의 병원을 다닐 때 운전을 해 주던 기사의 메시지였다. 그가 레이의 사망 소식을 전했다.

레이의 장례식에서 샘과 조는 자기 아버지의 죽음에 대한 이야기가 계속해서 바뀌고 있다는 사실을 알게 되었다. 누군가는 레이가 자기 사무실 책상에서 굴러떨어져서 턱이 골절되었다고 했다. 다른 사람들은 심장마비가 왔다고 했다. 뉴저지의 《스타레저Star-Ledger》 부고란에는 레이가 "수면 중 사망했다"[92]라는 부고 기사가 실렸다. 파울라는 레이가 눈이 많이 와서 귀가하기 힘든 날에 쓰려고 빌려 놓은 사무실에서 잠을 자던 중 사망했다고 나에게 말했다. "레이는 그날 집에 오기로 되어 있었는데 너무 피곤했던 거죠."

장례식이 끝나고 샘과 조는 그 이야기들을 가지고 밤새 무엇이 진실인지 토론했다. 그 끝에 그들은 자신들만의 이론을 세웠다. 두 아들은 아버지가 동료들의 범죄행위를 증언하기로 되어 있었을 것이라 추측했다. "저는 아버지가 살해당한 것이 확실하다고 생각해요." 샘은 나와의 첫 통화에서 그렇게 말했다. 조는 이렇게 말했다. "아버지는 그자들을 폭로하려고 했어요. 누군가가 아버지를 관리한 것 같아요. 아버지도 처치 가능한 범죄자가 되어 버린 거죠."

하지만 나와 대화한 레이의 다른 지인들은 레이가 살해되었을 거라고 생각하지 않았다. 레이의 친구 씨워드는 외려 자살 가능성을 언급했다. 레이의 사망진단서에는 "고혈압성 심혈관 질환"이 기재돼 있었다. 사망 전달에 레이는 기절로 인해 입원했었다.

정신분석가라면 조와 샘이 자기 아버지를 상징적으로 살해했다고 말할 것이다. 회고록에서 레이가 아버지에게 작별 인사하기를 거부함으로써 아버지를 상징적으로 살해했듯이 말이다. 레이는 사망하기 전에 도스토옙스키에 대한 프로이트의 논문을 읽었다. 도스토옙스키는 레이가 좋아했던 작가 중 하나였다. 「도스토옙스키와 친부살해Dostoevsky and Patricide」라는 논문에서 프로이트는 이렇게 주장한다. "아들이 아버지가 살해당했다는 것을 발견할 때, 누가 실제로 그 범죄를 저질렀는지는 관심의 대상이 아니다. 심리학은 누가 그것을 감정적으로 욕망했는지, 그리고 그것이 행해졌을 때 누가 환영했는지에만 관심이 있을 뿐이다."[93]

레이의 회고록은 미완성 상태로 남아 있다. 원고는 여러 타자수들의 사무실에 흩어져 있었다. 타자수들은 원고를 한데 모으는 것을 도왔던 것으로 보인다. 최종 원고에서 레이는 그가 원했던 삶이 왜 40여 년 전에 너무 일찍 끝나 버렸는지를 설명할 단 하나의 이론을 찾고 있었다. 한 가지 가설은 그가 화학적으로 불균형한 사람이었다는 것이다. 또 다른 가설은 그가 좋은 아버지의 모델을 갖지 못한 아이였다는 것이다. "이 모든 것 아래에는 아버지를 찾고 있는 아들이라는 주제가 있지 않은가? 사업이 망한 것이 문제가 아니다. 아버지가 없는 것이 문제다." 그는 이렇게 쓰고 있다. 그리고 세 번째 가설은 그가 만성적인 외로움을 겪었다는 것이다. 레이는 프롬-라이히만을 인용하면서 외로움을 설명한다. "외로움은 너무나 강렬하고도 소통 불가능한 경험이기 때문에, 정신과 의사들은 외롭지 않다는 방어적 태도를 통해서만 외로움을 설명할 수 있을 뿐이다." 하지만 레이는 자신의 문제를 너무 완전하게 해결하는 이야기 또한 진실이 아닐 것이라는 점을 감지한다. 그것은 미지의 것을 회피하려는 시도일 뿐이다. 레이는 이렇게 쓴다. "나는 아마도 삶의 마지막에, 모든 것을 잃고 나서, 10월의 세찬 바람에 실려 날아가는 바싹 마른 잎사귀에 불과할 수도 있다."

BIPOLAR DISORDER

제 2 장

바푸의 이야기:

"내게 닥친 고난은
나를 완전히 버리라는
신의 계시인가?"

BORDERLINE PERSONALITY DISORDER

DEPRESSIVE DISORDER

ANOREXIA NERVOS

SCHIZOPHRENIA

조현병

"저는 종교적 열정을 버릴 수가 없어요.
저 때문에 모든 가족이 혼란스러워합니다."
엄마가 조현병 진단을 받았음을 어렴풋하게나마
알게 되었지만 가족들 중 그 누구도 이러한 사실에 대해
이야기하지 않았다. '조현병'이라는 낯선 진단명은
엄마의 경험을 이해하기 불가능한 것으로 만들었다.

POSTPARTUM DEPRESSION

SCHIZOPHRENIA

바푸가 결혼할 때 가족들은 점성술사에게 궁합을 보지 않았다. 가족들은 그 과정을 생략한 것이 실수였다고 목이 멘 목소리로 이야기했다. 언니들은 모두 예비 신랑들과 궁합을 교환했었다. 하지만 바푸는 매력적인 신부라고 보기 힘들었다. 어릴 때 소아마비를 앓아서 다리를 절뚝거렸기 때문이다. 1960년에 혼인 시장에 돌았던 바푸의 사진을 보면, 허리까지 내려오는 검은 머리를 곱게 땋고 나무 의자에 앉아 책을 읽고 있는 여성의 모습이 보인다. 교정용 신발은 사진에서는 보이지 않는다. 바푸는 사실 남자를 가릴 입장이 못 되었다.

바푸의 가족은 인도의 신분제인 카스트에서 가장 높은 계급인 브라만이었다. 이들은 원래 사제 계급이었기에 다른 인도인들보다 영적으로 더 순수하다고 여겨졌다. 사업가이자 저명한 음악 평론가이기도 했던 그녀의 아버지는 바푸에게 인도의 남부 도시 첸나이의 부자 동네에 으리으리한 저택을 사 주었다. 그래서 바푸가 그 재산으로 남편감에게 어필할 수 있기 바랐다. 그 집은 프랑스식 창문과 붉은 타일로 된 난간, 넓은 베란다와 뒤뜰이 있었고 야자수와 들꽃, 망고나무로 둘러싸여 있었다. 대지가 1,200평이 넘는 집이었다. 그 집을 구매하기 전 바푸의 아버지는 건축학에 정통한 사제에게 의견을 구했는데, 그는 그 집이 바푸와 맞지 않을 것이라고 경고했다. 하지만 아버지는 그 조언을 무시했다. 그는 그 집에 불멸의 음료를 뜻하는 '암리타Amrita'라는 이름을 붙였다.

바푸는 '라자마니'라는 이름의 구혼자와 결혼하기로 합의했다. 그는 이목구비가 뚜렷하고 턱이 살짝 팬 건장한 남자로, 광고 회사에서 관리자로 일하고 있었다. 그렇게 그들 부부는 곧 암리타로 들어와 함께 살았다. 하지만 둘이 살기에는 집이 너무 커서, 첸나이에서 공부하거나 일하는 온갖 남편 쪽 사촌들, 형제자매들, 친구들이 몰려와서 같이 사는 집이 되어 버렸다. 라자마니의 남동생도 자기 가족을 끌고 들어와 그곳에서 거의 십 년을 살았다. 그 새로운 위계질서 속에서 바푸의 자리는 늘 맨 아래였다. 바푸는 매일 아침 5시에 일어나 찬물에 목욕을 하고 집 안 구석구석에 향을 피웠다. 그리고 쌀가루를 가지고 기하학적 문양인 '콜람kolam'을 현관 밖에 그렸다. 그렇게 하면 신성한 영을 집 안으로 초대할 수 있다고 한다. 바푸가 생리라도 시작하면 요리를 하거나 신을 경배하거나 남성을 만지는 것이 금지되었고, 집 한쪽 구석에 격리된 채로 있어야 했다. 평소에는 남편과 그 가족들이 원하는 요리를 해내야 했다. 그곳에 같이 살았던 바푸의 조카 샤얌은 말했다. "바푸는 활기를 잃어버린 적이 한 번도 없었어요. 식사를 한 끼라도 내오지 않은 적도 없었죠."

바푸의 시댁 식구들은 냉담하고 비판적이었다. 그들은 바푸의 아픈 다리를 두고 계속 놀려 댔고, 그녀를 타밀어로 절름발이를 뜻하는 말인 "논디nondi"라고 불렀다. 첫째 딸 바르가비가 태어났을 때 시누이는 모유 수유에 좋다고 하는 홀릭스Horlicks라는 맥아유를 바푸에게 갖다주었다. 하지만 끓인 물이 아니라 수돗물에다 타 왔다. 바푸는 이 모욕적인 대우를 오랫동안 기억했다.

바푸는 시댁 식구들의 돈 욕심에 넌더리가 났다. 그녀는 자신의 일기장에 타밀어로 다음과 같이 불평했다. "그들은 언제나 날 찔러

대는 전갈과 같았다."[1] 라자마니는 점성술 사제 가문 출신이었다. 그들은 자신이 봉사하는 사원 공동체로부터 경제적으로 지원을 받았고, 그 결과 도시 중산층으로 진입할 수 있었다. 라자마니는 집에 들어가는 모든 경비를 장부에 자세히 작성했다. "무슨 경비가 이렇게 많이 들어가는 거야? 어휴!" 바푸는 일기장에 그렇게 썼다. 라자마니는 작은 집을 한 채 더 지어서 자신의 가족을 그 집으로 이사시키고, 원래 집은 수익을 얻으려고 세를 놓았다. 그때쯤 바푸는 바르가비의 남동생 카르틱을 낳았다. 두 번이나 유산한 후였다. 바푸는 남편보다 더 부자 가문 출신이었음에도 자신의 힘을 행사할 수 있는 영역이 거의 없다는 사실을 깨달았다. "남편은 내 몸이나 내 돈을 가질 수 없을 때면 나를 원수 취급한다."

챈나이의 부유한 브라만 가문들에는 망고가 익는 봄이면 가족 중 가장 나이 많은 여성(주로 안주인이나 시어머니)이 친척들과 친구들을 불러 망고를 나눠 주는 풍습이 있다. 이는 두고두고 이야깃거리를 낳는 복잡한 사회극이었다. "시어머니는 망고를 이승에서 누릴 수 있는 최고의 구원이라고 생각한다"라며 바푸는 역겨워했다.

바푸는 아이들을 데리고 챈나이의 사원에 가서 '바가바드 기타'에 대한 강의를 듣기 시작했다. 바가바드 기타는 '베다' '우파니샤드'와 함께 힌두교 3대 경전 중 하나로 꼽히며 '기타'라고도 불린다. 한 왕자와 친절과 동정의 신인 크리슈나 사이의 대화를 담고 있으며 이를 700편의 시로 묶은 것이다. 스리 안잠 마드하반 남부디리Sri Anjam

Madhavan Nambudiri라는 이름의 스승은 인도 전역에서 바가바드 기타 낭송과 강독회를 열었는데, 그의 주위에는 60여 명의 사람들이 몰려 앉아 있었다. 남부디리는 검은 머리에 덥수룩한 흰 수염을 기르고 선황색 옷을 입고 목에는 화관을 둘렀다. 그는 자기 재산을 모두 남에게 줘 버리고 스스로의 장례를 치름으로써 물질세계와 결별하고 고행하는 탁발승이었다. 탁발승은 힌두교 영성의 정점으로 여겨지는데, 완벽한 통찰력을 지닌 존재로 간주되기 때문이다. 이 같은 탁발승은 자신의 정신에 대한 통찰이 아닌, 존재의 본성과 이 광활한 우주 속 자신의 위치에 대한 통찰을 추구한다.

바푸는 집에서 유일하게 자신만의 공간이라고 할 수 있는 기도실에서 매일 몇 시간이고 앉아 있기 시작했다. 가로세로 1미터가 조금 넘는, 작은 옷장 같은 곳이었다. 바푸는 기도실에 놓을 작은 신상神像, 꽃, 종과 향초를 샀다. 가족들은 기도실을 남자들의 영역이라고 생각했지만 바푸는 아랑곳하지 않았다. 바푸는 스스로 선택받았다고 느꼈다. "신의 자비로운 손길이 내 팔을 붙들었다." 그래서 더 자유롭게 살기를 원했다. 그녀는 "시간의 흐름을 잊고 종교적 헌신이라는 바다에 빠져들"고 싶었다. 더 이상 "의미 없는 삶"을 지속하고 싶지 않았다. 바푸는 자신의 결혼을 위해 들어간 돈의 액수에 절망했고, 자신의 집에 있다는 것에 대해서도 기뻐하지 않았다. "저의 정신은 당신 것입니다." 바푸는 크리슈나를 향해 이렇게 외쳤다. "저의 언어도 당신 것입니다! 저의 육신도 당신 것입니다! 제 모든 것이 당신 것입니다!"

제 2 장

바르가비는 엄마의 온 정신을 다 차지해 버린 신들에게 질투심을 느꼈다. 바르가비와 두 살 아래 동생 카르틱은 그저 엄마와 가까이 있고 싶어서 기도실에 조용히 서 있곤 했다. "엄마는 신경 쓰지 않았어요. 그냥 앉아 있으라고만 했죠." 카르틱은 말했다. "우리는 앉아 있다가 이내 지겨워서 밖으로 도망 나왔어요. 너무 어두운 방이었고 아무것도 보이지 않았거든요."

바푸는 16세기의 시인 미라바이Mirabai에게 매혹되었다. 미라바이는 인도 남부에서 6세기부터 유행하기 시작하여 오늘날까지도 인기 있는 전통적 장르인 바크티Bhakti 시풍으로 시를 썼다. 전해져 오는 이야기에 따르면, 미라바이는 신방에 드는 것을 거부했고 시댁 식구들과도 의절했다. 크리슈나만이 진짜 남편이라고 믿었기 때문이다. 다른 여성 시인들과 마찬가지로 미라바이도 "신적 도취"[2]라고 알려진 광기를 보여 주었다. 결국 그녀는 시댁에서 탈출해 인도 전역을 혼자 헤매고 다녔다.[3] "내게는 이런 수치조차도 달콤하게 느껴진다"[4]라고 그녀는 썼다.

"나는 미라바이인가?" 바푸는 일기장에서 스스로에게 묻는다.

바푸는 크리슈나에 대한 동요를 작곡하기 시작했다. 그녀의 노래에서 크리슈나는 잘생긴 소 치기 청년으로 묘사되는데, 만나는 사람마다 한눈에 반할 정도이다. 바푸는 중세 타밀어로 가사를 써 나갔다. 그런데 희한한 점은 바푸가 한 번도 중세 타밀어를 공부한 적이 없다는 것이다. 바푸의 어휘는 광범위했고 단어의 이차적 의미 또한 자유자재로 갖다 썼다. 그래서 가족들은 사전을 찾아보면서 그녀의 시를 이해해야 했다. "참 신기했어요." 바푸의 시누이 프레마는 이렇게 말했다. "아무런 훈련을 받지 않았는데도 시가 그냥 줄줄 나왔죠."

바푸가 시집을 두 권이나 완성하자, 바푸의 가족은 중세 타밀어 전문가에게 그 책들을 보내 보라고 권한다. 이내 그 학자는 바푸를 연구실로 초대했다. "그 선생은 바푸의 시를 절반 정도 읽더니 뭔가를 세더군요." 그 자리에 있었다는 바푸의 조카 샤암이 말했다. "그러고는 운율과 구조를 평가하더니 말했죠. '이 시는 모든 규범에 잘 맞아떨어집니다. 이건 신의 작품이에요.'" 바푸는 그 말을 차분하게 들었다. 그러고는 자신은 전혀 힘들이지 않고 이것들을 썼노라 말했다.

바푸의 책은 1970년에 지역 출판사에서 출간돼 근처 사원에 배포되었다. 바푸가 강의를 듣곤 했던 탁발승 남부디리는 서문에서 이렇게 쓰고 있다. "이 노래들이 순수한 갠지스강처럼 모두의 마음을 정화해 주길 바란다."[5] 바푸가 신에게서 재능을 받았다는 소문이 동네에 퍼져 나갔다. "동네 부인들이 바푸와 함께 기도를 하러 왔어요." 샤암이 말했다. "그 사람들은 바푸를 안내자이자 영적 스승으로 생각했어요. 정작 바푸는 그 역할을 하겠다는 생각이 없었는데도 말이죠."

바푸는 검소한 사리[*]를 입기 시작했고, 더 이상 머리를 꽃으로 장식하지도 않았다. "이제 나는 분, 향수, 실크 사리 같은 것들에 돈을 쓰지 않을 것이다. 쾌락을 주는 것들을 놓아 버려야 한다." 한번은 인

* 인도 여성들이 입는 전통 의상.

력거 기사가 바푸에게 자기 아이가 병이 들었다고 말한 적이 있다. 그러자 바푸는 집으로 들어가서 벽장을 열더니 결혼할 때 가져온 보석들을 한 움큼 갖다주었다. 대부분은 24K 금으로 된 것들이었다.

바푸는 계급에 상관없이 '모든 살아 있는 사람들은 평등하다'는 사실을 새로이 깨달았다. 그래서 시댁 사람들이 허례허식을 강조하는 것을 보고 공허하다고 생각했다. "케이크와 비스킷을 굽는 데 시간을 낭비하는 사람들은 결코 자기 자신을 찾을 수 없을 것이다. 그들은 마치 실험도 하지 않으면서 책만 읽는 과학자와도 같다."

1970년에 바푸는 자신이 '구루guru'*라고 부르는 남부디리에게 영적인 삶을 살도록 허락해 달라는 길고도 고통스러운 편지를 썼다. 그녀에게는 남편에게 더 알맞은 아내를 찾아 재혼시키기 위해 기꺼이 돈을 지불할 용의가 있었다. 바푸는 "남편의 행복한 삶을 망치느니 좋은 여자를 만나서 재혼하는 게 저한테는 덜 부담스러울 것 같습니다"라고 말했다.

남부디리는 바푸의 '고귀한 시도'를 허락했지만 그래도 가족을 버리지는 말라고 조언했다. 하루에 5분밖에 기도를 하지 못한다고 해도 충분하다고 그는 말한다. 하지만 "그걸로 충분하다는 걸 믿을 수가 없습니다"라며 바푸는 남부디리에게 답장을 보낸다. "이렇게 솔직하게 말씀드리는 걸 용서하세요." 바푸는 남부디리에게 미라바이처럼 자신도 헌신의 길을 따르고 싶다고 말한다. "가족에 대한 의무가

---

* 힌두교에서 스승이나 지도자 반열에 오른 인물.

신의 이름을 찬미하는 것보다 더 중요하다면 이런 시인들은 애초에 이 지상에 등장하지도 못 했을 겁니다."

1970년 6월 9일 오전 8시, 바푸는 시동생에게 칸치Kanchi 사원으로 떠나겠다고 말한다. 80킬로미터 떨어져 있는 그곳은 인도 남부에서 가장 신성한 사원이었다. 바푸는 아이들을 위해 갓 구운 비스킷과 초콜릿을 만들었다. 그러고는 편지를 썼다. "부디 현명해지길. 엄마가 키스를 보낸다."

바푸는 진주 귀걸이와 금목걸이, 두 개의 금팔찌, 그리고 600루피를 가지고 떠났다. 기도실에는 편지 뭉치를 남겼다. 그녀는 남편 라자마니에게 이렇게 썼다. "나에 대한 의심과 혐오가 당신 마음에 남아 있는 한, 우리 둘은 단 1분도 함께 살 수가 없어요." 다른 편지에서는 남편이 화가 났을 때 "아내는 그 분노를 예의 바른 태도로 받아들여야 한다"라고 말하면서 만일 가족이 자신이 왜 사라졌는지를 묻는다면 "혼란스러운 마음으로 도망쳤다고 말해 달라"라고 쓰고 있다.

그러나 라자마니는 바푸의 바람과는 달리 경찰에 신고를 한다. 그는 "습관적으로 사원에 찾아가는" "오른쪽 다리를 절뚝거리는"[6] 신장 160센티미터의 여성을 찾는다고 서류에 적었다.

칸치 사원의 원장 스리 찬드라세크하렌드라 사라스와티Sri Chandrasekharendra Saraswati는 타밀족 브라만 사이에서 힌두교의 가장 고귀한 영적 지도자로 추앙받는 인물이었다. 달라이라마는 그를 "내게 종교적 형과 같은 존재"[7]라고 소개했다. 사라스와티는 1907년 열세 살의 나이로 수도승이 되어 매주 수백 명의 수도자들을 만나 왔다. 뭔가 문제를 가진 사람이 그에게 오면 사라스와티는 그 사람을 꿰뚫어 보면서 해결책을 알려 주었다고 한다. 바푸도 사라스와티의 수도원을 자주 방문했고, 아이들이 태어났을 때는 축복을 내려 주기도 했다.

바푸는 사라스와티와 20분간 이야기했다. "저는 도저히 의무를 수행할 수 없어요." 바푸는 그에게 말했다. "저는 종교적 열정을 버릴 수가 없어요. 저 때문에 모든 가족이 혼란스러워합니다." 바푸는 사라스와티의 반응을 일일이 기록하지는 않았지만, 그는 그녀에게 "당신의 모든 걱정과 의심, 헌신, 운명은 신께 바치는 제물이다"라고 확신시켜 주었다.

2주가 지난 후, 당시 다섯 살이었던 바르가비는 베란다에 앉아서 경찰차가 현관에 당도하는 것을 지켜보고 있었다. 인도에서는 영국 식민지령의 영향으로 "연고 없이 헤매고 있으며" "정신질환이 있는 것으로 보이는 사람"[8]을 경찰이 자의적으로 구금할 수 있었다. 바푸가 이상행동을 해서 경찰의 눈길을 끌었던 것인지, 아니면 그저 남편의 허가 없이 집을 떠났는데 남편이 집에 오라고 해서 구속된 것인지는 확실하지 않다. 경찰은 바푸를 경찰차에서 끌어냈다. 바푸는 마치 구속복처럼 생긴 부드러운 천에 감싸여 있었다. "저는 사람들이 엄마를 둘러싸고 소리를 지르며 욕을 퍼붓는 걸 보았어요." 바르가비는 말했다. 바푸의 머리는 헝클어져 있었고, 옷은 더러워진 채 여기저기 찢겨 있었다. 마침내 경찰이 바푸를 풀어 주자 그녀는 조용히 집으로 걸어 들어갔다.

바르가비는 엄마가 다시 가족에게로 돌아오기를 기다렸다. 하지만 바푸는 이제 더 이상 그 집에 속하지 않은 사람처럼 보였다. 바푸는 방에 들어가지도 않고 복도를 서성거렸다. 마치 남편의 점심 도시락을 싸거나 바르가비의 머리를 리본으로 묶어 주거나 하는 일은 더 이상 그녀에게 아무런 의미가 없는 듯했다. 다른 가족들 눈에 바푸는 경계를 넘어서 존재하는 사람이 되어 버린 것처럼 보였다. "바푸는 다른 공간이나 다른 존재 영역에 있는 것처럼 보였어요." 샤얌은 그렇게 말했다. 사람들이 바푸에게 말을 걸어도 그녀는 대꾸하지 않았다.

곧 바푸는 다시 집을 떠났다. 바푸가 사라진 날 밤에 가족은 바푸가 기차 사고를 당했다는 전화를 받았다. 샤얌은 한 시간 넘게 차를 몰아 첸나이 남부의 사고 현장으로 갔다. 기차는 후미에 충돌 사고를 당했다. 가족들은 바푸의 이름을 외쳐 불렀다. 피투성이가 된 승객들이 의식을 잃고 들것에 실려 나오고 있었다. 샤얌은 기차 바깥에서 바푸를 찾아 헤맸다. 마침내 그는 뒤에서 두 번째 칸에 앉아 있는 바푸를 발견했다. 그녀는 기차 바닥으로 떨어진 짐가방들에 둘러싸여 고요하게 바가바드 기타를 읽고 있었다. 샤얌은 바푸를 산스크리트어로 '사트비카sāttvika'라고 불렀다. 이는 균형 잡히고 조화로운 상태를 의미했다. "바푸는 전혀 동요하지 않았어요." 샤얌은 말했다. "주변의 일에 완전히 무심했죠." 바푸는 어느 소년에게 10루피를 주고 자신이 사고를 당했음을 가족에게 알리도록 했다. 전혀 서둘러 떠날 필요가 없었던 것이다.

의사와 결혼한 바푸의 두 언니들은 바푸가 정신과 의사에게 진료를 받아야 한다고 주장했다. "이모들은 마치 '얘들아, 이제 현대인이 되어야 해'라고 말하는 것 같았어요." 바르가비는 나중에 이렇게 말했다. "'정신의학이라는 훌륭한 과학이 있단다. 거기로 가!' 이런 느낌이었달까요."

남편은 바푸를 피터 페르난데스Peter Fernandez라는 의사가 운영하는 정신과로 데려갔다. 그는 천주교 집안 출신이었고, 인도에서 공부한 후 의사 자격증을 딴 인도 출신 1세대 정신과 의사들 중 하나였다. "우리는 서양 책들만 공부했어요. 영국, 독일, 미국 서적들 말이죠." 그는 말했다. "우리에게는 인도 학자가 없었어요. 그 당시에는 저서를 낼 만큼 수준 높은 인도인 정신과 의사가 없었죠."

페르난데스는 바푸가 조현병인지 아닌지를 살펴보는 것이 시급하다고 말했다. "조현병 환자는 병식이 없습니다." 그러고는 이렇게 덧붙였다. "바푸는 자신이 누구인지 모르고 있군요."

어떤 유럽 정신과 의사들은 조현병을 직관적으로 진단하는 것이 가능하다고 말하곤 한다. 조현병 환자는 다른 세계에서 온 것 같은 기이한 아우라를 풍긴다는 것이다. 이는 "심연의 원칙doctrine of the abyss"[9]이라고 알려지게 된 진단 원칙이다. 철학자이자 정신과 의사였던 칼 야스퍼스Karl Jaspers는 1913년 "이 사람들과 마주하면 우리는 설명하기 어려운 깊은 간극을 느낀다"[10]라고 이야기한 바 있다. "우리는 이들의 낯선 비밀 앞에서 깜짝 놀라게 된다."

조현병의 초기 단계는 독일 신경학자 클라우스 콘래드Klaus Conrad가 "아포파니apophany"라고 불렀던 현상으로 특징지어지는데, 이는 새로운 존재 영역이 밝혀졌음을 뜻하는 신의 계시를 말한다.[11] 환자들은 세상이 우주적 의미로 약동하고 있다고 느낀다. 그리고 자신이 삶의 수수께끼에 한 걸음 더 다가갔다고 생각한다. 심리학자 루이스 사스Louis Sass에 따르면, 이러한 상태에 있는 환자들은 자신이 "수정처럼 맑은 시야를 갖게 되었으며, 사물의 본질에 대한 심오한 통찰을 가지게 되었다"[12]고 느낀다.

바르가비는 엄마가 조현병 진단을 받았음을 어렴풋하게나마 알게 되었지만 가족들 중 그 누구도 이러한 사실에 대해 이야기하지 않았다. '조현병'이라는 낯선 진단명은 엄마의 경험을 이해하기 불가능한 것으로 만들었다. 서구에서 들어온 정신의학은 그녀에게 기이하게 들렸으며, 그녀는 엄마의 부재를 어떻게 슬퍼해야 하는지 몰랐다. 가족들 또한 바푸가 왜 그토록 다른 현실 속에서 살고 있는지 이해하지 못했다. 바푸가 그 "상태"(가족들은 이렇게 불렀다)에 빠질 때마다 그들은 약속이나 한 듯이 입을 꾹 다물었다. 그들에게는 마치 '인지적 공백'이 있는 것처럼 보였다고 바르가비는 말한다.

바푸 또한 800쪽이 넘는 일기에서 자신의 진단명에 대해 단 한 번도 언급하지 않는다. 바푸는 크리슈나를 남편 대신이라고 생각했고, 가끔은 자신과 가까이 있는 크리슈나의 육체를 느끼기도 했다. 심지어 그의 피부에서는 단향목의 향이 났고 팔은 강인했다고 한다. 크리슈나는 부드러운 손으로 바푸의 목을 감싸고 그녀의 어깨에 머리를

제 2 장

기댔다. 그는 바푸에게 무조건적 사랑을 쏟아부었다. "소위 '과학적 세계'(바푸는 이 단어를 영어로 쓰고 있다)에 존재한다는 사람들 중 누가 이걸 믿겠는가!"

바르가비는 열 살이 되던 해 엄마가 첸나이의 킬파우크Kilpauk 정신병원에 끌려갔다는 소식을 듣게 된다. 그 시설은 거의 군대 막사를 방불케 했는데, 그냥 콘크리트 바닥에 벽만 둘러놓고 병상을 2,000여 개나 만들어 놓은 곳이었다. 바르가비는 그곳에 처음 들어섰을 때 코를 찌르는 오줌 냄새와 표백제 냄새에 충격을 받았다. 바푸는 철장으로 된 문이 달린 작은 1인실에 쇠사슬로 묶여 있었다. 바르가비는 엄마가 왜 거기에 있는지 알 수가 없었다. "엄마는 우리에 갇혀 날개를 퍼덕거리고 있는 독수리 같았어요." 바르가비는 또 이렇게도 말했다. "나는 마흔이 될 때까지도 병원에 들어갈 때마다 기절해서 쓰러지곤 했죠. 그때와 똑같은 냄새가 났으니까요."

당시 킬파우크 정신병원의 원장이었던 사라다 메논Sarada Menon은 바푸를 기억하지 못했다. 하지만 크리슈나와 직접 소통한다는 이야기는 익숙하다고 했다. "종교심이 너무 강한 건 조현병에 좋지 않아요." 그녀는 이렇게 덧붙였다. "나는 환자들에게 말하곤 하죠. '철학으로 빠지지 마세요. 현실적인 문제를 연구하도록 하세요. 정신건강에는 차라리 그게 더 나아요.'"

킬파우크 정신병원은 1794년 인도 대륙에 과학과 이성을 도입하려는 영국 식민 정부의 노력의 일환으로 설립되었다. 영국 관리의 부인들은 그곳에서 외국 공직자들을 위한 콘서트와 무용 공연을 주최하기도 했다. 원장으로 임명된 최초의 자국민인 잘 둔지보이[Jal Dhunjibhoy][13]는 1925년 "문명을 향한 계속되는 전진"을 보장하기 위하여 "국가 재건 프로그램"[14]의 일환으로 '정신위생'이 추진되었던 것이라고 기록하고 있다.

하지만 서구와 자국 출신 의사들 모두 그러한 문명화가 환자에게는 외려 더 위험할 수 있다고 우려하기도 했다. 서구 문명에 노출된 사람들이 정신적으로 병들 가능성이 더 높다고 보았기 때문이다. 인류학자이자 정신분석가였던 조지 데브뢰[George Devereux]는 1939년 '원시' 사회에서는 조현병이 없었다는 주장이 "모든 비교사회 연구자들과 인류학 연구자들의 의견이 일치하는 지점"[15]이라고 이야기한 바 있다(그러나 증거는 부족했다). 그는 조현병이 "갑작스러운 문화적 이식 과정" 때문에 생겨났을 수 있다고 주장한다. 이 때문에 20세기 전반에 영국적 생활 방식을 모방했던 인도의 조로아스터교 공동체인 파르시족[Parsis]에서 조현병 발병률이 이례적으로 높았다고 한다.[16] 1928년 《영국의학저널[British Medical Journal]》에 실린 한 스코틀랜드 의사의 칼럼은 이런 내용을 담고 있다. "우리는 파르시족에 서구 문화를 무비판적으로 수용하지 말라고 충고하고 싶다. 왜냐하면 서구 문화 수용이 바로 젊은 파르시족의 정신을 무너뜨리고 있기 때문이다."[17] 어느 벵골어 학회지에서 또 다른 의사는 "인도에서 '싯타 비크리티[citta vikriti]' 배후에 있는 주요 원인은 바로 유럽 문명이다"[18]라고 경고하고 있다. 싯타 비크리티란 '광기'를 뜻하는 산스크리트어이다.

인도는 프랑스보다도 먼저 정신분석 학회가 설립되었다. 지그문트 프로이트는 이를 자랑스럽게 여겨 인도 학회의 창립자가 보내온 힌두교 신 '비슈누'의 상아조각을 늘 책상 위에 올려 놓곤 했다. 그는 어느 편지에서 이렇게 말하고 있다. "이 조각은 제게 정신분석학의 진보를 상기시켜 줍니다. 외국을 정복했다는 자랑스러운 상징이지요."[19] 하지만 프로이트의 정신분석학은 신비주의가 사람들의 일상에 핵심적인 역할을 하는 문화와는 대체로 맞지 않는 것이 분명하다. 바푸는 자기 정신을 이해하려고 했던 것이 아니다. 그녀는 개인적 경계를 초월하기를 원했다. 왜냐하면 이전 세계관이 주는 외로움과 소외를 마침내 통찰했기 때문이다.

두 명의 힌두교 신비 사상가에 대한 전기를 쓴 바 있는 프로이트의 친구 로맹 롤랑Romain Rolland은 프로이트에게 "광대한 감수성"[20]에 대해 검토해 줄 것을 부탁했다. 광대한 감수성이란 "'영원한 것'에 대한 단순하고도 직접적인 느낌"을 말하는 것으로, 로맹 롤랑이 동양 종교를 연구하면서 개념화한 표현이다. 이에 프로이트는 이렇게 대답한다. "이제 저는 그리스인의 균형에 대한 사랑과 유대인 특유의 냉정함과 실리주의적 소심함이 모호하게 뒤섞여 있는 감수성에서 벗어나, 당신의 안내를 따라 인도의 정글 속을 관통하는 여행을 시도해 볼까 합니다."[21] 하지만 프로이트는 여전히 신비주의를 피상적이고 경멸적인 시선으로 본다. 일종의 유아적 퇴행이라는 식으로 말이다. 인도의 정신분석가인 수디르 카카르Sudhir Kakar는 "신비적 탐험이 일상생활과 유리된 것이 아니라 오히려 삶의 깊은 층위를 지배하고 있음"[22]을 서구 심리 과학은 이해하지 못한다고 지적한다. 그에 따르면 신비주의는 "인간 삶의 저변에 있는, 언어를 넘어선 우울한 핵심"[23]을 드러내 준다. 그리고 신비적 상태에서는 "인간이 고통스러울 만큼 완전히 혼자라는 현실이 일시적으로 부정된다."[24]

1960년대 '인도전국정신건강협회'를 이끌었던 수리야N. C. Surya는 동료들에게 서구 이론을 마치 보편적 진리인 양 받아들이지 말라고 경고한다. "우리는 결국 서구 정신의학 이론과 실천의 우스꽝스러운 모방에 머물거나, 우리의 살아 있는 환자들을 권위의식에 가득 찬 외국 전문용어들로 축소시켜 버리게 될 것이다."[25] 그는 정신건강에 대한 서구의 견해를 "통계적 규범"[26]으로 받아들이지 않았다. 서구적 견해에 따르면 건강한 사람이란 "동네에서 흔하게 볼 수 있는 이웃"[27]일 것이다. 그러나 인도의 치유 문화는 자아를 정상으로 복귀시키는 것이 아니라 더 높은 이상적 모습(개인적 차원을 초월한 자유분방한 자아의 모습)으로 격상시키는 것을 목표로 한다.

수리야는 자기 분야에서도 스스로를 이방인으로 느꼈다. "환자에게뿐만 아니라 나 자신에게 완전히 낯선 가치 체계를 적용하고 있다는 전적인 불협화음을 느꼈다"[28]라고 그는 말한다. 수리야는 인도의 정신과 의사로서는 가장 권위 있는 자리에 올랐음에도 불구하고 환멸을 느꼈다. 그래서 커리어가 정점을 찍고 있던 쉰둘에 모든 것을 버리고 사원으로 들어갔다.[29] 그 사원은 신비주의자 스리 아우로빈도Sri Aurobindo에게 봉헌된 곳이었는데, 아우로빈도는 프로이트를 언급하면서 이렇게 말했다고 한다. "연꽃의 토양을 분석한다고 연꽃의 의미를 알 수 있는 것은 아니다."[30]

정신의학의 역사에서 좀처럼 언급되지 않는 중요한 사실 중 하나는, 인도의 약물이 정신의학을 완전히 뒤바꿔 놓았다는 것이다. 『슬픔에서 기쁨으로』의 저자이자 미국에 항우울제를 대중적으로 도입하는 데 일조했던 정신과 의사 네이선 클라인은 1953년 《뉴욕 타임스》를 읽다가 인도의 뱀풀인 '라우월피아 세르펜티나Rauwolfia serpentina'[31]에 대해 알게 되었다. 이 식물은 수백 년 동안 인도 원주민 치유자들이 사용해 온 치료제였다. "인도에서 쉽게 구할 수 있는 아유르베다Ayurvedic의 약물들은 서구 정신질환 전문 병동에서 깊이 연구될 가치가 있다"[32]라고 《뉴욕 타임스》는 보도했다. 다음 해에 클라인과 동료들은 그 식물에서 추출한 액을 '레세르핀reserpine'이라고 부르면서 뉴욕 로크랜드 스테이트 정신병원의 환자들에게 투여해 보기로 결정했다.[33] 레세르핀은 환자들을 진정시키는 효과를 보였다. 클라인은 다음과 같이 기록했다. "환자의 망상이 사라진 것은 아니다. 하지만 공포는 사라졌다."[34] 레세르핀을 투약한 환자들이 있는 병동은 유일하게 창문이 멀쩡해서 유리를 갈아 끼울 필요가 없었다고 한다.[35] 뉴욕의 정신건강국 국장은 레세르핀을 뉴욕주에 있는 모든 입원 환자들에게 투약하라고 권고했다.[36] 클라인은 "나의 기여라고 할 만한 것은 2000년이나 된 약물을 '발견한 것'일 뿐이다"[37]라고 말하며, 영국 의사들에게 레세르핀은 "동양에서 온 이국적이고 신기한 물질"[38]이었다고 덧붙인다.

레세르핀이 "감정적 요동"을 가라앉힐 수 있다는 것을 본 클라인은 감정을 "뒤흔들어 놓을 수 있는" 또 다른 약이 있을 거라고 확신했다.[39] 이것이 결핵약 이프로니아지드를 실험하도록 한 가설이었다. 클라인은 레세르핀에 대한 선구자적 작업으로 의학계에서 권위 있는 '라스커 어워드Lasker Award'를 수상했다. "정신질환의 치료제로 사용될 수 있는 약물들을 크게 발전시킨 공"[40]을 인정받은 것이다. 미국의 신경 과학자 솔로몬 스나이더는 레세르핀을 "정신약리학의 주춧돌"[41]이라고 설명한다. 하지만 정작 인도에서 레세르핀은 널리 연구되지 않았다. 정신의학이 인도를 발전시켜 줄 것이라 믿었던 둔집호이도 병원에서 레세르핀 실험을 진행했지만, 인도에서 흔하디흔한 그 약물이 과연 과학적 연구 대상으로서 가치가 있는지 확신하지 못했다. 오히려 그는 서구의 기법들에 더 매력을 느꼈던 것 같다.

바푸가 킬파우크 정신병원에 도착했을 당시 그곳 조현병 환자들 대부분은 항정신병제제인 소라진을 처방받고 있었다. 당시 소라진은 난폭한 환자들을 진정시켜 고분고분하게 만들어 준다고 광고되었다. 또한 소라진을 먹기 전의 상태를 과장하기 위해 전쟁 용사들, 지팡이, 풍요의 상징 등 각종 이미지가 동원되었다.[42] 또 다른 초기 항정신병제제인 에스카진Eskazine도 1969년 《인도의학저널》에 광고가 실렸는데, 어느 여성이 손을 뻗으며 비명을 지르고 있고 눈과 입은 귀신처럼 허옇게 번득이고 있다. 그리고 그 이미지 아래 "이 환자는 이제 협력할 수 있고 소통할 수 있는 상태가 됩니다"라는 문구가 달려 있는 식이다.[43]

병원에서 퇴원한 바푸는 처방받은 소라진을 복용하지 않았다. 그녀가 자신의 종교적 열정을 이해한 방식은 동료 숭배자들과 신비주의 문학에 나오는 이야기를 통해서였다. 종교에 대한 몰입이 '정신질환'이라는 새로운 이야기로 강제로 대체되면서 바푸는 위축감을 느꼈다. 그녀에게 정신질환이라는 프레임은 모욕적이었다. 하지만 신비주의적 성향도 그녀에게 낙인을 찍은 것은 마찬가지였다. 정신의학은 사람을 살릴 수도 있지만 감당할 수 없는 외로움을 주기도 하는 '양날의 검'과도 같다. 나는 신비주의나 정신질환으로 분류되기 '이전의' 바푸의 고통이 어떠했는지가 더 궁금하다. 내가 거식증이라는 이름이 붙기 전에 내 안에 존재했던 감정들이 무엇이었는지 질문하듯 말이다. 두 경우 모두 원래의 경험은 포착되기 힘들었고, 자신만의 언어로 이해될 수 없었다. 그러다 보니 서서히 우리는 우리가 만든 것이 아닌, 다른 무엇인가가 되어 가고 있었던 것이다.

바푸가 병원을 들락날락하느라 집안일에 소홀하자, 시어머니가 바푸의 집으로 이사를 와서 살림을 했다. 시어머니는 "모든 사람들 앞에서 나를 욕했다"라고 바푸는 불평했다. "날이 밝기도 전에 나는 또 걱정에 사로잡혔다. 오늘은 또 얼마나 많은 욕을 먹게 될까?" 바푸의 시댁 식구들은 계속해서 바푸에게 미친년이라고 소리를 질렀다. 집 밖에서 대기하고 있는 인력거 운전사가 들을까 봐 걱정될 정도였다. 바푸는 크리슈나에게 이렇게 외쳤다. "당신은 세상 앞에서 나를 미친 사람으로 몰고 가는군요!"

브라만 계급의 아내에게 요구되는 '마땅한' 도리를 거부한 건 사실 바푸가 처음은 아니었다. 바푸의 친정어머니인 첼라말 또한 독립적이고 자주적인 삶을 추구했다. 바푸의 아버지는 딸에게 집을 사 주고 얼마 지나지 않아 심장마비로 사망한다. 그러자 첼라말은 자유로운 삶을 살기 시작했다. 그녀는 남편이 운영하던 화장품 회사를 직접 경영하기로 했다. 회사는 당시 잘나가고 있었고, 인도의 일간지《더 힌두The Hindu》는 다음과 같이 보도했다. "오직 남성들만이 사업을 하는 시대에 자기 사업을 크게 일군 여성이 여기 있다."[44] 첼라말은 회사의 시그니처 헤어 제품을 홍보하기 위해 아시아 전역을 여행했다. 인도의 여성 잡지《페미나Femina》는 첼라말에 대한 특집 기사를 실으며 이렇게 말한다. "첼라말의 나이와 집안 배경을 가진 여성이라면 모두 하루의 대부분을 기도를 하거나 손자 손녀를 돌보면서 보내리라 예상할 것이다."[45] 하지만 첼라말은 "방이 많지만 자기 걸음 소리와 나무들의 속삭임만 들리는 커다란 집에서 혼자 지내며 회사를 위하여 살고 있다."

바푸는 다른 사람들이 "엄마를 보듯이 나를 볼까 봐" 걱정했다. 이웃들은 바푸 집안의 여자들이 가정에 정착을 못 한다고 수군거렸다. 하지만 첼라말은 딸의 도피 방식에 대해 공감하지 못했다. 그래서 바푸의 스승 남부디리에게 바푸를 집에 있도록 설득해 달라고 요청했다. "나는 내 딸이 단순한 아이라는 걸 압니다. 자아실현만이 삶의 야망인 아이이지요." 첼라말은 남부디리에게 보내는 편지에서 이렇게 말하고 있다. "하지만 그 아이가 추구하는 방식은 옳지 않습니다."

바푸의 가족들은 새로운 방식을 시도해 보기로 했다. 바푸가 독립적으로 살 수 있게 하되 집을 떠나서는 안 된다는 식으로 말이다. 바푸는 아버지가 사 준 집 암리타로 돌아갔다. 가족들은 가까운 작은 집에 그대로 살았고, 암리타의 1층은 세입자가 쓰고 있었으므로 바푸는 2층에 살아야 했다. 2층에는 스테인리스 테이블과 스토브, 그리고 의자 2개만 달랑 있을 뿐이었다. 바푸는 매트리스나 이불도 없이 그냥 맨바닥에서 잠을 자야 했다. 남편과 시댁 식구들은 아이들이 엄마에게 가지 못하도록 했다. 아이들은 엄마를 불러서도 안 되었다.

아이들은 편이 나뉘었다. 카르틱은 엄마 편을 들었다. "그래서 저는 집안의 나쁜 어른을 편드는 말썽꾸러기 문제아 취급을 받았죠." 그는 나에게 이렇게 말했다. "늘 제 안에는 엄마와 함께 있고 싶다는 갈망이 있었어요. 엄마는 언제 우리에게 돌아올까? 이것이 제 삶에서 가장 중요한 질문이었어요."

바르가비는 아버지에게 충실한 딸이었고 집안일을 도맡아 했다. 그녀는 마치 다른 공간에 있는 것처럼 움직일 때도 전혀 소리를 내지 않았다. 혼자서 자유 시간을 보낼 때면 팔다리가 부러지고 눈이 잘못 그려진 엽기적인 생명체의 그림을 그렸다. 가족의 지인들이 집에 오면 자신이 "엄마 없는 아이"라는 것이 수치스러워 벽 뒤에 숨었다고 한다. "엄마가 나를 버렸기 때문에 나는 이 세상에 존재할 권리도 없는 것처럼 느껴졌어요." 바르가비는 마치 엄마가 "나는 여기에 없는 사람인데 왜 너는 나를 보고 있니?"라고 말하는 듯한 귀신 같은 분위기를 풍기고 있었다고 말했다.

바푸는 매일 저녁 아이들이 올지도 모른다고 기대하면서 저녁을 차리곤 했다. 가족들은 바푸가 만든 음식에 독이 들었을지도 모른다고 대놓고 말했지만, 카르틱은 몰래 엄마를 찾아가서 함께 밥을 먹었다. 바푸가 그 집에 머무른 지 세 달쯤 된 어느 날 밤, 카르틱은 평소처럼 엄마를 찾아갔다. 그러나 문이 활짝 열린 채 그곳엔 아무도 없었다. "그때 나는 알았죠." 카르틱이 말했다. "새가 훨훨 날아가 버린 걸요." 바푸는 첼라멜에게 보내는 편지에서 이렇게 말한다. "신이 갑자기 나에게 전환점을 알려 주면서 외로운 길로 나서라고 하셨어요."

바푸의 가출은 이제 일상이 되었다. "엄마가 가출할 때마다 한바탕 소동이 일어났어요." 바르가비는 말한다. 바푸가 사라지면 가족들은 바깥에 서 있는 인력거 운전사들에게 바푸가 어느 길로 갔는지 묻고 다녔다. 카르틱은 저 사람들이 정말로 엄마를 걱정해서 저러는 건지 의아했다. "왜냐하면 엄마가 돌아와서 자기 자리를 주장하기라도 하면 그 사람들은 집을 나가야 할 텐데 말이죠." 그는 이어서 이렇게 말했다. "집은 엄마 이름으로 되어 있었고, 그들이 원한 건 엄마의 재산이었거든요."

바푸의 목적지는 늘 첸나이 센트럴 역이었다. 조카 샤암은 기차 시간을 꼼꼼히 보면서 바푸가 어느 열차를 타고 어느 사원으로 갔는지 알아내곤 했다. 힌트는 그녀가 아이들에게 해 준 이야기 속에 묘사된 신들이었다. 그리고 나서 샤암은 사원 복도를 헤매거나 바깥에 있는 야영지들을 돌아다니며 바푸를 찾았다. 그는 바푸의 사진을 그곳 숭배자들에게 보여 주었다. "어릴 때 페리 메이슨Perry Mason의 탐정소설을 좋아했어요. 그래서 내가 지금 탐정 역할을 하고 있다고 생각했죠." 샤암은 내게 말했다. "저는 냉철한 시선을 잃지 않으려고 노력하면서 단서를 찾아다녔어요."

1973년 카르틱은 가족의 지인들을 통해서 엄마가 칸치 사원에 있다는 걸 알게 된다. 그곳은 바푸가 처음 경찰에 잡혀갔을 때 방문한 사원이었다. 당시 열 살이던 카르틱은 외할머니에게 자기를 그곳으로 보내 달라고 부탁했다. 할머니는 화장품 회사의 직원을 보내 손자를 그곳에 차로 데려다주었다. 카르틱은 안뜰을 헤매며 엄마를 찾아다녔다. 그곳에는 숭배자들이 기도하기 전에 다리를 깨끗하게 씻는 수돗가가 있었다.

카르틱은 엄마가 보이지 않자 탁발승의 은둔처를 뒤졌다. 그렇게 헤매던 중에 나무 아래에 앉아 있던 어떤 사람이 카르틱을 불렀다. 카르틱은 소리가 난 곳으로 가까이 다가가서야 그 머리를 민 탁발승이 자기 엄마임을 알아보았다. 바푸는 한쪽 어깨와 허리를 감싼 선황색 옷을 입고 있었다. 보석도 다 벗어 버린 상태였다. 카르틱은 엄마의 모습에 충격을 받았다. 하지만 "저한테 중요한 건 엄마를 찾았다는 사실뿐이었어요. 저에게는 선물 같았죠. 저는 그저 엄마 무릎에 앉고 싶어서 필사적이었어요."

칸치 사원 원장이었던 사라스와티는 여자에게는 스승이 필요 없다고 가르쳤다. 왜냐하면 여자는 남편을 스승으로 생각해야 하기 때문이다. "여자는 남편을 신으로 우러러봐야 한다. 신을 대하듯이 남편을 대해야 하고 자신의 몸과 영혼을 바쳐야 한다."[46] 사라스와티는 남편이 죽으면 남편을 따라 장작더미에 몸을 던져 함께 죽는 아내들을 칭송했다.

바푸는 원장과 이야기를 나누려고 3일을 기다리는 중이었다. 카르틱은 멀찍이 떨어져서 둘의 대화를 지켜보았다. "엄마는 부드럽지만 아주 열정적인 말투로 이야기했어요." 카르틱은 말했다. "그런데 이내 원장과 떠들썩하게 싸웠죠. 엄마는 그 사람한테 '왜 당신 전통에서 남자는 가정을 떠나 거지처럼 살 수 있는데 여자는 안 된다는 거죠?' 하고 따져 물었어요."

수도원장은 바푸를 달래려 노력했다. 그는 바푸에게 가족들이 당신을 그리워하고 있을 것이라며, 모든 일에 균형을 지키라고 말했다. 그리고 바푸가 추구하는 것은 신의 은총으로 얻을 수 있겠지만 굳이 그렇게 극단적으로 추구할 필요는 없다고도 말했다. 대화가 끝날 무렵 바푸는 관습에 따라 손바닥을 모으고 무릎을 꿇었다.

하지만 바푸는 그 만남에 대해 만족하지 못했다. "신을 찾아 헤매는 영혼에게 성별이 따로 정해져 있을 수는 없다"라고 바푸는 일기장에 적었다.

바푸가 집으로 돌아오자 가족들은 바푸의 머리를 보고 아연실색했다. 바르가비는 "고모가 '파이티얌Paithiyam!'이라고 소리 질렀던 게 생생하게 기억나요." 하고 말한다. 파이티얌이란, 타밀어로 '미치광이'를 의미한다.

바르가비와 카르틱은 집에 유령들이 가득하다고 느꼈다. 섬뜩한 현상은 이제 일상이 되었다. 어떤 날은 커다란 고양이 형체의 생물이 머리를 높이 쳐들고 나무에서 내려오는 것이 보였다. 카르틱은 불꽃이 집으로 들어갔다가 벽에 부딪혀 튕겨 나가면서 그을음을 남기는 것도 보았다. 바르가비는 집 뒤에 있는 타마린드 나무를 지나가지 않으려고 했는데, 사람들의 이야기에 따르면 그 나뭇가지 아래를 지나가다가는 귀신에 쓸 수도 있기 때문이었다. 바르가비는 또 붉은 옷을 입은 여자들이 활개 치며 방을 들락날락하는 것도 보았다.

가족들은 바푸의 아버지가 수도승의 경고를 들었어야 했다고 말했다. 20년도 더 전에 그는 미래를 예견했던 것이다. 라자마니는 인도의 남서부 해안 쪽 기름진 목초지인 케랄라Kerala에서 온 세 명의 수도승을 집으로 초대했다. 그들은 케랄라 지방의 역술 전문가였다. 세 명의 수도승들은 바푸의 가족들로부터 정보를 수집한 뒤, 긍정적인 징조와 부정적인 징조를 구분했다. 벨 소리는 좋은 것이고 올빼미와 까마귀의 울음소리는 나쁜 것이었다. 그들은 기호들이 그려진 판 위로 작은 고둥 껍데기를 던졌다. 그 껍데기들이 떨어지는 지점을 보고 집안의 불행을 추측하기 시작했다.

3일이 지나자 그들은 바푸의 집이 '브라마 라크샤사Brahma Rakshasa'의 귀신이 들렸다고 결론 내렸다. 그는 브라만 계급의 학자로, 깨달음의 경지에 이르기 직전에 자살했다고 전해진다. 그렇게 자신이 죽은 곳을 떠돌다가 바푸의 영혼에 붙어 버렸다는 것이다.

바푸는 정신과 의사들의 진단을 거부했던 것과 마찬가지로 이 이야기 역시 말도 안 된다고 생각했다. "이 모든 게 브라마 라크샤사 때문이라는 건 아주 웃긴 이야기다." 바푸는 또 이렇게도 적고 있다. "노래와 기도가 내 입에서 마치 시냇물처럼 흘러나오는 것은 오직 신의 은총 때문이다."

하지만 바푸의 시댁 식구들은 여전히 수도승들의 해석이 맞다고 생각한다. 바푸의 시동생인 발라크리슈난은 "바푸는 아주 작고 연약한 여성이었습니다. 바푸 안으로 들어온 남자는 분명 강한 사람이었을 거예요"라고 내게 이야기했다. 그의 아내 프레마도 이렇게 말했다. "우리는 그 영혼이 바푸 안에 들어와서 바푸에게 그런 시들을 쓰게 만들었다고 생각해요. 그 남자의 미완성 작품이었던 거죠."

바푸는 이제 좀 더 전략적으로 자신의 흔적을 숨기기 시작했다. 곧바로 기차역으로 가기보다는 일부러 첸나이에서 며칠을 돌아다니면서 사원이나 기차역에서 잠을 잤다. "나는 잠잘 곳을 청하지 않는다. 나는 집이 필요하지 않다. 나는 사랑하는 아이들도 필요 없다. 나는 가정이나 고국을 원하지 않는다!"

바푸가 가장 좋아하는 곳은 케랄라에 있는 유명한 사원 중 하나인 구루바유르Guruvayur였다. 그 사원의 내부 기도실에는 양초가 담긴 컵들이 겹겹이 놓여 있었고 그 양초들은 밤이면 모두 켜졌다. 바깥에는 사슬에 묶인 코끼리들이 있었고 붉은 지붕이 복도 위를 덮고 있었다. 그곳은 상처입고 고립된 사람들이 동료를 찾고 동질감을 느낄 수 있는 안전한 장소였다. 바푸는 그곳에서 종교적 열정에 대한 사람들의 편견으로부터 자유로울 수 있었다. 아무리 기이하고 괴상한 방식으로 기도를 한다 해도, 이를테면 사람들이 지나다니는 길에서 몸부림치면서 누워 있는다 하더라도, 그들은 그저 조용히 비켜갔다. 수도승들은 매일 신들에게 갓 요리한 음식을 바쳤고, 남은 음식을 마른 잎에 싸서 신도들에게 나눠 주곤 했다. 그것은 대부분 밥이었지만 때로는 달콤한 푸딩일 때도 있었다. 그 음식은 '프라사담prasadam'이라고 불렸는데, 이는 산스크리트어로 '은총'을 뜻한다.

바푸는 사원 바깥에 있는 높은 층계참에서 잠을 잤다. 그녀는 다른 숭배자들과 함께 노래를 부르거나 기도를 하면서 시간을 보냈다. "신과 나와의 거리가 점차 줄어들고 있음이 확실하다"라고 그녀는 적었다. 어느 날에는 동료 숭배자들과 이야기를 하는 도중 크리슈나가 자신을 다정하게 껴안는 것을 느꼈다고도 했다. "내가 이 모든 걸 이야기하면 당신들은 나를 또다시 킬파우크 정신병원으로 보내 버리겠지. 하지만 나는 거짓을 말하지 않는다. 내 경험은 모두 실제 일어난 일이다!"

일기 속에서 바푸는 음식을 갈망하는 자신을 자책한다. 그녀로서는 배고픔을 느낀다는 게 아직 자아가 통제되지 않았다는 증거 같았다. 굶었을 때 느끼는 희열에 중독된 거식증 환자처럼, 바푸는 자신의 의식이 더욱 명료해지고 있음을 느꼈다. 이는 자제력으로 표현되는 성취이자 우월감이었다. 그녀는 일기장에 다음 생에는 구루바유르 사원 주변을 돌아다니는 개나 사원으로 가는 마차를 끄는 암소로 태어나고 싶다고 적었다.

힌두교 기초 경전을 모아 놓은 우파니샤드는 초월성을 성취한 사람을 개인성을 상실한 사람으로 묘사한다.[47] 이는 마치 물속에서 녹고 있는 소금 덩어리와 같다. 바푸는 아이들에 대한 그리움을 잊을 수 있다면 그런 상태에 도달할 수 있다고 생각했다. "아이에 대한 사랑은 무조건적이다"라고 그녀는 쓰고 있다. "그건 엄마만 안다." 그녀는 계속해서 말한다. "내 이쁜 아이들! 너희들을 두고 온 것은 내 실수일까? 내가 너희를 떠난 건 내 의지만은 아니었단다!" 바푸는 이 모든 게 자신이 섬기는 신들에 의한 것이라고 하면서도 이렇게 말한다. "하지만 책임은 나에게 있지."

첼라멜은 바푸가 가끔씩 보내오는 편지를 보고 비로소 딸이 어떻게 살고 있는지 알게 되었다. 그녀는 바푸에게 엘리트 롯지에 있는 작은 방을 마련해 주었다. 그곳은 구루바유르 사원 근처에 위치한 순례자용 호텔로, 바푸의 방은 1층에 계단 아래 있었다. 한 사람이 딱 누울 수 있을 만큼의 작은 크기였다.

바푸는 아무 종이에다 닥치는 대로 글을 썼다. 달력, 신문지 뒷면, 오래된 사진, 공책 등에 끄적인 글은 거의 400쪽 분량에 다다랐다. 그녀가 고민하는 내용에 대해 쓴 글을 보면 필체가 대칭적이고 균형이 잡혀 있다. 하지만 크리슈나에 대해 쓴 글은 필체가 조잡하고 거칠었다. 바푸는 자신의 노트 하나에 "모하나 라마야나Mohana Ramayana"라는 제목을 붙였다. 이는 산스크리트어로 된 서사시 〈라마야나Ramayana〉의 제목을 따온 것이었다. '모하남Mohanam'은 타밀어로

'매혹적인'이라는 뜻이지만 산스크리트어로는 '정신적으로 혼란스러운'상태를 의미한다. 아마도 바푸는 다른 사람이 자신의 글을 어떻게 볼지 알고 있었던 것 같다. 말 그대로 '불안정한 영혼의 연대기'인 것이다.

바푸는 절망적인 상황에서는 스스로를 '미친 여자' 혹은 '광인'이라고 부른다. 그리고 사회로부터 고립되었다는 사실을 종교적 통찰에 대한 증거로 여겼다. 바푸에게는 가족에 꽁꽁 매여 있는 현실보다 그녀의 내면세계가 더 현실 같았다. 자신이 숭배한 위대한 성인들도 가족들과 관계를 단절했다. 그들은 다른 사람들은 볼 수도 만질 수도 없는 것에 일생을 바쳤다. 19세기 신비주의자인 라마크리슈나Ramakrishna는 신도들에게 광기는 종교적 헌신의 표식이므로 절대 조롱당해서는 안 된다고 이야기한 바 있다. 그에 따르면 "신을 완벽하게 아는 사람과 완벽한 바보는 겉보기에 똑같아 보인"[48]다. 18세기 힌두교 시인이자 성인인 람프라사드Ramprasad는 "천국은 광인들의 축제가 열리는 곳이다"[49]라고 말한 바 있다.

＊＊＊＊

나와 몇 년간 서신을 교환했던 '토머스'라는 이름의 조현병 환자는 자신이 "집 없는 사람이 되는 천재적 능력"을 갈고닦고 있다고 말한 적이 있다. 2000년대 초반, 그는 시카고의 길거리에서 살았다. "저는 심지어 한겨울에도 거리 생활을 할 수 있었어요. 뭘 해야 할지 본능적으로 알고 있는 상태였죠." 그뿐만이 아니었다. 토머스는 집 없는 사람들에게 힘을 불어넣는 방법도 찾을 수 있을 것이라고 했다. "불교 신자처럼 걸으면서 명상하는 거죠. 집도 없고 일체의 소유도 없이 말이죠. 소유라는 규범적 관습으로부터 벗어나 의미 있는 삶을 살 수 있게 되는 거예요." 그럼에도 불구하고 그는 자신의 고통스러운 현실로부터 완전히 벗어나지는 못 했다. "저 스스로 그렇게 하지 못했다는 사실 자체가 제게 정신질환이 있다는 증거입니다."

바푸는 자신의 정신 상태를 평가하면서 음울한 시를 지었다. 그녀의 고통에 목적과 구조를 부여해 준 신비주의 전통이 음울했기 때문이다. 신비주의자들의 생애를 연구한 바푸는 그들이 늘 의기양양하게 신을 찾아냈던 것은 아니라는 사실을 알게 되었다. 믿음은 때로 한없이 약해지기도 했다. 그들은 신과 합일되는 경험을 위해서 모든 것을 버렸지만, 그 경험을 얻는 것조차 쉽지 않다는 걸 알고 한탄한다. 바푸가 가장 동경한 성녀 미라바이는 자신의 이런 정신 상태를 다음과 같이 극적으로 표현한다. "나는 사랑하는 사람을 보는 기회를 박탈당한 고독하고 길 잃은 영혼이다."[50] 또 이렇게도 이야기한다. "이제 매 순간이 슬픔으로 가득하다."[51]

바푸는 자신이 걸어온 길을 정신질환이라는 이야기 틀로 설명하는 것을 거부한다. 하지만 미라바이를 비롯한 신비주의자들의 이야기 또한 만성적인 자기만족 상태로 보이기도 한다. 바푸는 크리슈나의 뒤를 쫓아다니느라 다리가 퉁퉁 붓는다고 말했다. 그녀는 자신이 "익지 않는 과일"이자 "텅 빈 포대 자루" "죽은 나무" "운이 나쁜 벌레"

제 2 장

"버려진 폐가"처럼 느껴졌다. 그러나 그와 동시에 의아함도 느꼈다. "내게 닥친 고난은 나를 완전히 버리라는 신의 계시인가?"

1970년대 중반의 어느 시점에(바푸는 날짜를 적지 않고 있다) 바푸는 스승 남부디리가 여는 종교적 행사의 참석을 거부당한다. 신성한 텍스트 〈바가바타 푸라나Bhagavata Purana〉를 일주일간 암송하는 행사였다. 바푸는 "내가 가난하기 때문에 나를 싫어하는 것"이라고 생각했다. 본래 바푸는 실크로 된 사리를 입고 외제 차를 타고 오는 멋지고 부유한 여성이었다. 하지만 8년이 지난 지금 그녀는 음식을 찾아 사원 뒤 쓰레기장을 뒤지는 신세였다.

"당신이 내게 했던 약속은 다 나의 망상이었던가요?" 바푸는 크리슈나에게 묻는다. "왜 나는 사랑하는 일가친척을 버리고 당신에게 왔을까요?"

바푸의 섬세하고 복합적인 초기 작품은 이제 한탄에 가득한 평범한 하소연으로 변하고야 말았다. 이제 자신의 질문이 크리슈나를 향한 것인지, 남편을 향한 것인지, 혹은 스승을 향한 것인지도 구분하기 어려웠다. 바푸는 자신의 삶을 좌지우지했던 세 남자들 사이에서 갈팡질팡했다. "내가 추하고 늙은 여자라고 생각하나요?" 바푸는 묻는다. "그래서 당신들은 나를 잊어버린 건가요?"

1978년의 어느 날, 첸나이에서 바푸를 치료한 적 있는 정신과 의사 피터 페르난데스가 400마일을 달려 구루바유르에 찾아온다. 첼라멜의 요청에 따라 그는 조수 두 명을 대동하고 엘리트 롯지의 방문을 열었다. "바푸는 정말 추했어요." 페르난데스는 내게 그렇게 말

했다. "마녀처럼 살고 있더군요. 정말 마녀 같았어요." 페르난데스는
바푸에게 신경안정제의 일종인 바리움Valium을 주사하고는 차로 데
려갔다.

"바푸가 무서워하던가요?" 내가 물었다.

"우리는 조현병 환자가 무서워하는지에 대해서는 일절 관심이 없
습니다." 그가 대답했다. "무서운 사람은 바로 저였어요. 바푸는 논리
적인 생각도 못 하더군요. 생각하는 게 굉장히 비논리적이었죠. 이
제는 정상인으로 돌아갈 수 없을지도 몰라요." 페르난데스는 바푸를
첸나이에 있는 사립 병원으로 데려갔고, 바푸의 의지와 상관없이 그
곳에 입원시켰다. "제가 50년 동안 이 분야에 있었지만 바푸처럼 최
악의 경우는 처음 봤어요."

철학자 미란다 프리커Miranda Fricker는 '인식론적 불공평'[52]이라고
불리는 불평등에 대해 이렇게 묘사한다. "이는 무언가를 알고 있는
능력 때문에 잘못 인식되는 것을 의미한다." 병원에서 바푸는 자신
의 경험에 대한 믿을 만한 증거자로서 대우받지 못했는데, 이는 환자
라는 지위 때문만이 아니라 인도 종교는 으레 비합리적 성질을 갖는
다는 식민주의적 관념 때문이었다. 페르난데스는 조현병 환자들이
자신이 운영하는 개인 병원을 찾아올 때 손목이나 목에 부적 같은 것
을 두르고 온다고 말했다. 그럴 때면 독실한 천주교 신자인 그는 그
것들을 모두 벗고 들어오라고 말했다. 이는 그가 몇십 년 동안 지켜
온 루틴이다. 그의 책상 서랍에는 환자들의 부적들로 가득 찬 비닐봉
지가 있다. 대부분은 작은 종이 조각이나 야자수 잎에다 자신을 지켜

제 2 장

주는 문구를 새겨 은으로 된 튜브에 넣은 것이었다. 페르난데스는 그때마다 환자들에게 "당신들이 여전히 아프다는 사실은 그런 부적들이 효과가 없음을 증명하는 것"이라 말했다고 한다.

바푸는 페르난데스의 병원에 몇 주 동안 입원해 있었다. 그녀는 창문 근처에서 서성거리면서 큰 소리로 노래를 불렀다. 15세기 즈음에 발전한 장르인 인도 카르나틱Carnatic * 음악을 배운 바푸는 매력적인 목소리를 가지고 있었다. 병원 직원들은 다른 환자들에게 방해가 된다며 그녀에게 조용히 하라고 했다. 그럴 때면 바푸는 더 큰 소리로 노래를 불렀다. 페르난데스는 바푸를 두고 "정말 고집불통인 여자"라고 말했다.

당시 열네 살이던 카르틱은 자주 엄마를 보러 갔다. 한번은 병원에서 바푸가 들것에 실려 나오는 것을 본 적도 있다고 했다. 그녀는 전기충격기가 있는 작은 방으로 실려 갔고, 카르틱도 뒤를 따랐다. 그는 방에 달린 작은 창문 너머로 엄마를 지켜보았다.

당시 전기충격요법은 인도의 정신과 의사들에게 표준적인 치료법이었다.[53] 진단명이 무엇이든 상관없었다(미국과 유럽에서는 중증 우울증 환자에게만 사용할 수 있도록 제한되어 있었다). 짧은 시간 동안 발작을 유발하는 그 과정은 시상하부와 뇌하수체 분비선으로 하여금 호르몬

---

* 인도의 전통음악은 크게 북인도를 중심으로 아랍권 영향을 많이 받은 힌두스타니 음악과 힌두 왕국들을 중심으로 발전한 남인도의 카르나틱 음악으로 구분된다. 카르나틱 음악은 풍부한 보컬을 특징으로 하며, 카르나틱 음악가들이 가장 많이 모여 사는 도시가 바로 바푸의 이야기에 나오는 첸나이시이다.

을 방출하도록 자극했다. 하지만 그 자극이 뇌에서 정확히 어떤 작용을 하는지는 여전히 알려지지 않았다. 당시 인도는 2,000명도 안 되는 정신과 의사들이 5억이 넘는 환자들을 감당해야 했으므로, 전기충격요법은 마취제나 근육 완화제를 쓰지 않고도 한 시간에 수십 명에게 실행될 수 있는 효과적인 치료 수단이었다. 페르난데스는 자신이 1960년대 후반에 매일 50여 명의 환자에게 전기충격요법을 실시했었다고 말했다. "저는 당시 서른다섯 살이었고 에너지가 넘쳤어요. 남자 간호사들한테 환자 팔을 붙들고 있으라고 했죠." 그는 환자의 표정을 흉내 내듯 이를 악물고는 기계 소리를 냈다. "치지직, 치지직." 그는 유쾌해 보였다.

카르틱은 치료사들이 엄마가 혀를 깨물지 못하도록 입에 나무조각을 집어넣는 것도 보았다. 전류가 바푸의 머리로 흘러 들어갔다. 카르틱은 치직거리는 소음을 들었다. 바푸의 몸은 경련을 일으키기 시작했다. 카르틱은 놀라서 숨죽여 흐느꼈다.

다시 병실에 실려 온 바푸는 눈을 뜨고 슬퍼하는 아들을 바라보았다. 그녀는 "걱정하지 마라. 이런 것들은 나를 더 강하게 만들어 줄 뿐이란다." 하고 말했다. 그 과정은 "그저 아주 희미한 반향을 불러일으킬 뿐, 엄마에게 전혀 영향을 미치지 못했다"라고 카르틱은 결론을 내린다. "엄마는 이미 자신을 완전히 버렸기 때문에 그 어떤 것도 엄마를 육체적으로 지배할 수 없었다."

퇴원 후 바푸는 아예 마을로 들어가지 않았다. 카르틱은 회상한다. "아무도 엄마가 어디 있는지 몰랐어요." 그는 바푸가 구루바유르로 돌아갔는지 알아보기 위해 엘리트 롯지에 전화를 걸었다. 바푸의 소지품은 여전히 방에 있었지만 아무도 그녀를 보지 못했고 다른 주소도 없었다. 카르틱은 이렇게 말했다. "엄마는 오래도록 가족이 잡아당기는 힘과 신이 잡아당기는 힘 사이에서 갈가리 찢기고 있었어요. 하지만 그때부터는 오직 신에게로 전진이었다고 할 수 있죠."

보통 때라면 누군가 바푸를 사원에서 봤다고 하는 이야기가 들려왔을 테지만 이번에는 달랐다. 몇 달이 지나도 바푸를 봤다는 사람이 아무도 없었다. 카르틱은 외할머니가 엄마를 빼돌리려 했다며 첼라멜을 비난했다. "모든 게 위험하게 돌아가기 시작했던 거예요." 그는 말했다. "엄마는 사람들한테 갖고 있던 일말의 희망까지 완전히 버리게 되었어요. 누군가 한 명이라도 엄마를 있는 그대로 지지해 줬더라면 엄마의 인생은 완전히 달라졌을 거예요." (그러나 현재 89세가 된 의사 페르난데스는 이 말에 동의하지 않는다. "바푸는 제 치료 뒤에 완벽하게 정상으로 돌아왔죠. 바푸는 병원을 떠날 때 행복해했고 그 가족들도 마찬가지였어요. 제게 감사 인사까지 할 정도였으니까요." 다만 그는 이후 바푸의 상태를 확인하지 않았다는 사실에 대해서는 인정했다.)

바푸가 사라진 지 1년이 되자 가족들은 바푸를 아예 입에 올리지도 않게 되었다. 그때 바르가비와 카르틱은 고등학생이었다. "우리는 엄마에 대해서 할 이야기가 없었어요." 바르가비는 말했다. "엄마가 길거리 생활을 하고 있을지도 모르는데 우리는 엄마의 집에서 편히 살고 있었죠. 저는 거기에 엄청난 죄책감을 느꼈어요. 누가 엄마

를 먹여 주지? 누가 엄마한테 입을 옷을 주지? 누가 엄마를 강간하지
는 않았을까? 이런 질문들이 머릿속을 떠나지 않았죠." 바르가비는
시간이 날 때마다 우울한 시를 썼다. "영원이란 건 사실 / 유한한 것
같아 / 그건 비참한 기억 속에서 / 한없이 기다리는 것이지."

"엄마는 처음부터 존재하지 않았던 사람처럼 되었죠"라고 카르틱
은 말한다. 한번은 아버지와 삼촌들이 "바푸는 죽고 없잖아." 하고 말
하는 것을 듣기도 했다.

카르틱은 아버지의 카메라로 새나 희귀한 식물, 뱀, 그리고 조카
들 사진을 찍기 시작했다. 그는 돈을 아끼려고 사진을 뽑지 않았다.
대신 1루피를 주고 필름을 현상한 다음 밤이 되면 벽에 이미지를 투
사했다. 때로 카르틱은 카메라에 필름이 없는데도 셔터를 누르곤 했
다. "카르틱은 강박적으로 사진을 찍는 것만 생각하려고 했던 것 같
아요." 바르가비는 말한다. "동생은 사진 외에 자기 삶에 중요한 건
없다는 식이었어요." 바르가비는 동생이 사진을 통해 타인들과 거리
를 두었으리라 추측한다. "발코니에서 그저 세상을 바라보기만 할
뿐, 세상과 멀찍이 떨어져 살았던 거죠."

물론 바르가비 또한 초연함을 유지하는 자신만의 방식을 가지고
있었다. 고등학교를 졸업한 뒤 바르가비는 첸나이에 있는 대학에서
철학을 공부했다. 철학은 내적 감정과 자아로부터 스스로를 보호해
주었기 때문에 좋았다. 그녀는 무신론자가 됨으로써 "귀신 들린 유
년기"를 거부할 수 있었다. "집에는 신들이 가득했죠. 구석마다 있었
어요. 나는 그 신들을 증오했어요." 바르가비는 하버마스, 사르트르,

카뮈와 같은 유럽 철학자들에게 끌렸다. "나는 완전한 합리주의자가 됨으로써 문제에 대처하려고 했어요." 그녀는 말했다. "내 귀에 들리고 내 코로 냄새를 맡을 수 있고 내 손에 만져지는 것, 그런 것들만이 유일한 진실이었죠."

＊＊＊＊

스리랑감은 50여 개의 성지를 가진 인도 남부의 사원 소도시로, 강 사이에 형성된 작은 섬이다. 그곳 사원에서 19세기 신비주의자이자 시인인 여성 안달Andal이 태어났다. 바푸는 안달에 대한 책을 쓰기도 했지만 그것들은 대부분 유실되었고 다만 몇 줄만 남아 있다. "우리가 만일 안달에 대해 생각한다면 우리 육체를 괴롭히는 질병은 모두 눈처럼 녹아 없어지지 않겠는가?"

안달은 크리슈나에게 헌신했을 뿐만 아니라 실제로 크리슈나와 결혼하겠다고 결심한 신비주의자로 유명하다. "나의 주인과 결합하려는 / 나의 욕망은 지극히 강하다네"라고 그녀는 노래한다. "그 감정 때문에 숨 쉬기도 힘들다네."[54] 어느 날 안달은 신부처럼 차려입고 스리랑감 사원으로 걸어 들어가서, 비슈누 신의 환생이자 크리슈나의 화신인 랑가나타Ranganatha의 발을 끌어안았다. 그렇게 그녀는 사라졌다. 어느 누구도 그녀를 보지 못했다. 둘의 결합은 신과 숭배자의 궁극적 결합이라고 칭송받았다.

"나는 안달인 게 아닐까?" 바푸는 일기장에 이렇게 적고 있다.

"아, 신이시여, 바로 대답해 주소서."

1982년에 바푸의 동창생이자 오랜 친구가 스리랑감 사원으로 가는 길목에서 바푸와 닮은 여자를 보았다. 소식이 끊긴 지 무려 5년이 지난 뒤였다. 그 친구는 음식을 구걸하고 있는 무리 사이에 섞여 있는 여자를 응시했다. 그 여자는 찢어진 사리를 입고 있었고 얼굴은 수척했다. 친구는 그곳을 아무렇지도 않다는 듯 지나가서는 곧장 첼라멜에게 전화를 했다. 카르틱은 그 소식을 듣자마자 택시를 타고 200마일을 달려 스리랑감으로 갔다. "나는 엄마를 바로 알아봤어요." 바푸는 관광객을 태운 밴과 택시, 푸드 트럭과 사원으로 향하는 수백 명의 사람들이 줄을 서 있는 길의 모퉁이에 앉아 있었다.

바푸는 한 무리의 여성들과 함께 있었다. 그들은 잠자리도 마땅치 않고 수돗물도 없는 순례자들이 지나다니는 복도에서 살았다. 머리는 떡져서 뭉쳐 있었고 온몸이 염증투성이였다. 카르틱은 무리 속 여성들에게 자신이 누구인지를 설명했고, 그들은 바푸에게 아들과 함께 집으로 돌아가라고 말했다. 카르틱은 바푸에게 다가갔을 때를 회상하며 이렇게 말했다. "엄마는 완전히 다른 사람이 되어 있었어요. 마치 과거가 완전히 사라진 사람 같았죠."

바푸를 데리고 택시를 타자 카르틱의 심장이 쿵쾅거렸다. "어릴 때 내가 느꼈던 긴장감과 똑같았어요." 그는 말했다. "어떻게 엄마를 다시 데려가지? 아빠가 엄마를 받아 줄까?" 바푸는 몸이 너무 쇠약해져서 말도 제대로 못 했다. 카르틱은 엄마를 택시 뒷좌석에 비스듬히

제 2 장

눕혔다. "엄마는 나를 어느 정도는 기억하는 것 같았어요. 아주 조금
은. 그러고는 갑자기 마음속에서 뭔가가 요동치는 듯하더니 입을 달
싹거리며 겨우 말했죠. '정말 많이 컸구나.'"

〈도망자The Fugitive〉라는 자전적 희극에서 바르가비는 엄마의 귀
환을 이렇게 묘사한다. "바느질이 엉망으로 된 옷은 헐렁하고 볼품
없이 걸쳐져 있었다."[55] 또 이렇게도 표현한다. "엄마는 뭔가에 사로
잡힌 듯 미소를 짓거나 손으로 입을 막고 몰래 키득거렸다. 그러고는
남들이 자기를 쳐다볼까 봐 눈치를 보았다." 바푸의 남편은 견딜 수
가 없었다. "왜 내 와이프라는 작자에게 아무것도 하지 않는 거요?"
그는 정신과 의사에게 따졌다. "복용량이라도 늘리라고." 하지만 다
른 때에는 바푸가 과연 아프기나 한 건지 의심하기도 했다. "뭔가를
숨기기 위해 미친 척을 하는 거지?" 그는 말했다. "자기가 하고 싶은
대로 하고 살려고 말이지."

첸나이에서 대학을 다니면서 집에서 살고 있었던 카르틱과 바르
가비는 바푸에게 새로운 의사를 구해 주었다. 그는 집으로 찾아와 바
푸를 진료하고 가족들과 이야기했다. "그 의사는 저희에게 신선한
공기를 불어넣어 주었어요." 바르가비는 말한다. "그 사람은 엄마를
보고 '조현병이군요. 여기 약이요.' 하고는 휙 가 버리지 않았죠." 그
는 바푸에게 항정신병제제를 처방해 주기는 했지만 가족들에게 바
푸가 얼마나 소외감을 느껴 왔는지 이야기해 주고, 사원에서 치유를
받은 바푸의 경험을 가족들과 공유하라고 격려해 주었다. 바르가비
는 그런 대화를 이어 가기 위해 애썼다. "하지만 나는 엄마의 말을 들

을 준비가 되어 있는 것 같지 않았어요." 바푸가 신에 대해 이야기할 때마다 바르가비는 숨이 막히는 것 같았다고 말했다. "누군가가 내 목을 조르고 있는 것처럼 말이에요."

엄마와 함께 산 지 4년이 지난 후 바르가비는 집을 떠난다. 그녀는 인도과학기술대학교에서 철학과 박사 학위를 따기 위해 뭄바이로 갔다. 그곳에서 그녀는 우리가 인간 행동에 대해 어떻게 안다고 할 수 있는지와 관련한 문제에 초점을 맞추게 될 터였다. 인식과 믿음 사이의 경계에 대한 문제 말이다. 그녀의 논문은 "과학이자 문화로, 진리이자 비유로 생각되는 인간의 정신에 대해 종합적인 인식이 가능한지"[56]를 탐구한다. 또한 "인과론으로 설명되는 과학적 합리성에 대한 탐구가 인간의 자율성에 위협이 되지 않는지"에 대해 질문하며 "그러한 과학이 어떻게 사회의 요구에 부응할 수 있게 할 것인지"에 대해서도 탐구한다.

또 다른 논문에서 바르가비는 롤랑 쿤이 속해 있던 현상학적 전통의 부활[57]을 주장하고 있다. "'우울증 환자'는 증상들의 집합이 아니다"[58]라고 바르가비는 주장한다. "그 사람은 세상을 다르게 경험한다. 언어도 다르게 사용한다. 감정 또한 다르게 느낀다." 윌리엄 제임스가 "분류되지 않은 잔여물"이라고 칭했던 이러한 종류의 경험을 의사들은 무시한다. 따라서 그들은 왜 정신질환이 그토록 환자를 고립시키는지, 증상으로만 포착될 정도로 환자의 삶을 바꿔 버리는지를 이해하지 못한다. "이러한 질환의 경험이 세상과 자신을 보는 방

제 2 장

식을 결정한다"라고 바르가비는 말한다. 정신질환자의 삶은 공식 기록에는 삭제되었으나 "역사와 개인적 이야기에서 현존"한다.[59]

바르가비가 학위를 준비하고 있던 시기에 카르틱은 난디니라는 스무 살의 호리호리한 여성을 소개받았다. 카르틱은 당시 산업 사진가로 일하고 있었는데, 난디니는 그의 집안에 문제가 있다는 걸 알고 있었다. 하지만 난디니에게도 문제가 없지는 않았다. 그녀는 요리를 하거나 세탁하는 법을 배우지 못했고 동생은 만성질환을 앓고 있었으며, 가족은 지참금을 낼 형편이 못 되었다. 난디니가 카르틱의 집을 처음 방문했을 때 바푸는 베란다의 석조 난간에 앉아 있었다. "어머니의 얼굴은 마치 어린아이 같았어요. 붙임성도 있으셨죠." 난디니는 말한다. "어머니는 제게 이렇게 물었어요. '너는 내가 좋니? 우리 집에 와서 같이 살래? 우리 아들이 좋으니?' 하고요. 저는 정말 감동받았어요. 어느 누구도 제게 이런 질문을 하지 않았거든요. 심지어 카르틱조차도요."

그들은 카르틱의 작업실 겸 스튜디오에서 결혼했다. 난디니는 남편의 집으로 들어와 사실상 간호사가 되어 바푸를 돌보았다. 그 어떤 판단의 시선도 없이 말이다. 바푸는 한번 거부했던 항정신병제제도 난디니가 건네주면 받아먹었다. 그 약은 바푸를 덜 불안하게 하고 좀 더 유연한 사람으로 만들어 주었다. 바푸는 여전히 크리슈나를 위한 노래와 시를 지었지만 더 이상 크리슈나와 직접 대화하지는 않았다. "어머니는 크리슈나에게 헌신하는 게 당신을 가족으로부터 고립시킨다는 걸 알고 계셨어요. 그리고 그걸 원하지 않으셨죠." 난디니는 말했다. 대신 바푸는 힌두교의 전쟁 신인 무루간Murugan에게 편지를 썼다. 편지는 손에 관절염이 생긴 바푸 대신 난디니가 받아 적었다. 그리고 바푸의 지시에 따라 그 시를 바푸가 한때 거주했던 사원들에 보냈다. 난디니는 이렇게 말했다. "때로 그 편지들은 반송되었어요. 하지만 저는 어머니의 마음을 존중했죠. 그래서 계속해서 편지를 보내 드렸어요."

시댁 식구들에게 오랫동안 외면당해 왔던 바푸는 며느리가 자기를 돌보아 주면서 든든하게 곁을 지켜 주는 것이 좋았다. 카르틱의 표현대로 난디니는 바푸의 "눈이자 손, 다리"가 되었다. 그들은 서로를 '절친'이라고 부르기 시작했다. "카르틱이 일하러 가면 제 일상은 늘 어머니와 함께였어요." 난디니는 말한다. 카르틱은 가끔 바푸에게 다시 구루바유르로 돌아가고 싶은지 물어보곤 했다. 바푸는 "난 이제 다른 곳에는 가고 싶지 않구나." 하고 대답했다. 크리슈나보다는 매력적이지 않은 신을 모심으로써 바푸는 스스로를 고립시킬 필요 없이 자신의 영적 정체성을 유지할 수 있는 방법을 찾았던 것 같다.

이웃들 사이에 바푸가 치유력을 가지고 있다는 소문이 돌기 시작했다. 바푸가 아픈 아기의 이마를 건드리자 아기의 열이 내렸다는 식의 소문 말이다. 동네 엄마들은 아들이 학교에서 싸우고 오면 바푸에게 조언을 구하러 왔다. 몇 킬로미터나 떨어진 벵갈만에서 일하는 어부들도 아이들이 아프면 바푸에게 기도를 청하러 왔다. 바푸는 베란다에 있는 의자에서 한쪽 다리를 접어 허벅지에 닿도록 해서 힌두교

제 2 장

신처럼 앉아 있었다. "동네 부인들은 바푸를 미라바이 같은 성녀라고 생각했어요." 바푸의 조카 샤암은 말한다.

남편 라자마니는 아내의 새로운 역할에 대해 반대하지 않았다. 그는 선천적으로 눈에 문제가 있어서 차츰 시력을 잃어 가고 있었다. "장애가 아버지한테 세심한 감성을 준 것 같아요." 바르가비는 말했다. "생의 마지막에 아버지는 엄마의 존재 방식에 경의를 표했죠."

바푸가 집으로 돌아온 지 12년이 지난 후, 라자마니는 말라리아에 걸려 예순둘의 나이로 사망했다. 카르틱이 바푸에게 그 소식을 알리자 그녀는 "좋은 종말이다"라고만 말했을 뿐이었다고 한다.

아버지가 사망한 후, 바르가비는 첫 아이를 출산하기 위해 집으로 들어왔다. 바르가비는 동창생과 결혼했다. 아기는 척추에 장애가 있는 채로 태어났다. 딸은 깨어 있는 시간 대부분을 울기만 했다. 그리고 반년이 지나서 바르가비의 품에서 숨을 거두었다. "아기는 반년 동안 인간 고통의 드라마 전체를 겪어 갔어요." 그녀는 말한다.

카르틱은 그 비극을 집안 내력에서 비롯된 것이라고 보았다. 20년이라는 시간적 간격을 두고 두 명의 수도승이 그 집이 가족과는 맞지 않는 장소라고 말했었다. 밤이면 카르틱은 이상한 소리를 듣곤 했다. 카르틱은 플래시를 들고 바깥으로 나가 소리가 나는 곳을 찾아다녔다. 카르틱은 사실 바르가비가 집에서 아기를 출산하는 것에 대해서도 마뜩잖아했다. "하지만 내가 어떻게 집으로 오지 말라고 할수 있겠어요?" 바르가비도 여기에 대해서는 동의했다. "우리가 그 집에서 겪었던 참혹한 일들은 악령의 짓이라고밖에 설명할 방법이 없어요."

실제로 집의 부지 끝에는 무거운 철로 된 전등이 두 개 있었다. 카르틱은 어느 날 아침 저먼셰퍼드와 함께 산책을 하다가 그 두 전등이 마치 엄청난 압력에 눌린 듯 나란히 뒤틀려 있는 것을 보았다. 그는 전기 기사를 불러 새 전등을 달았다. 그런데 그다음 날 또 고장이 나 있었다. 카르틱은 다시 한번 전등을 수리했지만 몇 주가 지나자 다시 똑같은 일이 반복되었다. 심지어 그로부터 얼마 뒤 저먼셰퍼드가 피웅덩이 속에 죽어 있는 것을 발견한다.

"나는 바로 커다란 망치를 사 가지고 왔어요. 엄청나게 큰 망치였죠." 카르틱은 케랄라 수도승들이 말한 자살한 학자의 유령이 살고 있다는 곳으로 성큼성큼 걸어갔다. 건설 장비들과 쓰레기로 가득한 헛간 앞에 섰다. "귀신 들린 집이라는 이야기들이 머릿속을 떠다니고 있었어요." 그는 말한다. "그래서 30평 남짓한 헛간을 마구 부숴 버렸죠." 카르틱은 망치로 헛간을 닥치는 대로 부수며 외쳤다. "나와! 누군지 보게 나와 보라고!"

하지만 그럼에도 불구하고 그 집에 드리운 어두운 그림자는 사라지지 않았다. 몇 달이 지나 바푸가 카르틱에게 말했다. "나의 종말이 다가오는구나." 곧 바푸는 뇌졸중으로 쓰러져 혼수상태에 빠졌다. 시댁 식구들이 병원으로 문병을 왔지만 바르가비는 그들을 엄마의 병실에 한 발짝도 들어오지 못하게 했다. 당신들은 엄마에게 이미 충분히 나쁜 짓을 저질렀노라고 외치면서 말이다. "내가 그렇게까지

화가 나 있는지 그때 처음 알았어요." 바르가비는 말했다. "나는 화를 잘 내는 사람이 아니에요. 하지만 그때는 정말 병실을 막고 서서 '안 돼! 들어오지 마!' 하고 소리쳤죠. 그 사람들이 엄마한테 가는 걸 온몸으로 막았어요." 병원이 바푸를 위해 해 줄 수 있는 건 없었다. 카르틱은 바푸를 집으로 데리고 왔다. 하루가 지나고 카르틱은 바푸를 베란다로 데려가서 바다에서 불어오는 미풍을 느낄 수 있게 해 주었다. "나는 엄마를 무릎에 올려놓고 머리칼을 만져 주었어요. 그러자 얼마 안 가 엄마의 숨이 멎었죠." 카르틱은 말한다. "그게 다였어요. 정말 고요한 죽음이었습니다."

바푸를 화장하는 날, 건설 노동자들과 정원사들, 어부들까지 모두 집 밖에 모였다. 그들은 바푸를 비공식적인 스승으로 생각했기 때문에 작별 인사를 하러 온 것이었다. 바푸에게 축복을 받은 바 있는 그들은 바푸가 대나무와 야자수잎으로 만든 들것에 실려 화장터로 옮겨질 때 그 뒤를 따라갔다. 바푸는 일기장에 자신의 장례에 대한 지시를 남겼고, 자식들에게도 이렇게 부탁했다. "'이 육신'이라고 불리는 옷은 어떤 이에게는 아이로, 다른 이에게는 아내로, 또 엄마로, 적으로, 친구로도 온다. 그리고 완전하게 소멸되는 거지." 그녀는 이렇게 덧붙였다. "여기에 슬플 일이 뭐가 있겠니! 그것이 세상의 운명인 것을."

딸과 어머니의 죽음을 겪은 바르가비는 또 다른 국면과 궤도를 향해 나아가게 된다. 그녀는 남편이 일하는 하이더라바드로 이사했고, 집 밖으로 거의 나가지 않았다. 바르가비의 시간은 모든 것을 집어삼키는 허무라는 우주 속에서 흘러가고 있었다. 바르가비는 때로 자신의 죽음을 생각해 보기도 했다. 어떤 때에는 마음이 너무 격해진 나머지 찬장에서 접시를 모두 꺼내 바닥에 내던져 산산조각을 내 버렸다. 결혼 생활도 완전히 망가졌다. 정신질환은 "자신의 육체 혹은 생각을 소유하지 못한 채 그저 숨만 붙어 있다는 느낌을 포함한다. 자신이 누구인지를 예상할 수 있는 감각을 상실하는" 것이다.[60]

바르가비는 자신의 분노를 극복하려는 노력의 일환으로 불교 명상 집단에도 참여했다. 불교에서는 부처가 절망의 시기를 견뎌 낸 이야기가 나오는데, 부처는 이때의 경험을 가르침의 초석으로 삼는다.[61] 이는 곧 '사밤 두캄sabbam dukkham', 즉 살아 있음의 고통이다. 어느 이야기를 보면 아이를 잃고 정신이 나간 엄마가 부처에게 가 아이를 살릴 약을 달라고 간청한다. 이에 부처는 한 가지 조건을 내건다.[62] 아무도 죽지 않은 집안에서 겨자씨와 값싼 인도 향신료를 구해와야 한다고 말이다. 그 엄마는 너무 기쁜 나머지 희망에 차 집집마다 돌아다녔지만 그날 밤이 되자 어떤 집도 죽음으로부터 자유롭지 않다는 것을 깨닫게 된다. 그러자 아이의 엄마는 비로소 자신의 슬픔을 존재의 보편적 문제로 바라볼 수 있게 된다. 그렇게 자신의 절망을 세상의 문제로 일반화함으로써 위안을 얻는다.

죽음에 한 발짝 가까이 다가간 바르가비는 일종의 자유를 느끼기에 이른다. 그녀는 여러 가지 결심을 한다. 일단 페미니스트 독서 집단에 가입했다. 머리도 잘랐다. 걸음걸이도 바꿨다. 그리고 둘째 딸을 임신하자 마침내 이혼을 선언한다. "나는 부드러움을 잃어버렸어요." 그녀는 또 이렇게도 말한다. "더 직설적이고 날카로워졌죠." 바르가비는 자기 안에 쌓아 왔던 생각과 감정이 말할 때마다 튀어나오고 있음을 깨닫는다. "'인간의' 과학과 '좋은' 과학" 사이의 차이를 검토하는 자신의 박사 논문도 근본적으로는 어머니에 대한 것이었다는 사실을 이제는 안다. "나는 엄마를 등에 몇십 년 동안 업고 다녔던 거죠. 돌림노래처럼 끝없이 말이죠." 바르가비는 자신이 삶의 방식을 바꾸지 않는 한 둘째 딸도 잃어버릴지 모른다고 생각했다. "역사는 반복되기 마련이니까요."

바르가비는 매일 하이데라바드에 있는 도서관에 가서 여성 인권과 정신의학의 역사에 대한 책을 읽기 시작했다. 그리고 인도의 여성운동이 정신의학보다 여성의 고통을 더 잘 이해하고 있다는 사실을 알게 되었다. 어린 신부에게 요구되는 여러 가지 것들, 성적이고 사회적인 기대에 부응해야 한다는 사회적 압력, 과부가 된다는 사실이 주는 소외와 수치감 등 여성들이 전통적으로 짊어져야 했던 이런 변화들은 어린 여성의 자아를 분열시켜 버린다. 아기가 죽었을 때 바르가비의 시댁 식구들은 "신에게 가 버린 아이를 애도하지 말라"고 했다. "나는 우는 것조차도 하면 안 되었던 거죠. 그저 다음 아기만을 기다려야 한다는 거예요." 그녀는 이제 깨닫는다. "나는 모든 걸 개인화하고 있었어요. '아버지는 나쁘다, 친가도 나쁘다, 집은 이상하다.' 이런 식이었죠. 그런데 페미니즘적 관점으로 바라보니 아버지의 행동은 물론 나빴지만 아버지에게 그런 생각을 불어넣은 사회에도 책임이 있다는 걸 알게 되었어요."

＊＊＊＊

2001년 인도 남부 에르와디에 있던 정신질환자 수용소에서 화재
가 발생했다. 그곳은 정신적 고통을 치료하는 것으로 명성이 높은 수
피Sufi 치유 사원 근처에 있는 수용소였다. 그곳에서 지내던 사람들
은 밤에 기둥과 나무에 묶여서 잠이 들었다. 불길은 삽시간에 번졌
고, 결국 스물다섯 명이 사망했다. "어떤 사람들은 팔이 묶여서 플라
스틱 인형처럼 주저앉아 죽어 있었다"라고 《뉴욕 타임스》는 보도했
다.[63] "시체들은 신원이 확인되지 않고 있다."

그 화재로 토착적 치료에 대해 대대적인 금지명령이 내려졌다.
인도 대법원은 정신질환자를 "종교적 장소가 아니라 정신과 의사에
게 보내야" 한다고 명령했다.[64] 에르와디 근처의 15개 수용소가 폐
쇄되었고, 그곳에 있던 150여 명의 사람들이 킬파우크 정신병원으
로 보내졌다. 바푸가 한때 입원했던 바로 그곳 말이다. 신문기자들은
그곳으로 간 정신질환자들을 취재했고, 그 병원이 얼마나 더럽고 황
폐한지를 알게 되었다. 환자들은 고립된 채 방치되어 있었고 15일에
한 번씩만 검사를 받았을 뿐이며, 약을 처방해 주는 그 어떤 프로토
콜도 없었다. 인도 잡지인 《프론트라인Frontline》은 이들에게 "진정한
구조는 불가능해 보인다"라고 끝맺고 있다.[65]

화재가 일어난 지 1년이 지난 시점에 국립 정신건강 및 신경과학

연구소는 《영국의학저널》에 발표한 논문에서 정신질환을 앓고 있는 사람들이 힌두교 치유 사원에서 시간을 보냈을 때 상태가 상당히 호전되었음을 발견했다고 주장했다. 환자들은 그곳에서 기도를 하고 가벼운 가사 일도 하면서 지냈다. 의사들은 강압이나 강제가 없는 한 "중증 정신질환을 가진 사람들에게는 문화적으로 가치와 수준이 높은 공간에서 지내는 것"이 더 이롭다는 사실을 인정했다.[66] 그러면서 그들은 "우리는 정신약리학적이고 신경생리학적인 틀만이 정신의학 치료에 효과적인 것은 아니라는 이러한 증거를 환영해야만 한다. 그 오용을 경계하기만 해서는 안 될 것이다"[67]라고 발표했다.

위 논문의 저자들이 이러한 발견을 모든 치유 사원에 해당하는 것으로 일반화해서는 안 된다고 주의를 주고 있음에도 불구하고, 이 연구는 당시 정신과 의사들의 극렬한 저항에 부딪혔다. 《영국의학저널》에 투고한 서간에서 케랄라에 있는 어느 의사는 이렇게 말하고 있다. "이런 근거중심의학의 시대에 저명하다는 정신과 전문의들이 그런 연구를 수행했다는 사실도 소름 끼친다."[68] 그는 또한 경고한다. "이제 그 신앙으로 치유한다는 사람들이 《영국의학저널》을 인용하기까지 할 것이다!"

바르가비는 그 논쟁을 주의 깊게 지켜보았고, 1999년에 딸과 함께 아시아에서 가장 큰 정신질환 수용소들 중 하나가 있는 인도 서부의 푸네라는 도시로 이사했다. 자신의 연구를 학제를 넘나들며 수행하겠다는 열망에 찬 바르가비는 '바푸 트러스트Bapu Trust'라는 비영리 정신건강 재단을 창립한다. 바르가비는 지난 삶을 돌이켜보며 그저 수동적으로 관망하며 인생을 낭비해 버렸다고 후회했다. "그건 옳지 않았어요." 그녀는 말한다. "이제는 그렇게 방관자처럼 있기만 해서는 안 되겠다고 생각했어요. 도덕적 선택을 해야만 하는 거죠."

'바푸 트러스트'는 바푸의 가족들에게 했더라면 좋았을 조언을 그와 비슷한 상황에 있는 사람들에게 제공하는 것을 목표로 한다. 상담사들은 정신질환에 대한 자신의 경험을 바탕으로 그 안에서 찾을 수 있는 설명 방식을 비슷한 상황에 처한 사람들에게 찾아 주려 한다. 그러면서도 정신건강의학의 언어에 국한되는 것을 경계한다. 정신건강의학은 그들과는 다른 자아 모델에 근거하고 있기 때문이다. 따라서 그곳 상담사들은 정신질환이 뇌의 이상 기능 때문이라는 설명 방식뿐만 아니라 영적 정체성에 대한 감각에 파열이 생겨 발생한 것이라는 설명 방식도 인정한다.

바르가비와 그녀가 고용한 상담사들은 푸네 곳곳의 수용소를 돌아다니며 심적 고통을 겪고 있는 사람들을 찾아 나섰다. 또한 그들은 고통받고 있는 당사자뿐만 아니라 그들의 가족, 이웃과도 대화를 나눴다. 상담사들은 그들의 방언을 함께 쓰면서 집이나 거리 같은 그곳 사람들이 편안함을 느끼는 환경에서 대화를 시도했다. "정신질환자를 둘러싼 '낙인'은 (근본적인 층위에서는) 자신의 정신질환에 대해 평범하고도 실존적인 언어로 말하지 못하는 상황에서부터 비롯된다"[69]라고 바르가비는 이야기한다.

상담가들은 투약이 필요한 사람을 의사에게 연결해 주었을 뿐만 아니라, 명상이나 북 치기, 미술 치료 등과 같은 프로그램도 개설했다. 정신질환자가 스스로의 이야기를 통제할 수 있다는 자율성을 존중했으며, 이에 대한 믿음을 해칠 수 있는 진단명이나 엄격한 치료법에 대해서 이야기하는 것은 의도적으로 피했다. 인도의 정신과 의사이자 하버드대학교 세계건강연구소 교수인 비크람 파텔Vikram Patel 또한 상이한 역사적 배경을 가진 사람들에게 서구적 설명 방식을 강요하는 것은 위험할 수 있다고 경고했다. 그는 "현대 정신의학이 정신질환의 증상을 분류하는 방식과, 평범한 공동체에 있는 평범한 사람들이 그 증상을 경험하는 방식 사이에 존재하는 신뢰의 간극"[70]에 대해 경고한 바 있다.

바르가비와 그 직원들은 치유 사원에서 시간을 보낸 수백 명의 이야기를 수집했다. 그곳 치유사들은 스스로를 "모성적 사랑"을 제공하는 "영혼의 의사"[71]라고 주장한다. 그들의 치유 의식은 카타르시스와 목적의식, 영적 연결 고리와 같은 다양한 효과를 불러일으킨다. "정신의학과 심리학은 인간 의식의 일부만을 서술해 왔을 뿐이다"[72]라고 바르가비는 밝히고 있다.

바르가비는 특히 서로 다른 문화권에서 정신질환이 어떤 식으로 다르게 진행되는지를 검토한 세계보건기구의 연구 조사[73]에 관심을 가졌다. 30여 년간 진행된 연구를 통해 선진국에서보다 개발도상국의 조현병 환자들이 더 잘 회복되는 경향이 있음이 밝혀졌다. 조현병이 가장 잘 치료되는 국가들 중 하나는 바로 인도였다. 세계보건기구의 정신건강 및 약물 남용 부서의 전 부서장이었던 셰카르 삭세나Shekhar Saxena는 2006년에 다음과 같이 말하기도 했다. "내가 정신병이 있다면 스위스보다는 인도로 가겠다."[74]

세계보건기구의 발표에 대한 다양한 해석이 있어 왔지만 그 어느 것도 충분한 증거에 의해 뒷받침되지는 못 했다. 그중 하나는 인도가 다양한 치유적 관습을 가지고 있어서 사람들이 다양한 형태의 치료를 시도할 수 있고, 때로는 여러 가지를 한꺼번에 시도할 수도 있다는 것이다. 이러한 장점 덕분에 인도의 치료사들은 비교적 자유로운 방식으로 정신적 위기를 해석할 수 있으리라는 짐작이 가능하다. 또 다른 설명은 인도는 대가족이 많기 때문에 정신질환으로 생산력에 차질을 빚는 가족 구성원을 더 잘 도와줄 수 있다는 주장이다.[75] 그러나 하버드대학교의 파텔에 따르면 세계보건기구의 발표는 개발도상국 정신질환자들의 사망률이 선진국보다 더 높다는 지점을 충분히 설명하지 못한다. 또한 개발도상국일수록 더 많은 학대와 차별에 직면하기도 한다는 점도 짚어 내지 못했다고 한다. 이에 대해 파텔은 이러한 허점이 "계몽된 원주민에 대한 단순하고도 극단적인 서구적 관점"을 더 심화시킬 뿐이라고 우려한 바 있다. 이는 문명에 노출되지 않은 사람들은 순수하고 행복하다는 식민주의적 관점의 현대적 반복에 불과하다는 것이다.

바르가비는 처음 이 같은 해석을 접하고는 혼란스러워했지만, 바푸가 느꼈던 종교적 열정에 대해 가족들이 외면하지 않고 존중해 주었더라면 어머니가 그토록 외롭지는 않았을 것이라 확신했다. "현대 사회에서 종교적 열정은 쉽게 받아들여질 수 있는 감정은 아니죠." 바르가비는 말했다. "종교적 감정은 우리를 어떤 근원으로 끌고 갑니다. 내가 오늘 여기에 이렇게 앉아 있지만 내일은 잠에서 깨어나지 못할 수도 있다는 사실을 잊지 말라고 합니다. 그건 사실 무섭죠. 광기에 가까운 생각처럼 보이기도 해요. 하지만 종교적 열정을 통해 우리는 늘 기억하게 됩니다. 내게 주어진 시간은 선물이라는 것을 말이죠."

카르틱은 가스 터미널 공장, 냉각 타워, 댐과 같은 산업 사진을 찍는 커리어를 성공적으로 구축했다. 지금은 자신의 스튜디오를 운영하고 있으며, 오래된 음화陰畵에서 사진을 현대적으로 복원하는 새로운 기법을 개발하고 있는 중이다. 1988년 인도에서 가장 영향력 있는 종교적 인물 중 하나인 라마나 마하르시Ramana Maharshi의 제자 두 명이 카르틱을 찾아왔다. 그들은 1950년에 사망한 스승의 사진 2,000여 개를 수집한 바 있는데, 물에 젖고 곰팡이가 슬고 여기저기 긁힌 그 사진들을 복원하는 것을 도와달라고 부탁했다.

카르틱은 그 프로젝트를 승낙했고, 인도의 유명한 화학자들에게 자문을 구해 가며 라마나의 사진들을 연구하기 시작했다. 라마나는 그저 그 자리에 있는 것만으로도 숭배자들에게 평화를 가져다주었다고 한다. 어느 제자의 기록에 따르면 "인자로운 표정과 부드러운 터치, 그리고 웅변과 같은 침묵"[76]만으로 충분했다고 한다. "마치 강철이 자석에 들러붙듯이, 그에게는 나의 관심을 사로잡는 무엇인가가 있었다"[77]라고 또 다른 제자는 기록하고 있다.

라마나는 부모를 애도하지 말라고 가르쳤다. 깨달음을 얻게 되면 그 주체는 다른 자아와 구별되지 않기 때문이다. 그래서 그가 사랑하는 사람들은 모두 자신 안에 실제로 존재하게 된다. "어머니를 다시 만나고 싶은 욕망은 실제로는 자기 자신을 되찾고자 하는 욕망이다"[78]라고 라마나는 말했다. "이것은 어머니에 대한 복종이다. 그래서 그녀는 영원히 살 수 있는 것이다."

어린 아들이 있던 카르틱은 라마나의 가르침에 크게 감복했다. 라마나에 대해 이야기하는 것만으로도 눈물이 글썽거릴 정도였다. 그는 50여 명의 신도가 살고 있는 사원에 작업실을 얻었다. 그는 그곳에서 사진 작업을 해야 했지만 어떤 날은 그저 꼼짝하지 않고 앉아 있기만 했다.

카르틱은 결국 자신 역시 가족으로부터 멀리 떠날 운명임을 느꼈다. 아들은 이제 세 살이었다. 바푸가 처음 사라졌을 때 카르틱의 나이와 같았다. 카르틱은 사원 원장에게 "제 삶이 제게 맞는 것 같지 않습니다"라고 말하며 사원을 새로운 집으로 삼기로 한다. "제 심장은 여기에 있습니다." 사원 원장은 난디니에게 전화를 걸어 카르틱의 계획에 찬성하는지 물었고, 카르틱에게 "당신 아내도 어느 정도는 동의했습니다"라고 말해 주었다(난디니는 카르틱이 거기에서 영원히 살겠다는 말인 줄은 몰랐다고 한다).

사원에서 보낸 첫날 밤에 카르틱은 그곳에 수년간 머무르고 있으며 과거 프랑스 군대의 전투기 조종사였으나 이제는 먹거나 자려는 욕망조차 잃어버린 것으로 유명한 어떤 남자와 대화를 나누었다. 카르틱은 그에게 자신의 계획을 말해 주었다. "여기에서 절 받아 주기로 했습니다. 아내도 제 생각을 받아들였고요. 제 아들은 아직 어려서 아무것도 모릅니다. 그러니 해낼 수 있을 것 같아요." 그러자 그가 말했다. "지금은 때가 아니에요. 제발 가족에게 돌아가요. 지금은 때가 아닙니다." 그들은 밤늦게까지 이야기를 나누었다. 카르틱이 졸리다고 말하자 그는 웃음을 터뜨렸다. "그 사람은 이렇게 나를 놀리는 것 같았어요. '넌 아무것도 준비가 안 되어 있어, 젊은이. 여기에서 대체 뭐 하는 거야?'"

그로부터 얼마 지나지 않아 카르틱은 사원에서 명상이 잘 되지 않는다는 사실을 깨달았다. 그는 계속해서 사원 바깥을 돌아다녔고, 억지로 다시 사원에 돌아와 가만히 있으려고 하면 같은 생각이 머릿속을 맴돌았다. 지금 난디니와 아들은 집에서 뭘 하고 있을까 하는 생각 말이다. 그리고 카르틱이 30년 전에 그랬던 것처럼 자기 아들도 똑같은 질문을 하고 있지 않을까 궁금했다. 결국 집에서 떠나온 지 3일째 되는 날, 카르틱은 사원 밖으로 걸어 나갔다. 그러고는 다시 되돌아가지 않았다. 그는 첸나이로 돌아가는 버스를 탔다.

나중에 카르틱은 라마나 마하르시의 대화를 읽다가 그 역시 신도들에게 가족을 포기하지 말라고 했음을 알게 되었다. "정신이 번쩍 들었죠." 그는 말한다. "라마나는 '숲으로 들어가서 혼자 살아라'라고 말하지 않았더라고요. '이 사원에서 영원히 살아라'라고도 하지 않았어요. 그는 그저 '그런 곳으로 가게 되면 조심해라. 똑같은 생각이 어딜 가든 따라다닐 것이다'라고 말할 뿐이었어요."

바르가비는 푸네에서 옥상정원이 딸린 7층 아파트에 살았다. 그녀는 구름 한 점 없는 아침에 정원을 돌보다 문득 '모든 것을 버리고 떠나고 싶은' 욕망에 사로잡혔다고 말했다. 컴퓨터도 보기 싫고, 조리 도구를 만지기도 싫었다. 옷도 너무 많이 가지고 있는 것 같아서 남들에게 줘 버리고 싶었다. 어느 날 아침에는 테라스에 서 있는데 온몸이 녹아내리는 것 같았다. "거기서 뛰어내려서 하늘과 하나가 되고 싶은 주체할 수 없는 욕구를 느꼈어요." 그녀는 말한다. "그건 아주 드넓은 사랑의 느낌이었죠. 그곳에서는 뭐든지 나를 사로잡아도 상관없을 것 같았어요. 그런 나를 현실로 잡아당긴 건 한 가지 생각이었죠. 나한테는 딸이 있어. 난 엄마가 했던 걸 딸한테 되풀이하지 않을 거야."

바르가비의 딸이며 지금은 대학생인 네트라는 엄마에게 외할머니 바푸에 대해서 질문을 던지면서 핸드폰에 엄마의 대답을 몰래 녹음했다. "제가 자라면서 들었던 말은 외할머니가 신이랑 대화할 수 있었고 다른 사람들의 고통에 깊이 공감할 수 있었다는 것이었어요." 네트라는 말한다. "외할머니는 사람들의 진정한 모습과 그들이 겪은 일을 꿰뚫어 볼 수 있으셨대요. 아마 세대를 거쳐서 비슷한 패턴이 내려오는 것 같아요. 엄마도 그렇게 할 수 있고 저도 그렇거든요."

어릴 적 바르가비는 누군가가 자기를 보고 엄마와 닮았다고 하면 공포에 질리곤 했다. 그럴 때면 '나는 아버지의 자식이다.' 하고 혼자

제 2 장

서 되뇌었다. 아버지는 실용적이고 가정에 충실하며 책임감 있는 사람이라고 생각했기 때문이다. 하지만 이제 그녀는 이렇게 말한다. "나는 엄마의 삶을 그대로 살고 있어요. 어떤 때에는 의식적으로 그렇게 하고 있지만 대부분은 의식하지도 못 하는 사이에 그렇게 돼 버려요." 바르가비 또한 사회가 규정한 역할을 벗어던지고 자신에게 자유를 주는 길을 선택했다. 하지만 그 과정에서 자기가 엄마를 올케 손에 맡겨 놓고는 내버려 두었던 것은 아닌가 생각한다. "나는 엄마와의 연대를 이룸으로써 그 죄를 씻고 싶어요." 바르가비는 바푸 트러스트를 언급하면서 그렇게 말했다.

나는 바르가비와 2015년부터 연락하기 시작했다. 바푸 트러스트 활동에 대한 이야기를 쓰고 싶었기 때문이다. 그러고 나서 바르가비는 테라스에서 정원을 가꾸다가 갑작스러운 계시를 받았다. 내가 바르가비를 대신해 바푸의 삶에 대한 이야기를 써야 한다는 것이었다. "나는 엄마의 이야기가 정말로 중요하다고 생각해요." 그녀는 내게 이메일을 보내왔다. "그래서 내 딸과 세상을 위한 유산으로 남기고 싶습니다."

이 아이디어를 생각한 지 며칠이 지나 바르가비는 자기 엄마의 일기를 읽기 시작했다. 난디니가 바푸의 집 서랍장에서 그것을 발견한 뒤 12년이 지난 시점이었다. 그동안 바르가비는 바푸의 일기에 손도 대지 않고 그저 아파트에 보관만 해 왔다. 몇 번 뒤적거려 보았으나 엄마의 손 글씨를 보는 것만으로도 마음이 울컥했다고 한다. 엄마의 글씨는 수백 페이지가 넘어갈수록 느슨해지고 완결성이 떨어졌으며, 문장은 페이지 여백을 넘어서 흘러내리기도 했다. '홀가분한 사람'이 되려 노력해 왔음에도 엄마의 일기장을 읽으면 다 무너질 것 같아 두려웠다고 바르가비는 회고한다. "나는 그런 강렬함을 견딜 수가 없을 것 같았어요."

바르가비는 엄마가 늘 크리슈나에 대한 사랑에 불타올라 있었기 때문에 집을 떠났을 때 자기를 전혀 생각하지 않았을 거라고 여겼다. 그러나 이제는 엄마가 아이들을 얼마나 많이 보고 싶어 했는지를 안다. "글을 통해서 엄마의 진짜 모습을 알게 될까 두려웠는데, 그게 현실이 되었네요."

2019년 겨울 바르가비는 이모의 90세 생일을 축하하기 위해 푸네에서 첸나이까지 여행했다. 그때 바푸의 일기도 같이 가져왔다. 우리는 그곳에서 함께 만났다. 그녀는 카르틱의 집에 머물렀다. 카르틱과 난디니는 프랑스식 창문이 달려 있고 정원이 내려다보이는 2층짜리 집으로 이사했다. 난디니는 거의 매일 정원 사진을 페이스북에 올리고 있었다. 정원은 석류, 장미, 구장나무, 재스민, 페퍼민트, 플루메리아 나무로 가득했다. 난디니와 카르틱은 매일 동네 까마귀들에게 먹이를 주었다. 까마귀는 산 자의 세상과 죽은 자의 세상을 이어 준다고들 한다. 그들은 또한 유기견들에게도 사료를 주고 있었다. 특히 '가드맨'이라고 이름 붙인 개를 예뻐했다. 그 강아지는 차에 치인 후 그들 부부에게 발견되었고, 지극정성으로 보살핀 끝에 건강을 회복했다. 내가 카르틱을 처음 만났을 때 난디니는 카르틱의 손가락에 연고를 발라 주고 있었다. 유기견들 중 하나가 손가락을 물었다고 했다.

시카고에서 홈리스로 살아가던 조현병 환자인 토머스는 나에게 정신질환에 대한 모든 이야기들은 똑같은 레퍼토리를 가지고 있다고 불평한 적이 있다. 특히 귀신 들린 집이라는 이야기는 빠지지 않는다고 말이다. 목가적 분위기 속에서 한 가족이 행복하게 살고 있었는데, 갑자기 외부로부터 낯선 힘이 침입해 가족들을 괴롭히거나 자신들이 원치 않았던 유산을 받게 된다는 식이다. 내가 이 집에 도착한 직후 카르틱은 바푸의 집이었던 암리타의 모습을 노트에 그려 주었다. 그리고 그 집의 오른쪽 윗부분을 X자로 표시했다. 자살한 학자 브라마 라크샤사의 귀신이 살고 있는 공간이라고 했다. 그리고 아래쪽에 이 집에 관한 다섯 가지 사항을 열거했다. 첫 번째는 할아버지에 대한 경고로, 어느 수도승이 바푸의 아버지에게 그 집을 사지 말라고 했던 일을 말한다. 마지막에는 "사는 게 정말로 힘들어짐"이라고 썼다. 카르틱에 따르면 바푸가 아팠던 이유는 그녀의 정신만큼이나 삼대가 공유했던 바로 그 공간 때문이었다. 한 세대의 문제들이 다음 세대로 내려가는 식이었다. 바푸의 병은 원인이 하나였던 것도 아니고 치료법 역시 한 가지가 아니었다. 바푸는 왜 가족이 원했던 어머니와 아내의 역할을 하지 못했을까? 이 물음 역시 단 하나의 이야기로만 설명될 수는 없을 것이다.

카르틱과 난디니는 바푸의 일기장을 며칠에 걸쳐서 꼼꼼히 읽었다. 살면서 지금까지 그토록 자세히 읽어 본 적은 없었다고 했다. 난디니는 정신분석가의 상담실 소파처럼 보이는 낮은 초록색 소파에 앉아 있었고, 카르틱은 자신의 작품 사진이 걸려 있는 쪽의 리클라이너에 앉아 있었다. 난디니는 타밀어로 된 일기를 큰 소리로 읽었고, 매 문장마다 카르틱은 "음음," 하고 대답했다. 몇 페이지는 라마나 마하르시의 사원에 다녀왔던 여행을 서술하고 있었다. 한때 카르틱이 몸담으려 했던 사원 말이다. 카르틱은 어머니도 라마나의 신도였다는 사실을 알지 못했었다.

카르틱은 나를 위해 한 문단을 번역해 주었다. "카르틱이 자라면 철학의 길로 들어서려고 할지도 모른다. 어느 누구도 그 아이에게 가족의 품으로 돌아가라고 강요해선 안 된다." 카르틱은 내게 말했다. "이것 보세요. 엄마가 이렇게 말하고 있네요. '당신이 주신 아들을 지금 다시 당신께 바칩니다.'"

카르틱의 눈은 젖어 있었으나 눈물은 흐르지 않았다. 그는 자기 엄마의 말을 계속해서 번역했다. "그 아이를 데려가 주세요. 당신의 위대함을 들을 수 있게 해 주세요. 당신의 은총으로 살아가게 해 주세요."

"어머니가 그렇게 쓰셨구나." 난디니가 말했다.

카르틱은 웃었다. "그래서 내가 지난 20년을 은총 속에서 살았던 거지. 어머니의 기도가 이루어진 거야."

바르가비와 카르틱은 늘 가까운 관계를 유지해 왔는데, 이는 두 사람이 집에서 방치되었다는 생각을 공유했기 때문이다. 하지만 그러면서도 둘은 어린 시절에 대한 이야기를 거의 하지 않았다. 바르가비와 카르틱은 지금에서야 엄마가 처음으로 실종되었을 때의 기억을 비교해 보았다. 바르가비는 자신의 기억이 맞는지 자신이 없었다. 수도승들이 와서 엄마에게 구마 의식을 했던 게 기억난다고 바르가비가 말하자 카르틱은 "구마 의식은 없었어. 그런 건 하지 않았어"라고 말했다. 바르가비는 카르틱의 말을 받아들였다.

바르가비는 또 아버지에 대해 이야기하면서 "아빠가 너를 때렸던 기억이 나는데." 하고 말했다.

"아니야." 카르틱이 대답했다.

"엄마가 떠나고 나서 아빠는 분노를 너한테 돌렸던 것 같아." 바르가비가 말했다. 하지만 카르틱은 그 또한 일어나지 않았던 일이라고 대꾸했고 바르가비는 수긍했다. 그러고는 내게 이렇게 말했다. "이제 이런 기억들이 사라졌으면 좋겠네요. 제발 사라졌으면."

하지만 바르가비가 고집하는 유일한 기억이 하나 있다. 그녀는 구루바유르 사원 근처 엘리트 롯지에 있던 엄마를 방문했다고 기억하고 있었는데, 카르틱은 누나가 아에 그곳에는 가지도 않았다고 말했다. 그럼에도 바르가비는 엘리트 롯지의 벽이 바닥에서부터 천정까지 작은 글씨로 빼곡하게 채워져 있었다고 했다. "뭘 쓴 건지도 전혀 알 수가 없었어. 읽을 수도 없었어." 바르가비가 말했다. "그래서 내 의심은 거기에서 시작하는 거야. 왜냐하면 그때 내가 봤던 엄마는 종교적인 인물이 아니었어. 완전히 정신이 나간 사람이었지. 배가 고프고 영양실조인 상태였고 완전히 혼자였잖아. 그 사람이 거기 있었던 거야. 우리에게 노래를 불러 주고 집을 신성한 것들로 가득 채우면서 함께 살았던 그 멋진 엄마를 거기에 있던 그 여자와 연결시킬 수가 없어."

바푸가 죽자 시동생 하나가 카르틱에게 사과했다고 한다. "그 사람이 가까이 오더니 내 손을 잡고 말했죠. '내가 너희 엄마에게 잘못을 많이 했다.' 하고요." 카르틱은 말했다. "나는 엄마가 어떤 사람인지도 몰랐어요. 엄마는 천사 같은 사람이었는데 내가 알지 못했던 거죠." 다른 가족들도 바푸를 마치 미라바이 같은 인물로 묘사하기 시작했다고 한다. 첸나이에 있는 몇몇 사원에서는 바푸가 쓴 시집이 여전히 읽히고 있다.

바르가비는 친척들이 엄마의 삶을 좋게 이야기하는 것을 견딜 수가 없었다. "그 사람들 입에서 엄마가 성녀였다는 이야기가 나올 때마다 나는 그들이 과장하고 있다고 생각했어요." 그녀는 말했다. "그런 식의 감상적 태도는 우리가 엄마와 삶을 공유했을 때 미처 던지지 못했던 도덕적 질문들을 망각하게 할 뿐이죠."

바르가비는 또한 엄마의 일기에서 보이는 굶주림에 대한 이야기에도 충격을 받았다. "개인적으로 제게는 정말 고통스러운 이야기였어요." 그녀가 내게 말했다. 그러나 "황홀의 상태든 다른 상태든 간에 엄마는 신과 함께 있었어요. 그것 또한 진실입니다."

바르가비는 미라바이의 시를 읽을 때 엄마의 삶을 가장 가까이 이해한다는 느낌을 받는다고 했다. "나는 사랑 때문에 미쳤다. 그래서 그 누구도 보지 못한다." 미라바이는 말하고 있다. "고통이 나를 곳곳으로 끌고 다니지만 그 어떤 의사도 응답하지 않는다."[79]

제 3 장

나오미의 이야기:

"내 말을 좀 들어 주세요."

ANOREXIA NERVOSA

BORDERLINE
PERSONALITY
DISORDER

POSTPARTUM DEPRESSION

산후 우울증

"자신이 좋은 엄마가 아니라고 생각하기 시작하면 인생이 달라져요."
나오미는 자신이 정신질환을 가지고 있다는 사실을 받아들이지
않았다. 왜냐하면 지금 이 모든 일은 미국에서 아이를 키우는 흑인
여성이 처한 은폐된 현실에 다름 아니며, 그 현실이 비로소 자신에게
모습을 드러낸 것일 뿐이기 때문이다.

~~POSTPARTUM DEPRESSION~~

나오미 게인스는 자기를 향해 웃어 줄 사람을 필사적으로 찾고 있었다. 2003년 7월 4일 미네소타주 세인트폴에서는 라이브 음악 축제인 '테이스트 오브 미네소타'가 열리고 있었다. 푸드 트럭에는 핫도그와 구운 돼지고기, 양파 구이, 퍼넬 케이크 같은 것들을 팔고 있었다. 아이들이 조그만 성조기를 들고 돌아다녔다. 나오미는 14개월밖에 되지 않은 쌍둥이를 유모차에 태우고 걸었다(큰아이와 작은 아이는 여동생이 봐주기로 했다). 나오미는 지나가는 사람들에게 상냥한 미소를 지어 보였다. 하지만 돌아오는 것이라곤 '매서운 눈초리들'뿐이었다.

몇 주 전에 나오미는 복지 수당을 신청하러 갔다. 그때 담당 사회복지사는 말했었다. "이렇게 납세자의 돈으로만 먹고살면 안 되지." 흑인이었던 나오미는 '테이스트 오브 미네소타'에서 마주치는 사람들도 다 자기를 보고 그렇게 생각할 것만 같았다. 대부분 백인인 군중 속에서 자기를 보고 "난 당신을 좋게 생각해요. 내가 여기 있잖아요"라고 말해 줄 누군가가 있을 거라고 믿고 싶었다. 하지만 사람들은 '저 여자는 여기 왜 있는 거야? 여기 있으면 안 되잖아. 여기는 우리들만 오는 곳인데'라고 생각하는 것 같았다. 누군가가 지나가면서레게 머리를 한 자기를 보고 "더벅머리가 여기 또 있네"라고 말하는걸 들은 것 같기도 했다.

나오미는 당시 밀턴 윌리엄 쿠퍼Milton William Cooper가 쓴 『저 죽음의 사자를 보라Behold a Pale Horse』를 읽었다. 해군 장교 출신인 저자는 정부가 시민들에게 비밀을 숨기고 있다고 주장했다. 그리고 "사회의 '바람직하지 못한 분자들'을 타깃으로 삼는" 정부 프로그램이 있다고 폭로했다. 그 프로그램의 이름이 'MKNAOMI'인 것을 보고 나오미는 소름이 끼쳤다. 그 단어를 '나오미를 죽여야 한다Must Kill Naomi'의 줄임말이라고 생각했던 것이다. 그녀는 쿠퍼가 말하는 "엘리트 지배계급"[2]이 아파트 건너편 새로 지은 건물에서 색유리 너머로 자기를 주시하고 있다고 생각했다. 이것은 자신과 자기 아이들과 같은 '바람직하지 못한 분자들'을 처단할 시간이 다가왔다는 신호였다.

나오미는 미시시피강이 내려다보이는 와바샤 스트리트 다리로 들어섰다. 이 다리에는 양쪽으로 폭이 3미터가 넘는 인도가 있다. 나오미의 유모차가 실수로 자기보다 몇 살 어려 보이는 여자아이와 가볍게 부딪혔다. "정신 좀 차리면서 다녀요!" 여자아이가 말했다. 이 세상에 남은 인류애란 인류애는 모두 사라진 것만 같았다.

나오미는 바람직하지 못한 분자들에 대한 숙청 작업이 아직 시작되지 않았다는 증거를 찾을 수 있길 바랐다. 그래서 다리를 걸으면서 자기와 같은 흑인 아기 엄마를 찾아보았다. 하지만 눈에 보이는 거라곤 자기 모습에 도취된 백인 커플들과 백인 가족들뿐이었다. "인간은 본질적으로는 똑같잖아." 나오미는 생각했다. "다 자식 가진 엄마들인데 어떻게 이렇게 서로 말 한마디 안 섞을 수가 있지?" 나오미는 조용히 신약성경에 나오는 구절을 암송했다. "사람들은 자신과 돈만 사랑하고 허풍을 떨고 오만하며 남을 중상할 것입니다."

날이 찌는 듯이 더웠지만 갑자기 공기에 한기가 느껴졌다. 하늘에는 초승달이 걸려 있었는데, 나오미에게는 멸망이 임박했다는 징조로 보였다. 1.5미터 아래 있는 강물에서 시큼한 냄새가 났다. 나오미는 다리의 남서쪽 귀퉁이로 갔다. 다리 기둥 하나에는 성조기가 달려 있었다. 노래 가사가 나오미에게서 저절로 흘러나왔다. 나오미는 사울 윌리엄스Saul Williams의 시구절을 떠올렸다. "우리의 성조기 / 피에 범벅된 깃발을 애국주의자의 연으로 사용하지."[3]

나오미는 차로 돌아가기가 무서웠다. 차에 가면 목격자도 없이 암살당할 것이었기 때문이다. 나오미는 다른 흑인 엄마들이 다리 위에 없었던 것은 이미 그들 모두 살해되었기 때문이 아닐까 의심했다. 나오미는 다리 밑을 내려다보았다. 도피할 수 있는 길은 뛰어내리는 방법밖에 없는 것 같았다. 나오미와 아이들에게는 두 가지 선택지만 존재했다. 자비롭게 죽거나, 고통스럽게 죽거나. 나오미는 쌍둥이 아들을 하나씩 들어 올려 뺨에 뽀뽀를 해 준 다음, 다리 난간 아래로 떨어뜨렸다. 그러고 나서 자기도 난간을 올라가서 팔을 벌리고 거꾸로 추락했다. 나오미는 추락하며 외쳤다. "자유를 달라!"

다리 아래 강기슭 쪽에 있던 한 남자가 풍덩 하는 소리를 들었다. 그 또한 다른 수백 명의 사람들[4]과 함께 불꽃놀이를 보려고 다리 근처에 서 있던 차였다. "처음에는 어떤 동물이 물속에서 내는 소리인 줄 알았어요. 돌고래 같은 것인 줄 알았죠. 그래서 그냥 계속 걸었어요." 그는 말했다. "그런데 웬 아기가 물 위에 둥둥 떠 있는 게 보였어요. 아기 배가 보이더니 곧 등을 위로 해서 뒤집히더군요." 남자는 생각할 겨를도 없이 강에 뛰어들었다. 아기를 향해 헤엄쳐 가면서 다른 어른도 한 명 강물 속에 있는 걸 보았다. "젊고 아름다운 여성이었어요. 그런데 현실에서 동떨어져 있는 것 같더군요." 그러고는 이렇게 덧붙였다. "거기 있지만 거기 있지 않았죠. 그 여자는 계속해서 노래 인지 비명인지 모를 소리를 지르고 있었어요. '자유를, 자유를, 자유를'이라고 말하고 있었죠."

나오미는 세인트폴에 있는 리전스 병원으로 이송되었고, 침대에 수갑으로 결박되었다. "어디 아픈 데 있나요?" 의사가 물었다.

"등도 아프고 마음도 아파요." 나오미는 대답했다.

신체적으로는 상처 입은 곳이 거의 없었다. 나오미는 침대 옆을 지키고 있던 젊은 백인 여경 실라 람비Sheila Lambie에게 "나는 마음이 아파요."[5] 하고 말했다. 그러고는 "사람들이 나를 외면해요. 그 사람들은 여자와 아이들, 불쌍한 흑인 아이들을 다 죽여서 카펫 밑에 숨기고는 망각하려 해요." 하고 설명했다.

나오미는 휠체어를 타고 엑스레이 검사실로 이동했다. 람비는 나오미를 따라갔다. 그녀는 나오미에게 엄마라는 책임이 너무 무거워 좌절했던 게 아니냐고 물었다. "힘들었을 거예요, 독박 육아를 하려면. 쌍둥이 아빠는 거의 도와주지도 않았을 거고." 람비는 선수를 쳤다. "하룻밤 정도 혼자 외출해서 즐기고 올 여유를 아무도 당신에게 주지 않겠죠."

"아뇨. 내 말을 좀 들어 주세요." 나오미가 대답했다.

람비는 의료진으로부터 상황에 대한 설명을 듣기 위해 병실을 나갔다. 되돌아온 그녀는 나오미에게 쌍둥이 중 한 아이만 구조되었고 다른 아기는 죽었다고 말했다. "울어도 괜찮아요." 람비는 어떻게든 나오미를 달래려고 했다. "감정이 격해질 수 있어요. 뭐든 말해 봐요. 그렇게 뚫어지게 쳐다보지만 말고."

"아기들을 일부러 해치려고 한 건 아니에요." 나오미는 말했다. 그러더니 혼자서 중얼거리기 시작했다. "맙소사, 그 사람들은 날 지켜보고 있었던 거야. 죽은 아기는 그들에게 중요하지 않았던 거야."

"그 사람들이 누구죠?" 람비가 물었다. "이야기해 봐요. 그들이 누구에요?"

"거기 있던 권력자들이요." 나오미가 대답했다. 하지만 더 이상 설명하지는 않았다. 그러고 나서 나오미는 가난에 대해 시를 썼던 미네소타의 시인 줄리아 딘스모어Julia Dinsmore의 시구절을 읊었다. "내 이름은 '이 사람들'이 아니라오." 나오미는 딘스모어를 인용하면서 이렇게 말했다. "아이들이 그저 통계 수치에 불과해지기 전에 이 바람은 멈추리라."

"다시 다리에서의 상황을 생각해 보죠." 람비가 끼어들었다. "그러니까 당신은 다정한 얼굴을 찾으면서 걷고 있었는데, 그런 사람을 찾을 수가 없었다고요."

"사람들은 모두 다 마치… 쥐 같았어요." 나오미가 대답했다.

"쥐라고요?"

"우리 집에 살던 그 더러운 쥐 말이에요."

＊＊＊＊

나오미는 엄마 플로리다에게 자기가 어떻게 태어났는지 물어본 적이 있다. 플로리다는 대답했다. "너는 왜 그런 걸 알고 싶어 하니? 말도 꺼내지 마." 나오미는 내게 이렇게 이야기했다. "그래서 다시는 물어보지 않았어요. 하지만 한 가지는 확실했죠. 엄마는 나를 임신했을 때 혼자였고 우울했어요." 플로리다는 나오미의 이런 해석을 딱히 반대하지는 않았다. 그러면서도 '우울했다'는 표현에 대해서만큼은 이렇게 반문했다. "아이들을 키울 돈이 없는데 우울하지 않을 사람이 누가 있겠어요?" 플로리다는 또한 이렇게 덧붙였다. "기죽어 있든 우울하든, 어느 쪽이든 스스로에 대해 기분이 좋을 수 없는 거예요."

플로리다는 나오미를 비롯한 자식들을 시카고에 있는 로버트 테일러 공공 주택에서 키웠다. 애들 아빠로부터는 거의 도움을 받지 못했다(나오미는 세 살이 될 때까지도 아빠가 누군지도 몰랐다). 1962년에 지어질 당시 그 주택은 세계에서 가장 큰 규모를 자랑하는 공공 주택 단지였다.[6] 스물여덟 개에 달하는 동에 성냥갑 같은 콘크리트 빌딩[7]이 사우스사이드의 철도와 고속도로 사이 11만 평 땅에 지어졌다.[8] 그곳은 2만 7천 명의 사람들을 수용했다.[9] 《시카고 데일리 뉴스Chicago Daily News》와의 인터뷰에서 이곳의 초창기 거주자 한 사람은 이렇게 이야기한 바 있다. "세상이 우리를 최하층민 지정 거주지에 빌붙어 사는 쥐처럼 생각하고 있어요."[10]

로버트 테일러 공공 주택에는 원래 각 동마다 나무와 정원이 조성되어 있었다. 하지만 유지 관리 비용을 줄이려다 보니 식물을 모두 없애 버리고 그 자리를 인도로 바꾸었다. 나오미는 초록색이라고는 하나도 보이지 않는 동에서 자랐다. 잡지 《블랙 월드Black World》에 따르면 "시카고에 있는 로버트 테일러 공공 주택처럼 녹지 없이 거대한 건물들만 즐비한 공공 주택 프로젝트를 보면, 백인 건축가들은 빈민층이나 다문화 계층을 위한 건축설계를 할 정신적 여유가 없어 보인다는 사실"[11]을 알 수 있다. 《환경과 행동Environment and Behavior》에 실린 연구를 보면, 로버트 테일러 공공 주택 안에서도 녹지가 전혀 보이지 않는 곳에서 거주한 사람들은 나무와 풀이 보이는 동에서 거주한 사람들보다 삶의 어려움을 더 심각하고 가혹하게 받아들였다. "자연이라는 약을 적당히 복용하는 것은 인생의 중요한 문제를 감당할 수 있는 개인적 역량을 강화시킨다"[12]라고 이 연구는 결론 내린다.

그 공공 주택 입주민들조차도 '구멍'이라고 불렀던 동[13]이 있었는데, 나오미가 바로 그곳 15층에 살았다. 세 건물이 U자 형태를 하고 있는 그 동은 미키 코브라 갱단이 지배하는 곳이었고, 당연하게도 폭력이 만연한 곳이었다. (1988년 시카고 주택 당국 공무원이 이 별명에 대한 기자의 물음에 미소를 짓더니 "지옥의 구멍이라는 뜻이죠."[14] 하고 말했다.) 이 건물에는 최소한의 기본 시설도 없어서, 4층에서 화재가 발생했을 때 소방관들은 부엌과 욕실 싱크대에서 물을 펌프질해서 불을 껐다. 건물의 급수 파이프가 깨져 있었기 때문이다. 그러다가 결국 그들도 포기하고 창문으로 탈출했다. 엘리베이터는 작동할 때가 거의 없었고, 계단 조명은 늘 꺼져 있었다. 계단을 오르내릴 때마다 나오미는 오줌과 구토 냄새를 맡지 않기 위해 숨을 참아야 했다. 그리고 자기 집 복도가 보일 때까지 발자국 수를 세면서 남의 집을 지나쳤다. 나오미는 통학할 때를 제외하고는 거의 집을 떠나지 않았다. 90년대까지도 로버트 테일러 공공 주택의 입주민 99퍼센트가 흑인이었고, 그중 96퍼센트가 실직 상태였다.[15] 《뉴욕 타임스》의 어느 기사에서는 그곳을 "빌어먹을 정부의 보조 수용소"[16]라고 언급한 바 있다.

나오미의 가족에게 한 달은 두 기간으로 나뉘었다. 플로리다의 생계 보조금이 2주면 다 떨어졌기 때문이다. 보조금이 떨어지고 나면 나오미는 플로리다가 쓴 도와달라는 종이를 들고 이웃집에 가서 빵을 빌어야 했다. 나오미와 아이들은 점심을 먹기 위해서 건물 1층에 있는 휴게실로 갔다. 거기서 아이들은 '켁켁이'라고 불리는 무료 볼로냐 샌드위치를 얻을 수 있었다. 너무 말라비틀어져서 삼키려고 하면 기침이 나오는 빵이었다. 저녁으로는 식빵 사이에 시럽을 바른 '소원 샌드위치'를 만들어 먹었다. 나오미의 이모와 삼촌도 같은 건물에 살았는데, 아파트 바깥에서 막대 사탕과 칩 과자, 스티로폼 컵에 얼린 쿨에이드 음료를 파는 작은 과자 가게를 운영했다. 1993년 《시카고 트리뷴》에 실린 "테일러 공공 주택이라는 전쟁터에서 살아간다는 것"이라는 제목의 기사를 보면, 그곳은 매일 "총격이 비 오듯 퍼부을"[17] 만큼 폭력이 흔했다.

나오미보다 두 살 위인 언니 토마는 동생에게 글을 가르쳐 주었다. 나오미는 책을 통해 다른 아이들이 보는 하늘은 벽돌 사이에 있지 않다는 걸 알게 되었다. 또한 다른 집에는 정원에 잔디가 깔려 있고 놀이터에는 형형색색의 놀이기구가 있으며 커다란 창문에는 꽃을 심은 화분이 즐비하게 놓여 있다는 것을 알게 되었다. "언니는 이런 것들이 우리 집에 있다고 생각하라고 말했어요." 나오미는 말한다. "또 내가 이야기의 주인공이라면 어떨지 상상해 보라고도 했죠. 그러면 나는 어떻게 할까? 어떻게 행동해야 할까? 하고 말이죠."

나오미는 여동생, 남동생과 함께 놀았다. "나오미 언니는 늘 자기가 책을 읽어 줄 때 잘 들으라고 했죠." 나오미의 막내 동생 나탈리는 말한다. "그러고는 '잘 듣고 있니? 집중해!'라면서 만일 우리가 집중하지 않으면 침대에서 쫓아냈어요." 플로리다는 이럴 때면 자리를 피했다. 자신이 글을 더듬더듬 읽는다는 걸 아이들이 알게 되길 원하지 않았기 때문이다. 플로리다는 난독증이 있었다. "나오미는 너무 똑똑해서 언젠간 내가 글을 읽지 못한다는 걸 알게 될 거라고 확신했어요." 플로리다는 이렇게 말했다. "내 약점이 나오미에겐 강점이었죠."

나오미는 자신의 성장 과정이 한참 잘못되었다고 느꼈다. 자신이 있어야 할 곳은 남쪽으로 10킬로미터 떨어진 시카고의 중산층 거주지 워싱턴 하이츠에 있는 집이었다. 하얀 창틀이 달린 침실 세 개와 잘 관리된 정원이 있는 그곳은 플로리다의 양어머니인 잭슨 할머니의 집이었다. 그녀는 진주 귀걸이와 목걸이를 한 아름다운 흑인 여성으로, 플로리다는 두 살 때 잭슨 여사의 집으로 들어갔다. 가족 아동 복지국DCFS이 플로리다와 여섯 명의 오누이들을 친부모의 집에서 빼내서 다른 집으로 뿔뿔이 보낸 것이었다. 플로리다는 열여섯에 첫 아이인 토마를 낳기 전까지 그 집에 살았다. 잭슨 할머니는 토마를 특별히 챙겼기 때문에 토마만 주말마다 자기 집에서 재웠다. 나오미도 간절히 그곳에 함께 가고 싶었다. 잭슨 할머니는 아침마다 신선한 커피를 내렸고, 냉장고에는 딸기 요플레가 가득했다. 하지만 나오미와 동생들은 가끔씩만 초대받았을 뿐이다. "잭슨 할머니는 우리한테는 애정이 없었어요." 나오미는 말한다. "우리를 원하지 않았죠. 언니만 좋아했어요."

어느 날 오후, 일곱 살이 된 토마는 동생들과 함께 쓰고 있던 침실 바닥에 앉아서 잭슨 할머니네 집에서 살고 싶다고 징징거렸다. 그리고 계속해서 잭슨 할머니네로 이사 가자고 졸랐다. 플로리다는 가끔 아이들을 때리고는 했어도 다른 엄마들처럼 심하게 때리지는 않았다. 하지만 그때만큼은 정말 이성을 잃고 말았다. 플로리다는 전선을 가져와 토마를 있는 대로 후려쳤다. 나오미는 엄마가 그때만큼은 정말로 자제력을 잃었으리라 생각했다. 아마 집을 떠나고 싶다는 언니 토마의 욕망을 그 누구보다도 잘 알았기 때문이었으리라.

그다음 날 나오미는 학교를 마치고 언니를 기다리고 있었다. 그러나 아무리 기다려도 언니는 오지 않았고, 그 대신 나오미보다 나이가 많은 사촌이 나타나 이렇게 말했다. "토마는 이제 오지 않아."

나오미가 집에 돌아왔을 때, 플로리다는 이미 바닥에 퍼져 흐느끼고 있었다. 선생님이 토마의 온몸에 멍이 든 것을 보고 가족 아동복지국에 연락했고, 그곳에서 토마를 잭슨 할머니네로 보낸 것이다. 플로리다는 잭슨 할머니가 토마를 데려가려고 계획을 꾸민 것이라 확신했다. "그 여자는 시스템이 어떻게 돌아가는지 알고 있었어요."

플로리다는 내게 이렇게 말했다. "내 양어머니는 내 아기를 원했던 거예요. 그래서 마침내 데려간 거예요."

플로리다는 가족 아동 복지국에 딸을 만나게 해 달라고 반복해서 요구했지만 모든 접촉은 잭슨 여사의 재량 여하에 달렸다는 대답만 되돌아왔을 뿐이다. 90년대에 일리노이주는 미국에서 입양률이 가장 높았는데, 입양되는 아이 중 80퍼센트가 흑인 아동이었다.[18] 플로리다는 말한다. "나는 교육도 받지 못했고, 변호사도 없었고, 싸울 수 있는 수단이 아무것도 없었어요. 아예 싸우는 과정 자체를 어떻게 시작해야 하는지도 몰랐죠."

플로리다는 딸을 빼앗긴 것이 너무나 수치스러웠던 나머지, 토마에 대해서는 아예 말도 꺼내지 않았다. "아무도 나한테 설명해 주지 않았어요." 나오미는 말했다. "나는 언니가 죽은 건 아니라는 것 정도만 어떻게 해서 알게 되었죠. 하지만 그게 전부였어요." 나오미는 가족 중에서 가장 섬세하고 감정이 풍부한 편이었다. 다른 아이들은 넘어가는 것도 나오미는 그냥 넘어가지 못했다. 한번은 "울음"이라는 시를 종이에 써서 엄마 침대에 올려 둔 적도 있었다. "내 눈은 빨갛게 부었어 / 하지만 아무것도 아니야 / 그냥 나는 계속 / 울음이 나올 뿐이지." 당시에 플로리다는 나오미의 감상적인 시에 웃었을 뿐이다. 하지만 몇 년이 지나고 그게 사실이었음을 깨달았다.

토마가 집을 떠난 지 6년이 지난 후, 8학년 졸업식 때가 되어서야 가족은 다시 만날 수 있었다. 토마는 모자와 졸업 가운을 쓰고 비교적 부유한 동네 친구들에게 둘러싸여 있었다. 플로리다는 말했다.

"나오미는 토마를 보고 많이 울었어요. 그러고는 이렇게 말했죠. '나는 언니가 내 꿈에 나온 사람이라고 생각했어! 나한테 언니가 있다는 꿈을 꾼 것 같았어!'"

나오미가 아홉 살이었을 때, 플로리다는 한밤중에 나오미와 두 동생을 깨워서 조용히 옷을 입으라고 말했다. 그러고 나서 그들은 계단을 내려가 택시를 타고 버스 정류장으로 갔다. 플로리다는 택시 뒷창문으로 밖을 응시했다. 사귀던 남자가 계속해서 자신을 때렸기 때문에 몰래 도망쳐야 했다. 버스 정류장에 있을 때 그 남자가 나타났지만 그곳 안전 요원이 그들 가족을 주차된 버스 짐칸에 숨을 수 있게 도와주었다.

그들은 아침 일찍 그레이하운드 버스를 타고 가까운 대도시인 밀워키로 갔다. 그리고 홈리스 보호시설을 운영하는 교회를 찾아갔다. 매일 아침 5시면 그곳 관리인은 소리를 지르면서 사람들을 깨웠다. "당장 일어나서 뛰쳐나가지 못해!" 그들은 저녁까지 시설로 돌아오면 안 되었다. 그래서 그들 가족은 공공 도서관에서 매일 여덟 시간을 보냈다. "나는 책으로 둘러싸인 천국에 있었다"[19]라고 나오미는 미출간 회고록에서 이야기한다. "서가는 로버스 테일러 공공 주택 건물보다 더 높아 보였다." 플로리다가 직장과 주거지를 찾는 동안 나오미는 동생들에게 닥터 수스Dr. Seuss나 셸 실버스타인Shel Silverstein의 책을 읽어 주면서 선생님인 척했다. 가끔 학생들이 도서관을 방문하면 나오미는 그들 뒤를 쫓아다니며 자신이 그 반의 학생이라고 상상하기도 했다.

플로리다는 마침내 월세 아파트를 찾았고, 나오미와 동생들도 학교에 등록할 수 있었다. 하지만 그곳에서도 나오미는 불편함을 느꼈다. 반 친구들은 모두 나오미를 "한밤중 검둥이"라고 불렀다. 다른 흑인 친구들보다도 피부가 더 검었기 때문이다. 한번은 아이들 몇몇이 손에 나무 막대기를 들고 허리에는 원시인들처럼 천을 두른 채 나오미를 둘러쌌다. "저기 사람 보여?" 아이들은 말했다. "아니면 그냥 시커먼 점인가?" 플로리다는 딸의 수치심을 이해할 수 있었다. 자신도 똑같이 놀림을 당했기 때문이다. 플로리다는 중학교 시절 자신을 놀리던 친구에게 말했다. "검정색은 아름다워." 그러자 친구가 대꾸했다. "그래, 맞아. 근데 그래도 넌 웃겨."

밀워키에 간 지 1년도 채 되지 않아 플로리다는 갑자기 다시 시카고로 돌아가서 자신을 학대했던 남자 친구와 함께 살기로 결정한다. "'엄마는 멍청해서 또 이러는 거야.' 하고 전 생각했죠." 나오미는 말한다. 나오미의 남동생은 시카고로 돌아가는 결정에 심하게 반발했고, 결국 밀워키에 있는 위탁 가정에 들어가게 되었다. 나탈리는 엄마의 결정에 대해 좀 더 동정심을 가지고 있었다. "엄마는 자기가 얼마나 아름다운지 몰랐어요." 나탈리는 말한다. "자기가 얼마나 똑똑한지도 몰랐죠. 혼자 힘으로 아이들을 키울 수 있다는 것도요. 그저 자기한테 관심을 보이는 사람이 있으면 거기로 도망칠 뿐이었어요." 나탈리는 이렇게 덧붙였다. "엄마가 살아온 과정을 생각해 보세요. 갈수록 나빠질 뿐이었어요."

플로리다는 로버트 테일러 공공 주택에 다시 집을 얻었고, 술도 더 자주 마시기 시작한다. 심지어 남자 친구와 함께 코카인에 손을 대기까지 했다. 플로리다는 나오미의 눈빛을 보며 자기 딸이 '어떤 엄마도 이보다는 나을 거야'라고 생각하고 있으리라 지레짐작했다. 알코올의존은 갈수록 심해졌다. 절망과 자기혐오에 빠진 플로리다에게 심리 치료란 사치일 뿐이었다. "우리가 아는 한 그런 걸로 도움을 받을 수 있는 사람은 백인들뿐이었어요." 플로리다의 이모들 중 하나는 복도에 서서 남의 눈에는 보이지 않는 그릇들을 끊임없이 닦곤 했다고 한다. 하지만 누구도 그녀에게 정신질환에 걸렸다고 말하지 않았다. 다른 친척들은 늘 분노에 차 있는 것처럼 보였다. "나는 이해해요." 플로리다는 말한다. "그런데 정신질환이라고? 그건 아니죠." 그녀는 이렇게 덧붙인다. "우리 가족들은 기분이 축 처지면 그냥 낮잠을 잤어요. 낮잠이 치료제였죠."

정신병원은 수 세대 동안 억압받거나 주변화되어서 생긴 정신질환은 다루지 않는다. 심리 치료가 "아프리카계 미국인들에게 유용한 치유법"[20]으로 생각된 적은 거의 없었다고 학자 벨 훅스는 말한다. 이 분야는 환자도 의사도 백인 중산층 계급이 지배적이므로, 그렇게 훈련받은 치료사에게 흑인 환자가 자신의 공포와 환상을 털어놓기란 쉽지 않다.[21] 자신의 문제를 털어놓는다는 것은 치료사를 굉장히 신뢰하고 있다는 뜻이기도 하니까. "흑인 환자들은 정신질환의 언어를 사용해 자신의 트라우마에 대해 이야기하는 것을 조심스러워한다. 자기 이야기가 편향된 해석을 낳지는 않을까 염려한다. 흑인의

제 3 장

경험을 병리적인 것으로 만듦으로써 억압이 지속되는 상황을 당연시하게 될까 봐 두려워하는 것이다"[22]라고 벨 훅스는 쓰고 있다.

미국에서 흑인은 백인 환자와 비교했을 때 제도적인 치료를 받는 비율이 더 낮다. 이러한 불균형은 아동의 경우도 마찬가지다. 《미국 국립과학원 회보Proceedings of the National Academy of Sciences》에 실린 연구를 보면, 의대 본과 2학년 학생 중 40퍼센트 이상은 "흑인의 피부가 백인의 피부보다 콜라겐을 더 많이 함유하고 있다(다시 말해 피부가 더 두껍다)"[23]라는 서술에 동의한다. 또한 이들 중 14퍼센트가 "흑인의 신경 말단은 백인의 신경 말단보다 민감하지 않다"라는 서술에도 동의한다. 흑인의 고통은 당연시되는 것이다. 마치 고통을 견디는 데에 타고났다는 듯이 말이다. 이는 미국에서 오랫동안 지속되어 온 흑인에 대한 신화이다. 루이지애나대학교(현 툴레인대학교)에서 "깜둥이 질병Diseases of the Negro" 전문 교수이자 남북전쟁 발발 전 물리학자였던 새뮤얼 카트라이트Samuel Cartwright는 노예가 주인에게 반항하는 이유를 '디스애스테지아 애티오피카Dysaesthesia Aethiopica'[24] 때문이라고 주장한 바 있다. 이는 "처벌에 무관심하고 심지어 사는 것에 대해서도 무관심하도록"[25] 만들어 "피부에 부분적인 무감각"[26]을 유발하는 질병이라고 한다.

이와 비슷한 신화가 정신의학 분야에도 존재하는데, 이는 흑인 환자의 우울증을 제대로 진단하거나 치료하는 것을 막는다. 캘리포니아대학교 로스앤젤레스 캠퍼스의 정신과 교수이자 인류학자이며 의학에서의 인종차별적 고정관념에 대해 연구하는 헬레나 한

센Helena Hansen은 "흑인 여성의 역할은 잡일을 하고 고통을 견디는 것 그 자체인데 왜 우리(즉 주류 정신건강 분야)가 그들을 쫓아가서 '당신의 슬픔을 치료해 드릴까요?' 하고 굳이 물어야 하는가, 같은 생각이 이들에게 뼛속 깊이 박혀 있다"라고 말한다.

1996년에 플로리다는 모욕적인 시카고 생활을 더 이상 견딜 수 없다고 판단한다. 플로리다와 나탈리는 짐을 싸서 미네소타주로 이사한다. 그곳은 플로리다가 듣기로 여성과 어린이를 위한 주라고 했다. 당시 미국 흑인들의 미니애폴리스-세인트폴로의 이주가 증가하는 추세였는데,[27] 그곳은 북부의 다른 지역들에 비해 사회복지 체계가 비교적 튼튼했기 때문이다. 나오미는 시카고를 떠나고 싶지 않았기 때문에 당시 사귀고 있던 네이트라는 소년의 집에서 지냈다.

세인트폴 시내에 있는 홈리스 수용 시설에서 플로리다와 나탈리는 욕실이 딸린 방 열쇠를 받았다. 아침과 점심, 저녁도 나왔다. 앞선 수용 시설에서 플로리다는 지갑을 가슴에 품고 콘크리트 바닥에서 매트를 깔고 잤다. 그에 비하면 이곳은 마치 호텔 같았다. "살면서 그런 호사는 처음 누려 봤죠." 플로리다는 말했다. "이제 저만 정신 바짝 차리면 되는 거였어요. 아이들이 배고프다고 하루 종일 징징거리지도 않았죠. 이제 나도 '생각'이라는 걸 할 수 있겠다 싶었죠. 아파트를 얻으려고 돈을 모을 수도 있고요."

플로리다는 세인트폴 시내에 있는 고급 호텔의 청소부로 취직했고, 와바샤 스트리트 다리가 내려다보이는 아파트를 얻었다. 그곳에는 도어맨까지 있었다. "공공 주택에 있던 사람에겐 엄청나게 큰 집이었죠." 나오미는 말했다. "엄마는 정말 자랑스러워했어요. 그렇게 스스로가 자랑스러웠던 적은 없었을 거예요."

1997년 고등학교를 졸업한 나오미도 미네소타에 있는 엄마에게 합류하기로 한다. 그때 나오미는 네이트와의 사이에서 아들을 낳았다. 하지만 나오미는 둘의 관계에 환멸을 느끼고 있었다. 그래서 나오미도 엄마가 그랬던 것처럼 홈리스 시설에 머물다가 세인트폴에 아파트를 얻었다. 나오미는 빈민가에도 잔디밭이 있는 미네소타가 그저 놀라울 따름이었다. 그녀는 아들의 유치원에서 수업을 도와주는 조교가 되었고, 밤에는 미네소타주립 커뮤니티 테크니컬 칼리지에서 수업을 들었다. "나는 내가 자라 온 환경의 또 다른 희생자가 되지 않기 위해 내 안에 있는 모든 것과 싸웠다." 나오미는 또 이렇게 쓰고 있다. "내가 좋은 엄마, 좋은 사람, 좋은 직원이 된다면 모든 것이 잘될 거라고 생각했다."

나오미는 세인트폴에 있는 애플비스 식당에서 매주 열리는 '비빈 컬렉티브'라는 모임에 참석했다. 그들은 가난과 경찰의 잔혹함, 흑인 아동교육의 실패에 대한 시와 노래를 창작했다. 나오미는 자신과 같은 환경에서 자란 여성들에 대한 힙합 노래를 쓰기 시작했다. "저는 이 나라에서 혼자 아이를 키우는 도시 엄마에 대한 이야기를 해야 한다고 생각했어요." 나오미는 '플레전트'라는 가명으로 지역 클럽에서 공연도 했다. 그러나 자신이 기대했던 만큼의 유명세를 얻지는 못 했다. 나탈리는 나오미의 곡에 비유가 너무 많다고 했다. 반면 나오미는 자기 가사가 너무 논쟁적이고 센 것이 아닐까 생각했다.

나오미는 흑인 여성의 역사에 대해 조사하기 시작했다. "글쎄요, 나는 연속성을 찾고 있었던 것 같아요. 외로움을 지울 수 있는 연속성을 말이죠." 그녀는 이렇게 덧붙였다. "내가 느끼는 감정을 비슷하게 느끼는 사람들이 있는지 알고 싶었죠." 나오미는 《흑인 여성을 찬양하며In Praise of Black Women》라는 네 권짜리 시리즈 도서를 읽었다. 역사를 통해 흑인 여성의 삶을 재구성하기 위해 노래와 시, 여행자의 이야기, 전해 내려오는 설화 등을 모은 책이었다. 그 책 서문에는 이런 구절이 쓰여 있다. "흑인 여성들은 역사 속에서 완전히 지워져 있거나 그 역할이 심하게 축소되어 있다. 그래서 그들은 하찮은 존재로 보일 수밖에 없다."[28] 나오미는 또한 〈안식처는 없다Without Sanctuary〉라는 탁상용 사진집[29]을 샀다. 이는 흑인을 린치하는 사진과 엽서를 모아 놓은 책으로, 원래는 뉴욕역사협회에서 열린 전시회에 소개된 작품들이었다.[30] 사진 속에서 백인들은 흑인 청소년들이 나무에 매달려 죽어 가는 것을 미동도 없이 고요하게 지켜보고 있다. 나오미는 그 죽은 아이들이 대체 무엇을 잘못했는지에 대한 단서를 얻으려고 사진들을 필사적으로 훑어보았다. "대체 무슨 이야기가 있는 거지?" 그녀는 말한다. "대체 그 같은 죽음을 정당하게 만드는 건 뭐지? 그 이유를 알고 싶었어요. 그리고 마침내 생각하기 시작했죠. '내 아이들이라고 과연 다를까?'"

나오미는 살면서 처음으로 아침에 침대에서 일어나는 것조차 힘들어졌다. "나오미는 항상 아침 새처럼 일찍 일어나서 시리얼을 챙

제 3 장

겨 먹곤 했어요." 나탈리는 말했다. 하지만 며칠 동안 나오미는 눈물을 멈출 수가 없었다. 만일 나오미가 겪었던 것이 우울의 일종이라면, 다시 말해 구체적으로 발화될 수 없는 깊은 슬픔이었다면, 나오미는 자신이 상실한 것의 이름을 부르기 시작하고 있었던 것이리라. 나오미는 자신의 이야기가 역사적으로 반복되어 온 모습을 보면서 정신적으로 무너지고 있었다. 자기 가족을 몇 세대 동안이나 괴롭혀 온 그 고통의 실체를 목도한 것뿐만 아니라 그것을 서술하는 언어를 갑작스럽게 갖게 된 것이다.

『희망은 검은 옷을 입고 있다Hope Draped in Black』라는 저서에서 조셉 윈터스Joseph R. Winters는 프로이트의 「애도와 우울」의 논의 틀을 빌려 자유나 평등과 같은 이상이 흑인에게 배제되어 왔다는 것을 그 당사자들이 처음 자각했을 때 무슨 일이 일어나는지를 설명한다. 그러한 이상의 상실은 내면화되어 "자기 일관성에 대한 관념"[31]을 훼손시킨다고 윈터스는 말한다. "보이지 않는 존재가 되는 경험, 사회질서에 동화되는 동시에 그것으로부터 배제되는 경험은 주체에게 우울을 각인한다."[32] 따라서 완전한 자각이 불가능하므로 흑인의 슬픔은 결코 해소되지 않는다.[33] 이 이름 붙일 수 없는 상실을 설명하기 위해 제임스 볼드윈James Baldwin은 이렇게 말한다. "그 때문에 그토록 히스테리컬하고 다루기 힘들며 회복 불가능한 것이다. 이는 마치 몸 전체에 엄청나게 거대한 상처가 있는데 아무도 수술하려고 하지 않는 상태와 같다. 아무도 그것을 검사하고 꿰매서 봉합하려고 하지 않는다."[34]

플로리다는 나오미가 자기 피부색을 그토록 혐오하다가 결국 "투쟁에 참여하게 되어" 기뻤다고 말한다. 102세까지 살았던 플로리다의 증조할머니도 테네시주의 노예였지만 "우리는 그런 사실에 대해 전혀 관심이 없었"다고 한다. 하지만 플로리다는 나오미가 자신의 역사에 대해 너무 많은 것을 '너무 일찍' 알게 되었다고 걱정했다. "그 또래 아이들은 역사를 알지 못한 상태로 성장하죠." 플로리다는 말했다. "그러다가 우리의 진짜 역사를 알게 되면 그 자체로 트라우마가 돼요. 자기가 망가진 것도 그런 식이었다고 생각하는 거예요."

미네소타로 이사온 지 3년 후에 나오미는 손목을 그었다. 죽으려는 생각은 없었다고 그녀는 말한다. "다만 내가 경험하고 있는 고통이 너무 컸기 때문에 그저 나를 해치고 싶었어요. 내 정신을 사로잡고 있는 것에서 벗어나려고 했죠."

가족들은 나오미를 병원으로 데려갔다. 그곳에서 나오미는 '적응장애adjustment disorder'라는 진단을 받는다. 『편람』에 따르면 이는 스트레스를 유발하는 원천에 지나칠 정도로 감정적 반응을 하고 있음을 명명하는 것이다. 담당의는 진단명 옆에 "투잡을 뛰고 있는 싱글 맘"이라는 메모를 남겼다. 사회복지사는 이렇게 메모하고 있다. "나오미는 자신의 우울증이 '세상에 존재하는 모든 증오와 차별'에 좌절했기 때문에 생긴 거라고 여긴다."[35]

나오미는 퇴원을 하며 항우울제 졸로프트Zoloft를 처방받았다. 하지만 나오미는 몇 주 뒤에 그 약을 끊었다. 쉽게 피로감을 느끼는 데다가 약효가 있을 것이라고 믿지 않았기 때문이다. 약은 "세상에 존재하는 고통에 변화를 주지 못한다"라고 나오미는 담당 의사에게 말했다. 그녀는 진정한 자신으로 살기 위해 인종차별주의적이고 폭력적인 현실에 직면하면서 고통을 느껴야만 한다고 생각했다.

가족들은 나오미의 자살 시도에 대해 깊이 생각하지 않았다. 그저 나오미가 나아지기를 기도했다. "우리는 의사들보다는 보이지 않는 힘을 믿죠. 의사들은 마음에서 진심으로 우러나오는 관심을 보이지 않거든요." 나오미는 자신이 가족의 중심이라는 사실을 늘 자랑스러워했다. 친척들은 급한 일이 생겨서 잘 곳과 따뜻한 음식이 필요할 때면 늘 나오미를 찾았다. "모두들 제게 '넌 슬플 시간이 없어'라고 말했어요. 너는 강인한 흑인 여성이야. 다시 일어서. 기도해. 그러면 모든 게 다 괜찮아질 거야."

미국인들이 가지고 있는 뿌리 깊은 믿음 중 하나는 '흑인은 미치지 않는다'는 것이다. 《미국정신의학 학회지》1844년 호에는 아미스타드호Amistad 반란*에서 살아남은 사람들의 이야기가 실려 있는데, 그들은 이렇게 말했다고 한다. "우리 모국에서 정신병은 극히 드물

---

* 1839년 쿠바 아바나에서 쿠바 푸에르토프린시페(현재의 카마궤이)로 이동하던 노예 수송선 '라 아미스타드(이하 아미스타드호)'에서 일어난 노예들의 점거 농성. 1808년 이후 미국으로 노예를 수입해 오는 것은 법적으로 금지되어 있었으므로 미연방 대법원은 1841년 아미스타드호에 타고 있던 아프리카인들이 자유의 몸이 되어야 한다고 판결했다.

다. 대부분은 정신병자를 본 적도 없다."[36] 대영제국이 문명을 들여
오기 전까지 인도에는 광기가 없었다고 사람들이 믿는 것처럼, 흑인
또한 분별력 없는 해맑은 존재라고 생각되어 왔다. 신경학자 조지 비
어드George Miller Beard는 1881년 자신의 저서『미국의 신경증American
Nervousness』에서 "문명이 없는 곳에는 신경증도 없다"[37]라고 선언했
다. 미주리주 주립 정신질환 시설의 원장은 동료에게 다음과 같이 말
했다. "내전이 일어나기 전에는 세상에서 가장 희귀한 종이 바로 미
친 깜둥이였지."[38]

　　1840년 미국의 여섯 번째 인구조사는 정신질환의 역사에서 하나
의 획을 그은 사건으로 평가된다. 국가정보원들이 미국의 각 가정
에 "미쳤거나 덜떨어진 사람"[39]이 있는지를 조사하고 그 숫자를 기록
했던 것이다. 결과는 놀라웠다. 미국 북부에 있는 자유인 신분 흑인
들이 남부의 노예 신분 흑인들보다 11배나 더 정신질환을 겪고 있었
던 것이다. "노예제가 필요하다는 증거가 바로 여기에 있습니다"라
고 당시 미국 국무장관이었던 존 칼훈John C. Calhoun은 의회에서 당당
하게 말했다. "아프리카인들은 자기 관리를 할 수 없기 때문에 자유
라는 짐을 떠맡으면 광기에 빠져드는 것입니다."[40] 한때 에드거 앨런
포가 편집장을 맡기도 했던 잡지《서던 리터러리 메신저Southern Liter-
ary Messenger》는 아예 이렇게 선언하고 있다. "흑인은 자유 상태에서보
다 예속 상태에서 훨씬 더 행복하다. 아니, 흑인 노예는 이 대륙에서
가장 행복한 사람들일 것이다."[41] 이 잡지는 인구조사 결과를 두고
노예해방이 실용적이지 못하다고 말한다. 그러면서 자유를 얻은 노

예는 "구치소, 감옥, 정신병원 수용소에 가는 것 말고는 다른 방법이 없을 것"[42]이라고 주장한다.

그러나 몇 년이 지나 그 인구조사가 오류투성이었다는 사실이 밝혀진다.[43] 어느 북부 마을의 경우, 국가정보원들이 마을의 거의 모든 흑인을 정신병자로 기록했다는 사실이 밝혀졌다. 사회사 연구가인 앨버트 도이치Albert Deutsch는 1840년의 인구조사를 두고 "정부 직인이 찍힌 가장 충격적인 통계적 허위와 오류"[44]라고 평가했다. 그럼에도 불구하고 노예해방이 흑인의 정신에 나쁜 영향을 끼쳤다는 생각은 미국의 정신의학계에 깊숙이 뿌리내리게 된다. 미국 워싱턴 D.C. 정신병원에서 일하는 의사 아레이 에버츠Arrah B. Evarts는 1913년 다음과 같이 경고한다. "문명이란 의복처럼 몸에 걸칠 수 있는 것이 아니다."[45] 흑인 정신질환자들(그는 이들을 "우리 집에 들어와 있는 낯선 사람들"[46]이라고 부른다)의 수가 급속히 증가하고 있는 이유를 두고 에버츠는 그들이 "여태껏 어느 인종이 시도한 것보다 훨씬 더 어려운 적응 과정을 요구받고 있기 때문"[47]이라고 이야기한다. 인도의 파르시 공동체가 영국 식민주의에 너무 갑작스럽게 동화되었다고 생각되는 것처럼, 흑인의 정신도 적응의 충격으로 인해 망가지고 있다고 본 것이다.[48]

흑인들이 처한 상황은 사회학적이고 집단적인 용어로 고찰되었다. 그들은 자기 고유의 심리적 경험을 부정당했다. 워싱턴 D.C. 정신병원의 또 다른 정신과 의사인 메리 오말리Mary O'Malley는 흑인 환자들이 자신의 이야기를 시간적 내러티브가 성립되는 방식으로 하지 못한다고 불평하고 있다. "그들은 '경험'이라고 불리는 일반적인 지적 결과를 도출하지 못한다."[49] 그녀는 또 이렇게도 언급한 바 있다. "슬픔과 불안은 일정하게 유지되지 않으며, 자신의 삶을 끝내겠다는 욕망을 만들어 낼 만큼 충분히 지속되는 인상을 보유하고 있지도 않다."[50] 심지어 자신의 문제를 해결하고자 하는 그 충동조차 종국엔 실패하고 마는데, 이는 그들이 죽음을 원할 만큼 자기반성적이지 않기 때문이다.

지난 백여 년 동안 성인 아프리카계 미국인의 자살률은 성인 백인 자살률의 절반 정도였다.[51] 하지만 이는 흑인에 대한 사회의 낙인과 연구자의 태만 때문에 잘못 도출된 결과일 수 있다(자살은 약물 남용이나 사고사와 같은 사망으로 분류되기 때문이다[52]). 그럼에도 불구하고 자살은 역사적으로는 백인들의 정신 상태와 밀접하게 연관되어 왔다.[53] 그래서 1962년《국제 사회정신의학 저널International Journal of Social Psychiatry》에 실린 논문은 "깜둥이들을 여럿 치료한 미국 남부의 숙련된 정신과 의사들은 심각한 자살 시도를 백인 혈통의 명백한 증거로 간주하기도 한다"[54]라고 설명하고 있다. 사회학자인 케빈 얼리Kevin Early는 자살과 관련한 아프리카계 미국인의 믿음에 대해 연구한 1992년의 저서에서 다음과 같이 밝히고 있다. "보통의 흑인들은 자기 자신을 죽이지 않네."[55] 어느 목사가 그에게 말했다고 한다. "자네는 이 사실을 이미 알고 있어야 하네." 얼리는 흑인들과의 인터뷰에서 자살에 대해 질문하는 것 자체만으로도 꾸짖음을 당했다고 말한다. 그에 따르면 따르면 자살은 "흑인이라는 정체성과 흑인 문화에 대한 거의 완벽한 부정"[56]으로 보인다. 왜냐하면 자살한다는 것은 '견디지 못했다'는 것을 의미하기 때문이다. 흑인들은 "대담하게 일어서서 어깨동무를 하고 굳게 버텨야 한다"[57]라고 얼리의 연구 대상 중 한 명은 말했다. "총알이 우리한테서 튕겨져 나가도록!"

어떤 치료사들은 사회의 질병을 해명하지 않고서 흑인 환자의 질병을 말하는 것은 적절하지 않다고 생각한다. 두 백인 정신분석학자들이 쓴 『억압의 표징 The Mark of Oppression』(1951)에서는 다음과 같은 구절이 나온다. "현 상태가 지속되는 한, 검둥이의 자존감은 회복될 수 없고 자기혐오는 사라질 수 없다."[58] 두 저자는 이렇게 말한다. "억압의 산물이 해소될 수 있는 단 한 가지 방법은 억압을 중단하는 것뿐이다."[59] 그러나 이러한 접근법은 흑인의 고통을 개인의 차원에서 설명하려는 시도를 무시하는 위험을 낳는다.

이렇게 감당할 수 없는 사회적 힘 앞에서 미리 패배를 선언해 버리면 흑인의 개인적이고 내적인 생각을 탐구하는 것은 아무 의미가 없는 일이 되어 버린다. 이는 대놓고 인종차별적인 발언을 하는 무관심한 정신과 의사들과 크게 다를 것이 없는 접근법이다. "현대 정신의학은 부유한 환자들에게 비싼 치료비를 받으면서 자리 잡았"[60]기 때문에 "눈에 보이는 불합리한 고질적 상황"[61]은 오랫동안 무시되어 왔다고 소설가 리처드 라이트 Richard Wright는 말했다. 1946년 라이트는 할렘가의 한 교회 지하실에 '라파르그 정신건강 클리닉 Lafargue Mental Health Clinic'을 설립하는 것을 도왔다.[62] 그곳은 가난한 흑인 환자들에게 무료로 진료를 해 주었다. "미시시피주의 검둥이들도 '이론상으로는' 투표할 수 있었던 것"[63]처럼, 흑인 환자들도 '일반적으로는' 정신의학적 치료를 받을 수 있었으나 그러지 못했다고 라이트는 말했다. 그는 라파르그 클리닉이 환자들에게 "적대적 세상에서 살아남으려는 의지"[64]를 불어넣어 줄 수 있기를 바랐다. 그러나 그곳은 13년이 지나 문을 닫았다.[65] 보조금을 요구하는 클리닉의 신청을 맨해튼시와 뉴욕주가 모두 거부했기 때문이다.

마르티니크에서 출생한 정신과 의사이자 철학자 프란츠 파농Frantz Fanon도 위와 유사한 목표를 세운 바 있다. 정신의학은 "사회적이고 경제적인 현실에 대한 가차 없는 자각"[66]을 가지고 수련되어야 한다고 그는 주장했다. 그러나 파농의 분석은 대부분 남성에 집중되어 있었다. 그는 인종차별주의와 식민주의가 남성의 영혼에 어떤 영향을 미쳤는지에 대해 연구한 저서 『검은 피부, 하얀 가면』에서 "유색인종 여성에 대해 무슨 말을 해야 하는지에 관해서 누군가는 나에게 질문할 수 있을 것이다"[67]라고 인정한다. 연구 부족 때문이든 연구 문헌이 고정관념으로 얼룩졌기 때문이든 그의 대답은 대단히 직설적이다. "나는 그 여성에 대해서는 아는 바가 전혀 없다."[68]

나오미는 퇴원한 지 얼마 되지 않아 시카고에서 만났던 남자 친구 네이트와 재결합한다. 그는 나오미를 따라 미네소타로 왔고 케일라라는 이름의 딸도 낳았다. 하지만 그들의 재결합은 오래가지 않았다. 나오미는 곧 칼리드라는 음악가와 데이트를 하기 시작했다. 칼리드는 나오미의 "세상을 보는 다채로운 방식"에 감탄했다고 말했다. 흑백 혼혈인 칼리드는 '네이션 오브 이슬람'에서 분리되어 나온 수정주의 운동인 '파이브 퍼센트 네이션'[69]의 일원이었다. 말콤 엑스Malcolm X의 제자가 설립한 파이브 퍼센트 네이션은 흑인이 인류 문명의 조상이라고 가르쳤으며, 원래 신은 흑인 남성이라고 주장했다. 나오미는 칼리드가 소속된 그 단체의 회합을 위해 자기 아파트를 내어주기도 했고, 자신도 그들과 함께 공부하기 시작했다. 그것은 세상에서 가능한 것들에 대한 그녀의 생각을 바꾸어 놓았다. 나탈리는 나오미가 이렇게 말한 것을 기억한다. "지금까지 우리는 잠들어 있었던 거야. 이제는 깨어나야 해. 우리의 역사는 역사책에 없거든."

나오미와는 다른 사회경제적 여건에서 성장하고 대학까지 졸업한 언니 토마는 나오미의 생각에 공감하지 않았다. "백인이 우리를 억압하고 있다는 종류의 이야기들은 다 짜증 나요." 토마는 내게 말했다. "교육을 받지 못하게 막는 것은 자기 자신밖에 없죠. 내가 믿는 것이 나를 만드는 거예죠. '나는 《포춘》 선정 세계 500대 기업의 CEO가 될 수 없다. 왜냐하면 백인 남자에게만 그 자리를 줄 테니까.' 이 말이 사실일 수는 있어요. 그래도 하루 종일 이 생각만 하면서 살 수는 없잖아요."

때로 나오미는 칼리드에게 "내가 너보다 더 똑똑해"라는 식으로 말하곤 했다. "지금 생각해 보면 아마 그때부터 나오미가 이상해진 게 아닌가 싶어요. 하지만 그때는 그저 '나쁜 년 같으니라고' 정도로만 생각했죠." 결국 칼리드는 나오미와 헤어졌다. 몇 주가 지나 나오미는 쌍둥이를 임신했다는 걸 알게 되었다. 나오미는 칼리드가 연주하는 클럽에 가서 초음파 사진을 보여 주었다. 칼리드는 출산할 때 꼭 함께하겠다고 약속했지만 그녀와 다시 사귀지는 않겠다고 했다. 나오미는 자신이 "사랑의 윤리"라고 불렀던, 누군가에게 무한히 헌신하겠다는 의지를 바칠 만한 사람을 앞으로 다시는 만날 수 없을 것 같았다.

2002년 5월 나오미는 제왕절개수술을 하기로 되어 있었다. 차가운 공장처럼 느껴지는 병실에 누워 그녀는 생각했다. '정말 여기서 아이를 낳아도 괜찮을까?' 방은 추웠고 누군가 그녀의 팔에 약물을 주사했다. 또 다른 사람은 등에 주사를 놓았다. 약속한 대로 거기 온 칼리드는 모든 의사와 간호사가 백인이라는 사실을 깨달았다. "우리는 바빌론의 중심에 있었죠."

마취가 제대로 들지 않았는지 나오미는 자신의 회고록에 이렇게 적었다. "나는 사람들이 내 살을 당겨 자르고 장기를 옮기고 쑤시는 걸 모두 느낄 수 있었다. 뭔가가 잘못되고 있었다. 신물이 목으로 넘어왔다. 위가 텅 비어 있어서 역류할 것도 없었다."

정신질환자에게는 자아와 타자 사이의 경계가 흐려지는 경향이 있다. 임신도 그러한 경향을 신체적으로 경험하게 한다. 철학자 아이리스 매리언 영Iris Marion Young은 임신에 대해 "신체의 내부와 외부라는 구분이 가장 극단적으로 허물어지는 경험"[70]이라고 묘사한다. 뱃속에서 자라고 있는 태아에 대해서는 이렇게 이야기한다. "배에 가스가 찬 것 같은 느낌이다. 그것은 다른 공간과 다른 신체에 속하지만 나의 신체이기도 한, 그러나 또한 다른 타자이다."[71]

제 3 장

나오미는 외부의 어떤 사악한 힘이 자기 자궁에 쌍둥이를 심었을 수도 있다고 생각했다. "이건 부자연스럽다." 나오미는 또 이렇게도 말한다. "아기는 인간적인 것과는 거리가 먼 이런 방식으로 태어나면 안 되는 것 아닌가." 칼리드가 쌍둥이를 들어 올려 나오미에게 보여 주었을 때 그녀는 시선을 돌려 버렸다. 나오미는 친구 집에서 강아지가 출산하던 장면을 떠올렸다. 모견은 마취에서 깨어 주변을 보면서 왜 낯선 새끼 강아지들이 자기 몸 주변에서 꼬물거리고 있는지 어리둥절한 것처럼 보였다.

칼리드는 쌍둥이에게 '수프림'과 '신시어'라는 이름을 지어 주었다. 나오미는 간호사들이 수군거리는 소리를 들었다. "얘네 이름이 뭔지 들었어?" 칼리드는 말한다. "간호사들과 의사들은 확실히 이상하게 생각했던 것 같아요. 우리가 아기들에게 이름을 지어 주는 방식이 일종의 벽을 만들었다고나 할까요. 우리가 그 사람들을 불편하게 한 거죠. 그들은 우리가 어서 빨리 병원을 떠났으면 하는 것처럼 보였어요. 우리는 그들이 원하는 환자가 아니었던 거죠."

****

나오미는 쌍둥이를 데리고 집으로 돌아왔다. 이 당시 나오미는 세인트폴에서 가장 큰 공공 주택단지 '맥도너 홈스McDonough Homes[72]에 거주하고 있었다. 고속도로 바로 옆에 베이지색과 크림색으로 된 2층짜리 건물들이 모여 있는 그 타운 하우스에는 600명이 넘는 사람들이 살고 있었다. 그곳에서 4년 전인 1998년에 스물넷의 몽족Hmong 여성 코아 허Khoua Her가 자기 아이 여섯 명을 살해한 사건이 발생했다.[73] "왜 그랬는지 모르겠어요. 저도 몰라요."[74] 그녀는 경찰에 그렇게 말했다. 그때 나오미는 엄마와 동생과 함께 텔레비전에 나오는 뉴스를 보고 있었다. "잊을 수가 없는 사건이죠. 그때 뉴스를 보면서 '저런 미친년을 봤나!' 하고 분개했던 기억이 생생해요." 나탈리는 말했다. "사람들이 그걸 보고 정신질환의 문제라고 했을 때 나는 생각했어요. '말도 안 돼. 그냥 애들이 너무 많아서 지쳤구먼. 뭐 하러 저렇게 많이 낳았대. 차라리 애들을 다른 집 현관에 갖다 놓지.'"

내가 나오미의 이야기를 쓰기로 결정한 것은 그녀와 같은 건물에서 살던 또래 여성 두 명 역시 똑같이 무참한 죄를 저질렀다는, 그 섬뜩한 우연의 일치에 충격을 받았기 때문이다. 카르틱이 그렸던 바푸의 집 도면이 생각나기도 했다. 카르틱은 집이 귀신에 들렸다면서 그곳에서 일어났던 일들을 도면에 기록했었다.

맥도너 홈스에는 유색인종이 많이 살고 있었다.[75] 특히 남아시아에서 온 피난민들이 많았다.[76] 그들은 미국에서 인종차별이 가장 심한 도시[77]인 세인트폴의 공공 주택으로 배정받은 것이었다. 같은 인종 사람들끼리 모여 있는 비율을 뜻하는 '인종 밀집도'가 떨어지는 공동체[78]에서 정신병 발병률이 높다는 점은 많은 연구에서 지적되어 온 바다.[79] 소외감을 느낄 확률이 더 높고 인종차별의 표적이 될 가능성이 크기 때문이다. 나오미는 '미네소타의 세련됨'에 분노했다. 미네소타의 백인들은 예의 바른 듯하지만 수동 공격적이며 은밀히 겁

POSTPARTUM DEPRESSION

을 주기까지 하는 말투를 가지고 있었다.

나오미는 쌍둥이를 데리고 집으로 돌아오자마자 말했다. "집에서 나가야겠어. 이 집을 믿을 수가 없어."

나오미의 가족은 교대를 해 가면서 나오미의 곁을 지켰다. 나오미가 너무 정신이 산만해져서 아이들을 제대로 돌보지 못했기 때문이다. 나오미는 'KRS-원'의 〈스피리추얼 마인디드〉라는 앨범을 계속해서 들었다. 앨범 재킷에는 KRS-원이 양손을 벽에 묶인 채 작은 방에 갇혀 있는 사진이 인쇄돼 있었다. "말콤 엑스가 돌아온다면?" 그는 노래한다. "아니면 마틴 루터 킹이 돌아온다면? 말해 봐, 우리는 무얼 배웠지?" 나오미는 그의 음악에 너무 심취한 나머지 제대로 먹지도 못 했다. 그녀가 먹은 것이라고는 오렌지 주스가 전부였다. "누군가가 망치로 나를 내려쳐서 내가 알지 못했던 사실을 보도록 만들어 준 것 같았죠." 나오미는 또 이렇게 말했다. "모든 게 명확해지는 순간이었어요. 아니, 그것보다 훨씬 더 심리적으로 격렬한 경험이었어요."

나오미는 마치 새로운 종류의 언어 습득력이 생긴 것만 같았다. 자신이 읽고 듣는 모든 것에서 상징적 의미를 파악할 수 있는 능력 말이다. 나오미는 자신의 발견을 구체적으로 이야기하려고 애썼지만, 세상의 운명에 대해 자신도 책임이 있다는 말을 제외하고는 제대로 말할 수가 없었다. 나오미는 자신의 음악이 인종차별주의를 치유할 것이라 믿었다. "나오미, 넌 그저 한 사람에 불과해." 플로리다가 말했다. 하지만 나오미는 이렇게 대답했다. "하지만 어디에서든 시작은 해야 할 거 아니에요!"

쌍둥이들이 태어나고 몇 주 뒤, 나오미를 도와 아이들을 봐주던 플로리다의 사촌이 그 집 소파에서 잠이 들었다. 그리고는 악몽을 꾸다 깨어났다. "그것들이 여기 있어. 악령들 말이야." 그녀는 플로리다에게 말했다. "여기 있다니까. 집안 구석구석을 돌아다니면서 기도해야 돼." 그래서 그들은 함께 나오미를 위해 기도했다. 하지만 나오미의 행동엔 변함이 없었다.

쌍둥이를 낳고 한 달 뒤 나오미는 아기들을 데리고 밖에 나갔다가 웅덩이에 주저앉았다. 그리고는 일어서지 못했다. 플로리다는 도움을 요청하려고 911을 불렀다. 플로리다가 전화를 하는 동안 나오미는 이렇게 외쳤다. "엄마, 안 돼요. 안 돼요, 엄마! 그 사람들이 아기들을 데려갈 거라고요!" 사촌이 옆에서 나오미를 안심시켰다. "그자들이 오면 아기들을 데려가기 전에 내가 죽여 버릴 거야." 전화 너머로 이런 이야기를 들은 위기 대응팀은 이들의 대화를 위협으로 해석하고는 세인트폴 경찰서 소속 경관 둘과 함께 출동했다. 그들이 도착했을 때 즈음 나오미는 침대에 누워 있었고 얼굴을 담요로 가리고 있었다. 네 아이를 키우는 것이 어떤 심정이냐는 질문에 나오미는 대답했다. "불공평의 연속이라고 할 수 있죠."

플로리다는 나오미를 설득해 구급차에 타게 했고, 나오미는 미니애폴리스의 애벗 노스웨스턴 병원으로 실려 갔다. 맨 처음 나오미는 입을 꾹 닫고 아무 말도 하지 않았다. 그러다가 별안간 소리를 지르면서 몸을 이리저리 흔들기 시작했다. 병원의 사회복지사에게는 "왜 나를 미워하죠?" 하고 물었다. 병원 직원이 나오미에게 진정제를 놓으려고 발목과 팔목을 침대에 묶었다. "간호사들이 내 주변에 모여서는 엉덩이에 주사를 놓았어요. 난 정말 무서웠죠." 나오미는 말했다. 마치 자신이 저지르지도 않은 죄 때문에 벌을 받는 기분이었다고 했다.

5일이 지나서 나오미는 '양극성 성격장애bipolar symptoms* 초기'라는 진단을 받고 항정신병제제 자이프렉사Zyprexa를 처방받은 뒤 퇴원했다. 담당 의사는 나오미에게 양극성 성격장애는 뇌의 신경전달물질들이 제대로 기능하지 못하는 까닭에 발생하는 것이라고 했다. 그는 나오미가 "조심성이 없으며 (그녀의 어머니 말에 따르면) 백인들을 의심한다"라고 처방전에 쓰고 있다. 그러나 나오미는 약을 먹지 않았다. 나오미와 쌍둥이를 보러 그녀의 집에 들르곤 했던 칼리드는 나오미에게 정신의학이 주는 대답을 믿지 않는다고 말했다. 유년기를 위탁 가정과 소년원에서 보낸 칼리드는 이렇게 말한다. "그곳에는 도시 아이들이 많았어요. 우리는 교외에 사는 부유한 정신과 의사들에게 치료를 받거나 야단을 맞았죠. 그 사람들은 우리가 보는 것을 보지 못해요. '이제 권위의 문제에 대해 다시 이야기해 보자.' 같은 식이었죠. 그 사람들이 하려는 건 늘 뻔했어요. 이 아이가 어떤 사람인지 더 깊이 알아보려는 노력 따윈 없었죠."

---

* 흔히들 조울증이라 부른다. 정식 명칭은 양극성 성격장애 혹은 양극성 정동장애이다.

퇴원한 지 2주가 지나자 나오미는 또다시 하염없이 울기 시작했다. 플로리다는 나오미를 다시 입원시켰다. 나오미는 발가벗은 채 병원 복도를 뛰어다녔다. 나오미는 경찰에 체포될 것이라는 극도의 공포심에 시달리고 있었다. "나한테 무기가 없다는 걸 보여 주기 위해서 옷을 다 벗어야 할 것 같았어요." 나오미는 말했다. "나는 당신들한테 위협이 될 만한 걸 가지고 있지 않아. 이 작고 늙은 여자가 뭐가 그렇게 무섭다는 거야?" 나오미는 나중에 왕가리 마타이Wangarī Muta Maathai라는 케냐의 운동가[80]를 다룬 다큐멘터리를 보게 된다. 마타이가 이끄는 집회에는 엄마들이 자신의 아들을 불법 투옥한 정부에 항의하기 위해 발가벗고 시위를 한다. 나오미는 자신을 이 엄마들과 동일시했다. 그러고는 벌거벗은 몸을 드러내려는 자신의 충동을 새로운 관점에서 해석한다. "마치 이렇게 말하는 것과 같았죠. '이것 봐, 우리에겐 아무것도 없어. 우리는 아무것도 가지고 있지 않아. 당신들이 우리한테서 다 **빼앗아 갔잖아.**'"

나오미는 명백히 천 명 중에 한 명 발병한다는 '산후 정신병post-partum psychosis' 증세를 보여 주고 있음에도 불구하고 이번에는 "상세불명의 정신병"이라는 진단을 받는다. 그리고 그로부터 4일 후 나오미는 퇴원한다. 나오미는 '메디케이드Medicaid'(저소득층 무보험자 의료보조 제도)를 받고 있었는데, 이 프로그램은 장기 입원 비용까지는 보장해 주지 않았다. 나오미에 대한 치료는 '관리 의료' 원칙을 따르고 있었다. 체스트넛 롯지 병원을 문 닫게 한 바로 그 철학 말이다. 인류학자 로나 로즈Lorna Rhodes는 정신병동 응급 상황에 대한 문화인류학

제 3 장

적인 연구에서 관리 의료의 지시에 따라 병원 업무가 재구성되는 과정을 서술한다. 환자는 진단을 받고 약을 처방받은 후 며칠 안으로 퇴원해야 한다. 로즈에 따르면 "병원 직원들은 환자가 어떤 경제적이고 정치적인 문제를 가지고 있는지에 대해서는 생각하지 않는다. 그들은 더 큰 사회적 배경에 대해 관심을 기울이지 않아도"[81] 된다. 또한 그들의 일은 "침상을 비워야 한다는 암묵적 원칙으로 설명"된다.[82] 그녀는 정신병동의 응급실을 "정신의학의 '무의식'"[83]이라는 말로 특징짓는다. 그곳은 일상적 정신의학과는 달리 모든 인종과 경제적 배경을 가진 사람들을 치료하는 장소이기 때문이다.

퇴원한 지 한 달 정도 지났을 때 나오미는 아이들 넷을 모두 데리고 한밤중에 외출했다. 경찰관이 나오미를 불러 세워 지금 뭐 하는 거냐고 물었다. 나오미는 경찰관을 무시하고는 아주 높은 톤으로 계속 노래를 불렀다. 나오미는 다시 병원으로 보내졌다. 이번에는 양극성 성격장애라는 확실한 진단을 받았고 일주일이 지나 퇴원했다. "환자는 재발을 반복하고 있다." 의사는 또 이렇게도 쓰고 있다. "환자는 자신의 질환에 대한 식별력이 전혀 없다."

체스트넛 롯지 병원에서는 환자의 이야기를 뒤집어 봄으로써 정신분석적 '병식'을 얻을 수 있으리라 여겼다.[84] 환자의 삶은 늘 특정한 무의식적 갈등이나 환상을 중심으로 은밀하게 회전하고 있으므로 의사는 그것을 폭로하면 되는 것이었다. 고통에 대한 생화학적 설명도 이와 유사한 충격을 줄 수는 있으나, 자칫 환자로 하여금 자신을 절망하게 만든 세계에 대해 해석하기를 멈추게 할 수 있다. 또 당연하게도 새로운 설명을 억지로 환자의 삶에 끼워 맞추는 것이 늘 치유의 효과가 있거나 생산적인 결과를 낳는 것은 아니다. 오히려 환자의 정체성과 세계관에 타격을 주어 환자를 위축되게 만들 수도 있다. "정신의학의 섬세한 부분은 어디인가?" 나오미는 묻는다. "계속 핀트가 어긋났다. 의사는 내가 누구이고 어디에서 왔는지에 대해 무지했다. 그럴수록 나는 더 멀리 밀려나는 느낌이었다." 나오미는 자신이 정신질환을 가지고 있다는 사실을 받아들이지 않았다. "왜냐하면 미국에서 아이를 키우는 흑인 여성이 처한 은폐된 현실이 이제야 내게 모습을 드러낸 것일 뿐이기 때문이다."

인류학자인 헬레나 한센에 따르면, 흑인 환자들은 다음과 같은 의사의 말을 잘 받아들이지 않는 경향이 있다고 한다. "당신의 체질에 결함이 있는데 그건 과학기술로 고칠 수 있습니다." 일견 사회적 낙인을 줄여 주리라 예상되는 이 같은 설명에서 그녀는 다음과 같은 사실을 발견한다. "부유한 백인 환자들은 생물학적 설명이 도덕적 비난을 대체해 주기 때문에 쉽게 받아들인다." 백인들은 질환이 어느 누구의 잘못도 아니라는 사실에 해방감을 느끼곤 한다는 것이다. "하지만 흑인이나 유색인종, 혹은 가난한 환자들에게 동일한 방식으로 생물학적 설명을 할 경우, 그들은 자신을 현재의 모습으로 만든 사회적 힘이 아닌 자기 자신에게 비난의 화살이 날아오는 듯한 느낌을 받는다. 그러나 실제로 도덕적 책임은 분명 존재한다. 노동자에게 적절한 집을 제공하지 않는다거나 필요한 보호조치를 취하지 않는 등 그들 공동체에 적절한 투자를 하지 않는 사회적 책임이 분명

제3장

존재한다." 한센은 의사가 환자들의 마음 상태를 만든 사회구조를 파악하고 이를 인정할 때 치료의 효과가 더 크다고 말한다.

　나오미는 의사들에게 이러한 사회적 힘의 현실에 대해 인지시키려고 노력했지만 "백인들은 그저 나를 잡아넣고 싶을 뿐이었다"라고 말한다. 나오미의 의료 기록을 보면 그녀가 이에 대해 토로할 때마다 "환자는 괴상한 발언을 한다"라고 기록되어 있다. 나오미가 "우리들을 풀어 줘"라고 노래를 부르면 의사는 환자가 음역을 최대한 높여서 노래하고 있다는 사실만을 관찰할 뿐이었다. 그러면서도 "직원들이 요청하면 목소리를 줄이긴 했다"라고 마지못해 인정한다.

　경찰이 나오미를 불러 세운 지 8개월이 지난 후, 그리고 쌍둥이를 데리고 와바샤 스트리트 다리에서 뛰어내리기 4개월 전, 나오미는 똑같은 증상을 보여 다시 응급실에 실려 간다. "나오미는 사람들의 판에 박힌 믿음을 더 나은 믿음으로 바꿔 그들의 생각을 변화시킬 수 있다고 믿는다." 담당의는 기록하고 있다. "그녀는 사람들이 더 이상 인종차별주의자가 되지 않고 흑인들을 포용할 수 있도록 그들을 전향시킬 수 있다고 믿는다."

＊＊＊＊

　나오미가 미시시피강에서 구조된 후 자신이 대체 무슨 짓을 저질렀는지 제대로 파악하는 데 몇 주가 걸렸다. 나오미는 병원에서 3일 동안 치료를 받은 후 램지 카운티 교도소로 보내졌다. 이곳은 미시시피강이 내려다보이는 곳에 있었는데, 나오미는 하필이면 와바샤 스트리트 다리가 보이는 방에 투옥되었다. 나오미는 방 번호인 '316'을 자신이 신이라는 표식이라고 해석했다. 신약성경의 요한복음 3장 16절은 "하느님께서는 세상을 너무나 사랑하신 나머지 외아들을 내주시었다"라고 되어 있기 때문이다.

나오미는 간수에게 펜을 빌려 편지를 썼다. "담당자님께. 만일 우리가 공동체를 나무라고 본다면 그 '뿌리'는 어디에 있을까요? 아니, 그 '뿌리'는 누구이겠습니까? 어머니에게서 모든 것은 시작되었습니다." 그녀는 계속해서 쓰고 있다. "뿌리가 손상된다면 그 어떤 표면도 강하게 유지될 수 없습니다."

며칠 후 나오미는 발가벗고 교도소 복도를 전력 질주했다. 그녀는 "사람들에게 내 흉터를 보여 주고 싶었다"라고 의사에게 말했다. "모성의 고통이죠." 사회복지사는 나오미가 "완전히 긴장한 듯 행동하다가도 억압을 분출하는 비명을 지르기를 반복하고 있다"라고 기록했다. 나오미의 행동은 칼 야스퍼스가 '심연의 법칙'이라고 부른 원칙을 구현하고 있는 듯 보였다. 야스퍼스는 인간의 공통적 이해의 영역으로부터 이탈한 사람들의 행위에 이 원칙을 적용할 수 있다고 보았다.

한 달 후 나오미는 미네소타주의 가장 큰 정신병동인 미네소타 시큐리티 병원으로 이송되었다. 그곳에서는 나오미를 가리켜 "정신적으로 아프고 위험하다"라고 점잖게 표현했다. 담당의는 "나오미에게는 병식이 전혀 없다"라고만 쓰고 있다. 판사는 나오미에게 약물을 강제 투약할 것을 명령했다.

나오미는 항정신병제제 지프라시돈과 신경안정제 데파코트Depa-kote를 처방받았다. 몇 주가 지나자 나오미는 엄마에게 전화를 걸어 이렇게 말했다. "이 약들을 먹고 나면 사람들이 내 인생에 교묘히 침투해서 날 해칠 거라는 두려움이 없어져요." 약을 먹으면 자신이 왜 병원에 있는지가 명확해졌다. 나오미는 며칠을 침대에서 흐느끼기만 했다. 한 간호사가 나오미에게 좀 어떠냐고 묻자 그녀는 울면서 대답했다. "당신이 얼마나 영적인지는 모르겠지만, 죽은 내 아이가 날 미워하지 않았으면 좋겠어요." 그녀는 이어서 이렇게도 말했다. "오늘 여기 있는 이 사람은 자기 아이들을 해칠 사람이 절대 아니거든요."

나오미는 2급 살인으로 기소되었다. 그녀는 정신이상 때문이라고 항변했지만 국선변호인은 세인트폴 램지 카운티에서 내려진 20년간의 판결 중 정신이상으로 인한 무죄 변호가 배심원들에게 받아들여진 경우는 없다고 말했다. 그는 나오미에게 차라리 아이들이 감자가 들어 있는 포대 자루인 줄 알았다고 말하지 않는 이상, 배심원들이 나오미가 무죄의 법적 요건에 적합하다고 생각지는 않을 거라 경고했다. 미네소타주는 미국의 다른 주에서처럼 '맥노튼 규칙M'Naghten Rule'에 의거해 정신이상을 판정한다. 1843년 영국에서 확립된 이 규칙은 "범죄 실행 당시 피고인이 정신질환 때문에 이성적 사고를 하지 못하여 자기 행위의 본질과 특성을 알지 못했거나, 알았다고 하더라도 그것이 잘못된 행위임을 몰랐다는 것"[85]이 입증되어야 한다고 규정하고 있다.

맥노튼 규칙이 처음으로 미국 판결에 적용된 것은 1846년 윌리엄 프리먼William Freeman의 재판에서였다. 프리먼은 뉴욕에 거주하는 흑인 인디언 혼혈로, 백인의 말을 훔쳤다는 잘못된 혐의로 5년간 투옥되어 있었다. 하지만 감옥에서 간수가 판자로 그의 머리를 가격해 뇌 손상을 입은 뒤로 그는 성격이 바뀌었고 이성적 판단을 하지 못했다. 부당한 투옥으로 그의 인간성은 손상되었다. 담당의는 다음과 같이 기록하고 있다. "프리먼은 보상을 받겠다는 생각에 사로잡혀 있다."[86] 프리먼은 석방되었으나, 얼마 되지 않아 백인 가족을 죽였다. 그러나 그 이유를 제대로 설명하지 못했다. 그는 교수형에 처해져야 한다는 선고를 받았다.

"피고는 살인을 시도했습니다. 그건 이해합니까?"[87] 판사가 물었다.

"몰라요." 프리먼이 대답했다.

"우리는 피고에게 형을 선고할 것입니다. 배심원은 피고가 살인을 했다고 합니다. 지금 무슨 말인지 알아듣겠습니까?"

"몰라요." 프리먼이 말했다.

"피고는 판사의 말을 듣기나 했습니까? 무슨 말인지 알아요? 피고는 살인을 시도했습니다. 이해합니까? 알고 있어요? 배심원은 피고가 유죄라고 합니다. 피고가 그를 살인했다고 봅니다. 그건 이해가 됩니까?"

"몰라요." 프리먼이 대답했다.

"배심원이 누구인지는 알아요? 저기 앉아 있는 사람들 말이에요.

자, 저 사람들이 피고가 살인을 했다고 말하고 있어요. 그래서 피고에게 교수형을 선고할 겁니다. 이해했어요?"

"네."

"거기에 대해 할 말이 있습니까? 해 줄 이야기는 없어요?"

"몰라요."

프리먼의 변호사 윌리엄 시워드William Seward는 판사에게 "정신이 상자를 범죄자로 몰아가려는 분위기" 때문에 "너무 충격을 받아서 변호를 계속할 표현력을 잃어버린 상태"[88]라고 호소했다. 미국은 "정신질환이 범죄에 대한 해명이 되어 준다는 사실을 추상적인 차원에서는"[89] 인정하지만 "그럼에도 정신질환을 통제하기 위한 규칙을 만들 것을 고집하는데, 정신질환자는 그 규칙을 결코 따를 수가 없다"라고 시워드는 주장했다. 프리먼의 변호사들은 계속해서 항소했지만 프리먼은 결국 교도소에서 사망했다. 프리먼의 사망 후 그의 뇌는 적출되었다. "뇌 조직이 그토록 선명하게 만성질환을 보여 주는 사례는 처음이다"[90]라고 검시관은 기록하고 있다.

뇌과학은 하루가 다르게 진화하고 있지만 정신질환에 대한 법적 정의는 그렇지 못하다. 나오미는 미네소타 시큐리티 병원에서 정신감정을 받았고, 담당 의사 두 명은 나오미가 맥노튼 규칙의 요건을 충족시키지 못한다고 결론 내렸다. 나오미의 망상은 자신이 살아온 사회에 대한 예리한 관찰에서 비롯되었기 때문이라는 것이다. 나오미는 의사들에게 이렇게 말했다고 한다. "미국 헌법 초안자들이 서명을 할 때 흑인에게 말했다죠. '어이, 거기 깜둥이. 가서 펜 갖고

와.'"[91] 나오미는 와바샤 다리 위에서 아이들을 보며, 그 아이들이 겪을 미래를 상상하자 미치도록 두려웠다고 말한다. 왜냐하면 "아이들의 인생도 열등감과 냉담, 조롱으로 채워질 것"임을 알았기 때문이다. "나는 아이들이 죽길 바란 건 아니었다. 그냥 더 잘 살기를 바랐을 뿐이다"라고 그녀는 설명한다.

나오미는 또한 세상의 종말이 가까이 왔다는 걸 느꼈다고도 말했다. 자신이 사랑하는 사람들은 이미 모두 살해당했고, 자신은 또 다른 차원으로 건너갔다고 생각했다. 하지만 나오미의 정신감정을 맡은 의사들은 모두 나오미의 사회학적 통찰이 얼마나 진실한지를 깨닫고 충격을 받은 듯했다. 망상은 순수한 환상으로부터 나오는 것이 아니다. 크리슈나와 결혼하겠다는 바푸의 욕망은 전통적인 인도 가정에서 아내가 당해 온 취급과 분리할 수 없는 것이다. 또한 자신의 경력과 삶의 실패에 대한 레이의 강박도 교육받은 백인 남성은 그런 운명을 겪어서는 안 된다는 사회적 기대와 동떨어져 생각할 수 없을 것이다.

나오미의 정신질환 역시 그녀 자신이 처한 현실에서 비롯된 것이지만 담당 의사들은 망상이 합리적인 구석이 있어서는 안 된다고 생각한 듯하다. 그들은 나오미의 범죄가 "정신병적 망상이나 왜곡에 근거한 것"이 아니라고 결론 내렸다. 나오미의 종교적·철학적 신념 체계 안에서 그 범죄는 나름의 의미를 가지고 있으며, 나오미 자체가 정서적이고 영적인 위기에 처한 젊은 여성의 모습을 잘 보여 주고 있기 때문이라고 했다. 정신과 의사들은 나오미가 다리에서 뛰어내린 것 또한 '억압적이고 부당하다'고 인식되는 사회에 저항하기 위해 일부러 선택한 행위라 보았다. 그들은 나오미가 범죄를 저지르기 전에는 인종차별에 대한 나오미의 언급에 대해 '기괴한' 병리학적 증상이라고만 말했다. 그런 의사들이 이제는 외려 사회에 대한 나오미의 통찰이 타당성을 가지고 있음을 인정하고 있는 것이다. 나오미의 관점이 제도적 차원에서 타당성을 인정받은 것은 이때가 처음이다. 하지만 그들은 이러한 타당성을 나오미가 처벌받을 충분한 증거로 볼 뿐이었다. 그리고 그 증거는 그들의 의도대로 나오미에게 충분히 불리하게 작용했다.

나오미와 그 가족들은 나오미가 다리 위에 있을 때 이성적 판단이 불가능한 상태였다는 것을 주장하기 위해 이 사건을 재판으로 가져가려고 했다. "진실이 밝혀져야 해요." 나오미의 동생 나탈리는 말했다. 하지만 검찰이 나오미에게 18년 형으로 합의하자고 제안했을 때(14년은 교도소에서, 4년은 보호 감찰을 전제로 석방되는 조건이었다), 나오미의 변호사는 나오미에게 협상안을 받아들이라고 권했다.

나오미는 합의할 수밖에 없었다. 아이들과 남은 평생 떨어져 사는 위험을 감수하고 싶지는 않았기 때문이다. "나는 국가에 내 살 1파운드를 줘야 했던 거죠." 나오미는 말했다. 쌍둥이의 아버지인 칼리드 또한 나오미가 처벌받아야 한다고 생각했다. "죄가 너무 중해서 책임을 져야만 해요." 그는 또한 이렇게 말했다. "하지만 책임이 나오미에게만 있는 것은 아닐 수도 있어요. 카운티나 미네소타주에는 책임이 없을까요? 그들이 나오미와 그녀와 같은 상황에 처한 사람들의 문제를 소홀히 하지는 않았던가요? 더 관심을 가져야 했던 것이 아닌가요?"

최종 선고 공판에서 주 검찰은 나오미에게 쌍둥이를 강으로 던지면 죽을 거라는 사실을 알고 있었는지 물었다. 나오미는 주저하더니 조용히 "네"라고 대답했다.

"그건 사실이 아니잖아!" 나탈리는 소리쳤다. 그러고는 일어서서 법정을 나가 버렸다.

나오미는 세인트폴에서 40킬로미터 떨어진 샤코피Shakopee 교정 시설로 보내졌다. 그곳은 미네소타주에서 유일하게 여성 죄수들만 수용된 교도소였다. 나오미가 교도소에 도착한 후 그녀를 상담한 심리 상담가는 나오미가 "조용하고 주춤거리며"[92] "교도소에서 제대로 살 수 없을까 봐 두려워하고 있다"라고 기록했다. 또한 나오미는 "자신이 원하는 것을 얻을 수 있는 곳"은 병원밖에 없다고 생각한다고도 덧붙였다. 그녀는 "정신적으로 질환이 있으며 위험하므로" 형기를 마치고도 강제 입원을 해야 하며, 사회에 복귀하기 위해서는 정신적으로 건강하다는 것을 증명해야 할 터였다. 그러나 일단은 처벌을 먼저 받아야 했다.

미네소타주는 한때 정신보건 개혁의 선두 주자였다. 1940년대 후반에 미네소타주의 주지사 루터 영달Luther Youngdahl[93]은 주립 정신병원을 시찰하면서 더럽고 비좁은 시설에서 환자들이 의자에 묶여 있는 것을 보았다. 그들 중 4분의 1은 평균 30여 년 동안 그곳에 감금되어 있었다.[94] 그는 미네소타주 또한 "공범"[95]이라고 말했다. "우리 모두는 이 아픈 사람들에게 가해지는 사회적 범죄에 가담하고 있습니다." 1949년에 영달은 더 많은 환자가 퇴원해서 공동체에서 치료를 받을 수 있도록 하는 새로운 정신보건법을 적극적으로 옹호했다. 할로윈에 그는 미니애폴리스 북쪽에 있는 정신병원을 방문해서 359개의 구속복을 쌓아 놓고 그것들을 불태웠다. "악령이 씌었다는 믿음은 뿌리 깊습니다."[96] 그는 말했다. "우리는 오늘 밤 그 증거를 불태웠습니다. 우리는 그런 미신이 다른 형태로 나타나지 않도록 늘 주의해야 할 것입니다." 그런 다음 영달은 미국정신의학협회 회의에 참석해 이렇게 선언했다. "부자 환자라든가 가난한 환자라든가 하는 것은 없습니다… 흑인 환자나 백인 환자도 없습니다. 오직 한 종류의 환자만 있을 뿐입니다. 그것은 바로 아픈 환자입니다."[97]

그의 이러한 접근은 정신질환을 보편화하는 데 도움을 주었다. 하지만 이는 인종과 경제가 어떤 방식으로 질환의 경험을 구체적으로 만드는지에 대한 관심과 고민이 부족하다는 사실을 보여 주기도 한다. 1963년 존 F. 케네디는 '지역사회 정신보건법'을 통과시켰다. 이 법령은 "구금 격리라는 차가운 자비"[98]를 행동 건강 센터와 갱생 시설 네트워크로 대체하기 위해 제정되었다. 이는 정신약리학으로 인해 가능해진 변화였다. 그러나 실제로 이런 센터들은 재정이 열악해진 나머지 결국 사회적·경제적으로 도움이 거의 필요 없는, 다루기 수월한 환자들만 받아들이게 되었다. 1980년대 초반에 미국정신의학협회 회장이었던 도널드 랭슬리Donald G. Langsley는 병원들이 "예측 가능한 생활 문제"[99]만 조언하고 있다며 비판한 바 있다. 지미 카터 대통령 정부 산하 정신보건 위원회에서 발간한 1978년의 보고서는 행동 건강 센터들이 조현병 환자를 받지 않는다는 사실을 발견했다고 기록하고 있다. 대신 그곳들은 "사회 부적응자"[100]나 아예 정신질환이 없는 사람들에게 치료를 제공하고 있었다.

정신적으로 취약한 사람들이 정신병원에서 퇴원해 지역사회로 돌아가더라도 그들을 수용하려는 시도 같은 것은 거의 존재하지 않았다. 정신과 의사 풀러 토리E. Fuller Torrey는 이렇게 말하고 있다. "20세기 미국에서 가장 큰 의료 서비스 운동이었는데도 마스터플랜 및 부처 간 조정도 없고 교정 메커니즘도 없으며 관계 당국도 존재하지 않았다."[101] 환자들은 병원에 갇히는 대신 홈리스 수용소, 그룹 홈, 교도소와 같은 또 다른 형태의 구금 시설에 갇히게 된 것이다.

1980년대와 1990년대에는 범죄에 강경한 태도를 보이려는 정치인들이 더 많은 행동을 법적으로 처벌할 수 있도록 하는 법안을 통과시키기 시작했다. 그 결과로 예전에는 정신병원에 수용되었을 사람들이 이제는 교도소의 창살에 갇히게 되었다. 사회규범에 스스로를 맞추지 못했거나 기소된 뒤 제대로 변호를 받지 못했기 때문이었다. 미국 법무부의 조사에 따르면 교도소에 수감되어 있는 여성 죄수들 중 3분의 2가 정신질환 병력이 있었다.[102] 지난 40년 동안 미네소타 주에서 투옥된 여성들의 숫자는 1,000퍼센트 이상 증가했다.[103]

샤코피 교도소의 직원들은 그곳을 "꿀 감옥"이라고 불렀다. 복도에는 카펫이 깔려 있고 의자는 쿠션이 푹신했으며 정원이 딸린 야외

제 3 장

식당도 있었기 때문이다. 심지어 2016년까지는 담벼락도 없었다. 무릎 높이의 낮은 울타리만 있었을 뿐이다. 이곳의 설립을 도운 이사벨 힉비 홀Isabel Higbee Hall은 1915년 이렇게 이야기한 바 있다. "자유는 형법 시설의 시험대라고 할 수 있다."[104] 나오미가 보기에도 샤코피는 탈옥을 걱정할 필요가 없는 곳이었다. "우리를 어디에서 찾을지 너무 뻔하죠." 나오미는 말했다. "아이들이 있는 곳으로 바로 갈 테니까요."

살아남은 쌍둥이인 수프림은 칼리드가 키우고 있었지만 나탈리 이모와도 시간을 많이 보냈다. 나탈리는 미국에서 가장 오래된 흑인 여성 인문대학인 스펠먼 칼리지에 갈 수 있는 기회를 포기하고 미네소타에 머무르면서 나오미의 아이들을 돌보았다. "저에게도 나름의 분노가 있었죠." 나탈리는 말했다. "언니랑 말도 하기 싫은 날들도 많았어요. 하지만 저는 조카들을 모두 데리고 있고 싶었어요. 저한테는 그게 제일 중요했거든요."

형과 누나가 엄마를 만나러 샤코피 교도소를 방문할 때면 수프림도 따라가고 싶어 했다. 하지만 교정국은 범죄자가 희생자와 접촉하는 것을 금지하고 있으므로 수프림은 나오미를 만날 수 없었다. 수프림이 엄마에 대해 기억하는 것이라고는 엄마가 레게 머리를 하고 있었다는 것 정도뿐이었다. 수프림은 내게 이렇게 이야기했다. "누나와 형이 돌아오면 나는 묻곤 했어요. '엄마는 어떻게 생겼어? 성격은 어때?' 하고 말이죠." 수프림의 누나인 케일라는 내게 이렇게 말했다. "엄마한테서 어떤 냄새가 났는지, 엄마가 어떻게 행동했는지 자세히 이야기해 줬어요. 아마 제가 엄마를 많이 닮아서 수프림이 제게 더 애착을 느꼈던 것 같아요."

나오미는 교도소에 있는 유색인종 엄마들과 친구가 될 수 있을 거라고 생각했다. 그곳 죄수들의 약 16퍼센트가 흑인이었기 때문이다.[105] 이는 미네소타주 전체 흑인 비율의 두 배였다. 하지만 그 기대는 완전히 빗나갔다. "사람들이 철저히 저를 피하더라고요. 그리고 '넌 대체 얼마나 정신이 나갔기에 아이들한테 그런 짓을 할 수가 있지?' 하는 표정으로 저를 바라봤어요." 교도관들도 비슷한 생각이라는 걸 나오미는 감지했다. 교도관 하나에게 보낸 메모에서 나오미는 이렇게 적고 있다. "당신이 나에게 말을 걸 때마다 나는 발에 밟혔지만 아직 죽지는 않은 개미가 된 느낌이네요." 나오미는 일기를 쓰기 시작했다.[106] "나는 정말 고립된 것 같다. 나에게는 도움이 필요하다. 하지만 박사 학위를 받은 사람들이 하는 건조하고 냉정한 치료 수업은 도움이 되지 않는다."

수감된 지 몇 달 지나 나오미는 맥도너 홈스에 살았던 그 몽족 여성 '코아 허'를 만났다. 그녀는 50년 형을 선고받고 교육동에 수감되어 있었는데, 그곳은 모범이 되는 죄수들을 수용하는 작은 건물이었다. "코아는 나에게 다가오더니 말했어요. '이봐요, 나를 아는지는 모르겠지만 혹시 이야기할 사람이 필요하면 언제든지 나한테 와요. 당신이 어떤 일을 겪었는지 알아요. 나는 당신을 이해해요.'"

코아는 태국 난민 수용소에서 어린 시절을 보냈고 열두 살 때 강

제 3 장

간을 당했다고 했다. 그를 강간한 남자는 남편이 되었다. "가부장제에 관한 한 내 경험은 코아와는 아예 비교가 불가능했어요." 나오미는 말했다. "코아가 자기 경험을 이야기해 주었을 때 나는 마치 영적인 각성을 한 것만 같았죠." 그들은 모두 아이들의 잠재력에 대한 상상력이 부족한 이 사회에서 자기 아이들이 어떻게 자랄지에 대해 절망한 어린 엄마들이었다. "한때는 나도 코아를 비판했던 걸 생각하면 놀라운 일이었죠." 나오미는 말했다.

2000년 《몽 타임스Hmong Times》에 실린 4부로 된 에세이에서 코아는 "세상의 짐이 너무 무겁게 나를 짓누르는 것만 같던"[107] 우울증이 최고조였던 시기에 아이들과 그녀 사이에 고통의 경계는 사라졌다고 말하고 있다. "고통을 느낄수록 나는 더 약해졌다."[108] 그녀는 또 이렇게 쓴다. "그리고 어렸을 때 내가 얼마나 힘들었는지가 떠올랐다." 그녀는 독자에게 요청한다. "제발 당신의 내면에 있는 자아의 이야기를 듣고 이런 질문을 던지기 바랍니다. '나는 내 문제에 대해 어떻게 도움을 받을 수 있을까?' 당신이 소리 내어 말하지 않는다면 어느 누구도 당신의 문제에 대해 알 수가 없습니다."[109]

몽족은 사람이 죽으면 다른 형태의 영혼으로 돌아온다고 믿으며, 또한 그런 다양한 영혼들 중 하나가 육체에 자리 잡게 된다는 믿음을 공유한다.[110] 나오미 또한 이런 생각에 끌렸다. "나는 코아와 내가 우리의 이해를 넘어선 지점에 있는 무언가의 일부분이 아닐까 생각하기 시작했어요." 어느 지방신문은 다음과 같이 보도했다. "몽족 사회에서는 코아의 여섯 아이들의 영혼이 여전히 그 집을 떠돌고 있을 거라고 걱정믿는다."[111]

나오미는 교도소에서 영화 〈비러브드Beloved〉를 보았다. 그리고 자기 자신의 역사에도 유령들의 역할이 존재하는지에 대해 생각하기 시작했다. 토니 모리슨의 소설을 원작으로 하는 그 영화에서 주인공은 가혹한 주인에게서 도망친다. 그녀와 가족이 붙잡히게 되자 주인공은 주인 손아귀에서 자랄 걱정 때문에 딸을 살해한다. 그러고는 몇 년이 지나서 죽은 딸이 유령이 되어 집에 들어온다. 그리고 가족은 그 유령을 자신들의 삶의 질서로 받아들이게 된다. 아이의 할머니는 이렇게 말한다. "이 나라에 죽은 검둥이의 슬픔이 배어 있지 않은 집은 없지."[112]

플로리다 또한 〈비러브드〉를 보고 동요했다. "영화에 나온 엄마는 그게 아이를 지키는 방법이라고 생각한 거죠. 나오미처럼 말이에요." 나오미는 트라우마가 어떻게 세대를 거쳐 내려오는지에 대해 엄마와 이야기를 해 보고 싶어 했다. 하지만 자신이 변명을 하고 있는 것 같아 부끄러웠다. 한번은 나오미가 법정 절차의 불공평함에 대해 엄마에게 불평한 적이 있었는데, 엄마는 그래도 너는 이렇게 살아 있지 않느냐고 대꾸했다고 한다. 너의 아들은 그렇지 못한데, 하고 말이다. 나오미는 "그때 엄마 목소리에서 느껴지던 그 고통을 절대 잊을 수 없을 거예요"라고 말했다.

나오미는 죽은 아들인 신시어에게 편지를 쓰기도 했다. "나를 용서해 다오." 그녀는 이렇게 쓰고 있다. "나는 내가 옳은 일을 하고 있다고 생각했단다… 내가 배운 모든 게 머릿속에서 뒤죽박죽이 되어 있었어." 나오미는 자신이 빼앗아 버린 모든 삶에 대해 아이에게 사과한다. "우리는 다시 만날 거야." 나오미는 약속한다. "나는 네가 가까이 있다는 걸 느낄 수 있어. 엄마와 자식의 유대감은 가장 강력한 것이란다."

나오미는 될 수 있는 한 많은 시간을 교도소 안에 있는 도서관에서 보냈다. 그곳은 죄수들이 자기 생각을 다른 사람들과 나눌 수 있도록 허용된 장소였다. 교도소 도서관의 사서인 안드레아 스미스Andrea Smith는 이렇게 말했다. "처음부터 나오미는 자기가 호기심이 많다고 했어요. 그리고 나를 자기와 비슷한 사람이라고 생각한 것 같아요. 나오미는 영성이나 철학에 대한 자기 생각을 검증하고 싶어서 도서관에 왔어요. 어떻게 살아야 하는지, 다른 사람을 어떻게 봐야 하는지, 자기가 다른 사람에게 어떻게 보여야 하는지에 대해 생각이 많아 보였죠."

나오미는 일주일에 두세 권씩 책을 읽기 시작했다. 책갈피도 직접 만들었다. "정말 다채롭고 큼직하면서 개성 있는 책갈피였어요." 스미스는 말한다. "반짝거리는 점들이 찍혀 있었죠." 나오미는 죄수들이 아픈 곳이 있을 때 써서 제출하는 핑크색 종이를 모아서 자기가 읽고 싶은 책을 신청하는 용도로 사용했다. 폭스 버터필드Fox Butterfield의 『모두가 하느님의 자녀들All God's Children』, 샤론 이웰 포스터Sharon Ewell Foster의 『냇 터너의 부활The Resurrection of Nat Turner』, 벨 훅스의 『우린 진짜 쿨하지We Real Cool: 흑인 남성과 남성성』, 도로테 죌

레Dorothee Sölle의『침묵의 비명The Silent Cry: 신비주의와 저항』과 같은 책들이었다.

스미스는 나오미에게 조수 자리를 주었다. 사람들이 가장 탐내던 자리였다. (다른 여성들은 풍선을 접거나 주 경찰 제복을 만들거나 고무로 된 강아지 장난감을 만들었다.) 나오미는 자기 책상 뒤에 있는 화이트보드에 그날 읽은 책의 인용문을 써 놓았다. 그녀는 오랫동안 "교도소는 문제를 사라지게 하는 것이 아니라 인간을 사라지게 한다"라는 문장을 써 놓았다. 그곳의 다른 여성 죄수는 나오미에게 말했다. "당신은 자신을 위해 읽는 것이 아니라 다른 사람들을 위해 읽는군요." 이에 대해 나오미는 다음과 같이 말했다. "나는 그 말이 참 좋았어요. 모든 사람들이 책을 읽는 데 자신의 열정을 쏟지는 않죠. 하지만 내가 책을 읽으면 내 말을 듣는 누구에게든 정보를 전달할 수가 있어요."

나오미는 우울함이 흑인 여성에게는 어울리지 않는다고 생각해 왔다. 하지만 책을 읽으면서 (그리고 음악을 들으면서) 동일시할 수 있는 삶이 있다는 것을 깨닫게 되었다. "'세상에, 내 생각을 이해하는 사람들이 있구나.' 싶었죠." 그녀는 말했다. "그들과 같은 공기를 마시고 있다는 걸 알게 된 거죠. 보이지 않는 동료의식을 느낀 거예요."

스미스에 따르면 '교도소에 수감된 흑인이나 원주민 여성이 도서관에서 역사책을 보다가 자신들을 그렇게 만든 건 다름 아닌 바로 역사였다는 사실을 처음으로 알게 된다' 식의 이야기는 그리 드문 일이 아니었다. "머릿속에서 '탁'하고 전구가 켜지는 거죠." 그러나 나오미는 이미 알고 있었다고 한다. "이런 생각들은 이미 내 안에 다 있었어요. 내가 노예제의 역사로부터 왔고 가문의 뿌리를 확인할 수 없으며, 내 가족이 그토록 소외되어 힘들게 살아온 데는 다 이유가 있다는 걸 이미 알고 있었죠." 나오미는 종종 흑인을 "엄청난 규모의 드라마에 떼거지로 출현하는 엑스트라"라고 부르기도 했다. 똑같은 범죄를 저질러도 흑인 여성은 백인 여성보다 형량이 더 길었는데, 그럴 때면 "나오미는 저건 '뻔한 쇼'에 불과하다고 말했어요"라고 스미스는 회상한다.

스미스와 나오미는 "고통을 어떻게 다른 곳으로 향하게 할 수 있는지"에 대해 오랫동안 대화를 나누곤 했다. "왜냐하면 고통은 사라질 수 없기 때문"이다. 스미스는 말한다. "고통은 어느 순간 없어질 수 있는 것이 아니에요. 대물림되는 것이죠."

나오미는 자신과 똑같은 외로움을 느끼는 독자들과 연대감을 느끼고 싶어 했다. 그래서 힙합이 법으로 금지되어 있는 어느 디스토피아 사회에 대한 소설을 집필하기 시작했다. 그리고 회고록을 쓰는 작업에도 착수했다. 엄마로부터 이어져 내려온 트라우마를 자신이 그대로 짊어지고 살아가야 했던 경험을 언어화하고 싶었던 것이다. "나는 내 어두운 면을 견뎌 냈다." 나오미는 회고록에서 다음과 같이 말하고 있다. "내가 지금까지 했던 행동과 내가 살았던 장소는 '나'라는 사람과는 아무런 관계가 없다."

나오미는 회고록에 쓸 자료를 수집하기 위해서 자기 엄마인 플로리다를 인터뷰했다. 나오미는 엄마의 과거를 아는 것이 늘 두려웠다. 하지만 이제는 "완벽한 구실이 생긴" 것이다. 나오미는 외할머니인 벨마 또한 신경쇠약에 시달렸다는 사실을 알게 되었다. "외할머니의 정신질환은 우리 가족에게는 감추어야만 하는 비밀이었어요. 누구도 자세히 알려고 하지 않았죠."

벨마는 술이 떡이 되도록 마셔 댔고, 집을 며칠씩 비우는 일도 예사였다. 플로리다와 여섯 명의 오누이는 엄마도 없이 집에 방치되었다. 그들은 흑인을 위한 시카고의 공공 주택 '아이다 웰스 홈스Ida B. Wells Homes'[113]에서 살았다. 벨마의 일곱 자녀들은 너무 배가 고파서 오트밀 상자에 붙어 있는 말라빠진 오트밀도 떼어 내 먹었다. 플로리다가 두 살 때 이웃이 아이들의 울음소리가 들린다고 경찰에 신고했다. 플로리다의 언니들은 경찰관들을 집에 들이지 않으려 했다. 그러자 경찰은 도넛을 사 들고 다시 찾아왔다. 언니들은 고분고분하게 문을 열어 주었다.

그 후 플로리다는 그 집으로 돌아가지 않았다. 아동 가족 복지부에서 나온 사회복지사가 플로리다를 잭슨 여사의 집에 데려가서 "여기가 너의 새집"이라 말했다고 한다. 플로리다의 다른 여섯 오누이들도 각각 다른 집에 맡겨졌다. "나는 너무 무서워서 움직일 수도 없었어요." 그로부터 2년 동안 플로리다는 말을 하지 않았다고 한다.

학교에서 플로리다는 공장노동자나 하녀가 될 아이들을 위한 학급에 배정되었다. 플로리다는 창밖을 응시하거나 책상에 엎드려 잠을 잤다. "나는 아무것도 배울 수가 없었어요. 어린 나이에도 상처가 너무 컸던 거죠." 플로리다는 말했다. "하지만 내가 왜 그렇게 느끼는 건지 나도 몰랐어요. 언니 동생이 있었다는 기억도 거의 없었죠. 잭슨 여사는 그런 걸 이야기해 주지도 않았어요." 잭슨 여사에게는 플로리다보다 한 살 어린 딸이 있었고 학교에서 공부도 아주 잘했다고 한다. "나는 계속해서 혼잣말을 하면서 스스로를 달랬어요. 양어머니의 친딸과 똑같은 대접을 받으려고 기대하면 안 된다. 나는 양어머니를 용서한다. 용서한다…." 하지만 9학년 때 플로리다는 학교 정문으로 등교했다가 후문으로 빠져나왔고, 다시는 잭슨 여사의 집으로 돌아가지 않았다.

허스키한 목소리를 가지고 있으며 위트 있고 냉철한 여성인 플로리다는 배고픔, 가난, 가정 폭력에 대한 경험까지도 나에게 아무렇지 않은 듯 이야기했다. 하지만 교육에 대해서만큼은 그러기 어려운 듯 그녀는 흐느끼기 시작했다. "난 예순인데도 아직 기본적인 산수도 못 해요." 플로리다는 가끔 발음 규칙에 대한 책을 사곤 했지만 5학년 수준의 레벨을 넘어가 본 적이 없었다. "자식을 키우면서 아이들한테 책을 읽어 줄 수 없다는 게 너무 슬펐어요." 그러고는 이렇게 덧붙였다. "선생님들이 양손을 들고는 '쟤는 도저히 못 가르치겠어.' 하고 포기했을 수도 있죠. 모르겠어요. 선생님들이 날 가르치려고 한 것 같지는 않아요."

플로리다는 '청년 직업 훈련소'에서 수업을 들을 수 있었고, 그제서야 용기를 내서 오랫동안 궁금했던 것에 대해 마침내 질문을 할 수 있었다. 19에 2를 곱하는 것처럼 두 자리 숫자와 한 자리 숫자를 곱할 때, 첫 번째 곱한 숫자가 10을 넘어가는 경우 그 숫자를 어디에 쓰면 되는가 같은 것들 말이다. "그건 위쪽 아무 데나 쓰면 됩니다." 선생님이 대답했다. 그러자 플로리다는 울기 시작했다. "누군가 제게 그걸 알려 줬다는 것 자체가 정말 감동적이었어요."

플로리다는 토마를 임신한 후에야 자기 가족을 찾아보기로 결심했다고 한다. 10년이 넘도록 어느 누구와도 연락이 닿지 않는 상황이었다. "나는 전철을 타고 언니들이 산다는 시카고 북부로 갔어요." 플로리다는 말했다. "그리고 집집마다 문을 두드리면서 물어보고 다녔죠. 길거리에 있는 사람들한테도 혹시 우리 언니를 아느냐고 물어봤었어요."

플로리다는 결국 자매들을 찾아냈다. 찾고 보니 한 언니는 자기 집에서 두 블록 떨어진 곳에 살고 있었다. "이 아이들을 갈가리 찢어 놓다니, 어떻게 그런 짓을 할 수 있었는지 우리는 이해하지 못했죠." 플로리다는 친엄마와도 재회했다. 14년 만이었다. 일곱 아이들을 잃어버린 충격과 굴욕감으로 벨마는 무척이나 쇠약해져 있었다. 몇 년이 지나 첫째 딸 토마를 빼앗긴 플로리다는 벨마의 심정을 절실히 이해할 수 있었다. "자신이 좋은 엄마가 아니라고 생각하기 시작하면 인생이 달라져요."

나오미는 쌍둥이가 죽은 7월 4일만 되면 마음이 만신창이가 되었다. 그녀는 책을 읽으면서 관심을 다른 곳으로 돌리려고 노력해 보았다. 하지만 7과 4를 더한 11이라는 숫자를 보거나 '추락'이나 '자유'라는 단어를 들으면 온몸이 얼어붙었다. 그럴 때면 나오미는 음식을 먹으려 하지 않았고 방에서 나오려고도 하지 않았다.

나오미는 칼리 조겐슨Karley Jorgensen이라는 미네소타의 어느 마을에서 자란 자그마한 치료사에게 배정되었다. 조겐슨은 나오미가 자신을 보고 "나와는 완전히 다른 젊은 백인 여자아이네"라고 생각할까 봐 걱정했다고 한다. 교도소에 흑인 치료사는 한 사람밖에 없었고, 심지어 원주민 출신 치료사는 아예 없었다. 아메리카 원주민 죄수들이 전체 수감자의 4분의 1을 차지하는데도 말이다. 조겐슨은 유색인종 여성의 경우, 백인 여성들에 비해 정신건강 관리를 받지 못한다는 사실을 잘 알고 있었다. 게다가 일단 그들이 수감되고 나면, 그들의 정신적 고통은 질환의 징후가 아니라 반항 행위로 간주되는 경향이 있었다.

조겐슨의 환자들은 거의 모두 트라우마를 가지고 있었다. 그들은 대개 신체적이거나 성적인 학대, 근친상간, 가정 폭력, 강간, 유기의 피해자들이었다. 베트남전쟁 후 귀환한 병사들의 고통에 처음 주목했던 정신과 의사 아서 블랭크Arthur Blank는 트라우마를 "정리하고 소화하고 이야기하는 능력을 상실한 경험"[114]이라고 정의했다. "자신의 정신 속에서 낯선 육체를 갖는 것과 같은" 경험이라는 것이다. 그러나 트라우마를 받아들이지 못하는 것은 치료사에게도 같은 고통을 불러일으킬 수 있다고 그는 경고한다. "임상의로서 나는 치료의 짐을 부담할 수 없어서 현실을 부인하는 사례를 많이 보았습니다"[115]라고 그는 인터뷰에서 이야기한 바 있다. "정말로 많은 치료사들이 나에게 와서 말하죠. '이 사람들을 치료하려면 대체 뭘 어떻게 해야 하죠? 정말 모르겠습니다.' 하고 말이죠." 환자의 경험을 이해하지 못하는 상황은 백인 의사가 흑인 환자를 다룰 때 특히 심각하다. 그들은 흑인의 경험에 대해 낯설어한다. 최초로 흑인의 정신건강에 대해 집중함으로써 많은 독자의 공감을 이끌어 낸 바 있는 윌리엄 그리어William Grier와 프라이스 콥스Price Cobbs는 『검은 분노Black Rage』(1968)에서 이렇게 경고하고 있다. "백인 의사는 무의식적으로 흑인 남성의 삶에 대해 속속들이 알기를 피하는 경향이 있다. 자신을 흑인 환자의 입장에 놓는 것만으로도 너무 힘들기 때문이다."[116]

교도소에서 매주 치료를 받는 일은 드물었지만, 조겐슨은 매주한 시간을 나오미의 심리 치료에 할애했다. 나오미는 다른 죄수들보다 더 쉽게 정신건강 서비스를 받을 수 있었는데, 자신이 저지른 죄때문이기도 했고 형기를 마치고도 강제 입원해야 하는 특수한 상황때문이기도 했다. 조겐슨은 창문 없는 좁은 사무실에서 나오미에게호감적인 분위기를 조성할 수 있기를 바랐다. "저는 나오미에게 알려 주고 싶었어요. '나는 당신이라는 사람에 대해 희망과 믿음을 가지고 있습니다. 나는 당신을 무시하지 않습니다. 당신은 앞으로 나아가기 위해 무엇이든 하려고 노력하는 멋진 여성으로 보입니다.' 저의 이런 생각들을 보여 주려 했어요." 조겐슨은 판단 없이 나오미의말을 경청했고, 자신이 나오미를 두려워하는 것이 아니라 존중하고있음을 보여 주려고 노력했다. 롯지 병원의 여왕이었던 프롬-라이히만도 이렇게 이야기하지 않았던가. "환자에게는 설명이 아니라 경험이 필요하다."[117]

그러나 눈에 보이는 진전이 있었음에도 불구하고 일상생활에서사소하게 촉발되는 갈등 때문에 치료는 번번히 수포로 돌아가곤 했

다. 나오미와 친해진 경관 톰 바브라Tom Vavra는 말한다. 샤코피의 여
성 죄수들이 자신에게 욕설을 퍼부을 때마다 그는 이렇게 분석했다
고 한다. '어렸을 때 저 사람들에게는 무슨 일이 있었던 걸까? 성적인
트라우마가 있는데 알몸 수색을 당하면 저렇게 될 수도 있을 것 같구
나.' 그는 계속해서 말한다. "솔직히 이곳 여성들은 정신적인 문제 때
문에 수감된 사람들이 많아요. 그렇다면 병원과 같은 환경에서라면
저들의 상태가 더 좋아지지 않을까요? 저는 정말 그렇게 생각합니
다."

　나오미는 매일 알약을 받기 위해 줄을 서야 하는 것이 싫었다. 알
약을 받는 것이 문제가 아니라 그렇게 서 있는 것 자체가 문제였다.
자신이 좋아하지 않는 사람들과 한 시간씩 서 있어야 한다는 사실이,
어린아이처럼 알약을 삼켰는지 아닌지 감시당하는 것이 싫었다. 가
끔은 지나가면서 이렇게 소리치는 사람들이 있었다. "여기 미친년들
줄 서 있다!" 그럴 때면 나오미는 뛰쳐나가고 싶었다. "그 사람들은
'약을 먹어. 그냥 시키는 대로 먹어.' 하고 말해요. 약을 먹기만 하면
모든 게 좋아질 것처럼 말이죠." 수감 기록에 따르면 나오미는 이렇
게 불평했다고 한다. "문제는 좋아지지 않는다는 거예요. 약을 먹는
다고 모든 문제가 다 사라지는 게 아니라는 거죠."

　2010년에 나오미는 항정신병제제인 지프라시돈을 끊었다. 간호
사의 기록에 따르면 비용 문제 때문이었다. 그러고 며칠이 지나 나오
미는 잠을 자지 않았다. 잠이 들면 교도소 간수들이 자신을 강간할까

봐 두려워서라고 했다. 심리 상담사는 이렇게 기록하고 있다. "나오미는 '안전하지 못하다'는 느낌이 들 때면 잠을 자고 싶지 않다고 한다." 나오미는 조증과 불면증을 치료하는 약인 카르바마제핀을 복용하고 있었지만 그마저도 끊어 버리기로 했다. 그리고 이제는 밥도 먹지 않으려 했다. 음식에 독이 들어 있다고 생각했기 때문이다. 어느 날 밤에는 가족에게 전화를 걸게 해 달라고 간수에게 부탁했는데 거절당하자 분을 못 이기고 철제 의자를 던져 창문을 박살 내 버렸다. 간수는 즉시 방으로 돌아가라고 명령했다. 나오미가 복종하지 않자 간수들은 그녀에게 최루액이 든 스프레이를 뿌렸다.

나오미는 서른세 개의 독방이 있는 분리동으로 옮겨졌다. 두 간수가 문 앞에 서서 나오미로 하여금 옷을 벗게 했고 손가락으로 머리칼을 쓸어 보게 했으며, 입을 벌리게 하고 스쿼트를 하게 했다. 그리고 귀 뒤와 발바닥 아래를 보이게 하고 세 번 기침을 하게 했다. 이 모든 것을 마치자 아기 포대기같이 무겁고 찢어지지 않는 천으로 몸을 감싸도록 했다.

나오미는 독방에 50일 동안 갇혀 있었다. 가로세로 3미터 남짓한 그 방에서 나오미는 하루 23시간 동안 혼자 있었다. 그녀는 상담가에게 "정신이 이상하고 버림받았으며 아무것도 하지 못하는" 사람이 된 기분이었다고 말했다. 나오미는 펜과 종이, 책도 받지 못했다. 문에 있는 작은 창으로 식사가 들어왔다. 화장실을 쓰려면 간수에게 휴지를 달라고 요구해야 했다. 정신건강과 직원을 만날 때에는 손에 수갑을 차야 했다. 상담사는 또 이렇게 기록했다. "나오미는 다른 말투를 쓰면서 '우리는 같은 언어를 사용하는 게 아니에요'라고 말했다."

샤코피 교도소에 수감되어 있던 또 다른 여성인 엘리자베스 호즈Elizabeth Hawes는 최근 격리 수감된 경험이 있는 51명의 여성들을 인터뷰했다. 도시 정책 입안자들에게 보낼 프로젝트를 위해서였다. 그녀는 이렇게 결론 내린다. "이들의 공통분모는 나이나 인종, 성 정체성이나 폭력적 성향이 아니라 개인적 트라우마였다."[118] 호즈는 다양한 이유 때문에 독방에 격리되었던 여성들과 인터뷰했다. 노래를 부르면 안 되는 시간에 노래를 불렀다거나, 다른 사람의 케이크를 한 조각 먹었다거나, 교도소의 접촉 금지 정책을 어겼다거나 하는 등의 이유로 독방에 격리된 여성들이었다. 샤코피에 있는 죄수들은 서로를 껴안거나 하이파이브를 하거나 식탁 아래로 발이 닿거나 다른 사람의 머리를 땋아 주는 것이 허용되지 않았다. 나오미는 가끔 볕이 좋은 날이면 운동장에 앉아서 다른 죄수들과 그림자놀이를 했다. 그림자가 서로를 안는 건 규칙을 어기지 않는 것으로 간주되었기 때문이다.

호즈가 인터뷰했던 여성들 중 몇몇은 자살 시도를 해서 독방에 격리된 경우였다. 그들은 면도날을 부러뜨려서 손목을 그으려고 했는데, 이는 처벌받아야 할 금지 사항이었다. 그러나 독방에 격리되는 것은 오히려 죽음에 대한 생각을 더 증폭시킬 뿐이었다고 그들은 호즈에게 말했다. "격리가 되면 없던 정신질환도 생기는 거야."[119] 또 다른 여성은 말했다. "벽이 숨 쉬고 있는 것 같았어."[120] 불면증을 앓던 한 여성은 말했다. "나는 독방 문이 닫히는 순간부터 자살을 생각해.

15일이 지나면 환각증상이 생기지. 오페라가 들리고 밴드 행진 소리가 막 들려."[121]

교정관 톰 바브라는 격리되어 있는 나오미를 방문했을 때 상태가 너무 나빠 보여 충격을 받았다고 했다. "나오미는 무슨 원시언어 같은 걸 읊고 있더군요. 조상들이 어쩌고저쩌고 하면서요."

도서관 사서였던 안드레아 스미스는 원래는 격리동을 방문할 수 없게 되어 있지만 특별 허가를 받아 나오미를 찾아갔다. 스미스는 독방 앞에 서서 나오미와 이야기를 하려고 했다. "처음에는 나오미가 뭐라고 말하는지 제대로 알아듣지 못하겠더라고요. 그런데 듣다 보니 익숙한 이야기였어요." 스미스는 말한다. "그건 나오미의 신념에 대해서, 그리고 세상에 작동하고 있는 거대한 힘에 대해서 우리가 나눴던 이야기들이었어요. 나오미는 선과 악의 이분법에 대해서 굉장히 깊이 고민했거든요." 약을 먹지 않자 나오미의 사고는 완전히 새로운 수준으로 펼쳐지고 있었다. "어떻게 보면 당연한 것이 아닐까 생각해요. 나오미가 접한 뉴스의 양이 어마어마했거든요. 아마도 그래서 악이 승리하고 불공정이 득세하고 있다는 생각이 머릿속을 가득 채웠을 거예요." 스미스는 나오미에게 이렇게 말했다고 한다. "너무 무서워요. 지금 당신을 이해하려고 노력하고 있지만 사실 제대로 알아보지도 못 하겠어요."

스미스로서는 나오미가 자기가 온 걸 알고 있는지도 확신할 수 없었다. 하지만 나오미에 따르면 스미스의 방문은 그녀에게 어떤 전환점이 된 듯하다. "스미스 씨는 나를 약으로만 고칠 수 있는 문제덩

어리로 대하지 않았어요. 그녀는 나의 언어를 이해했어요. 나를 지적으로나 철학적으로, 아니 영적으로 알고 있는 듯했다고 할까요. 나의 건강과 정상성을 판단할 든든한 기준이었죠." 스미스의 방문 이후 나오미는 지프라시돈을 다시 먹기 시작했다. 만일 나오미가 이렇게 자신을 이해해 주고 자신의 고통을 서술하는 방식을 알아봐 주는 사람을 좀 더 일찍 만났더라면 아주 다른 '인생 경력'을 쌓을 수 있었을지도 모른다. 나오미가 외롭다고 느끼지 않았더라면 그토록 망상에 사로잡히지도 않았을 것이다.

나오미는 조금씩 좋아지기 시작했고, 독방에 앉아서 눈을 감고 자신이 가장 좋아하는 노래에 맞춰 가사를 상상하기 시작했다. "나는 마치 내 방에 라디오가 켜져 있는 것처럼 그 노래들을 생생하게 들을 수 있었어요." 마침내 그녀는 큰 소리로 노래를 부르기 시작했다. 나오미는 격리 독방이 "사운드가 가장 멋지게 울려 퍼지는" 유일한 장소라는 사실을 발견했다. 근처에 있던 죄수들은 나오미를 "라디오"라고 부르면서 노래를 신청했다. "음악은 내가 아직 살아 있다는 걸 느끼게 해 주었죠." 나오미는 말했다.

수감된 지 십 년이 지난 2014년 4월의 어느 날, 나오미는 낯선 사람에게서 편지를 한 통 받게 된다. "안녕하세요, 나오미 씨. 이제야 저를 소개할 수 있네요."[122] 칼이라는 가명으로 칭할 이 남성은 이렇게 쓰고 있었다. "그 7월 저녁에 저는 당신과 함께 그곳에 있었어요. 우리 인생은 그렇게 교차하게 되었죠."

칼은 10년 동안 계속 나오미에게 편지를 쓰려고 시도했다. 그는 매년 크리스마스가 되면 컴퓨터 앞에 앉아서 편지를 완성하려고 했지만 번번이 실패했다. "너무 많은 생각들이 머리를 스쳐 가면서 적절한 단어와 의미를 떠올리는 게 힘들었습니다." 칼은 나오미와 아이들을 구하려 미시시피강으로 뛰어들었다. 그때 칼도 우울증에 빠져 있었다고 한다. "모든 사람들의 마음속에 숨어 있는 실패에 대한 공포와 어둠, 슬픔이 나를 사로잡고 있었습니다."

나오미는 칼에게 교도소로 찾아와 달라고 부탁했다. 몇 달이 지나 칼은 세인트폴 외곽에서부터 차를 몰고 샤코피 교도소로 왔다. 그는 건장한 백인 남성이었고, 여섯 손자 손녀들의 할아버지라고 했다. 아버지는 해군 주임원사였고, 어머니는 정신쇠약을 앓다 가출했다. 그는 다른 가정에 입양되어 어린 시절을 보냈다. "제게 유년기는 그랬어요. 계속 이사를 다니고, 친구도 없고요." 칼은 또 이렇게도 말했다. 담요를 뒤집어쓰고 숨어서 "나는 왜 여기에 있지?" 하고 혼자 묻던 날이 많았다고 한다.

2003년 7월 4일이 되기 몇 달 전, 칼은 인생이 망가지는 경험을 했다. 그는 원유 정제 공장의 진동 분석가였다. 경기가 나빠지면서 회사는 능률을 높이기 위해 외부 전문가를 고용했고, 칼은 직장에서 소외되었다. "사람들은 '변화란 좋은 것이다. 변화가 더 바람직한 것이다'라고 말하곤 하죠. 하지만 누군가에게 변화란 사형선고와도 같아요." 회사는 새로운 공정을 도입했고 칼은 분노하면서 이를 비판하다가 결국 회사를 떠나야 했다. "저는 우울증에 대한 전문가의 이야기를 믿지 않아요. 직접 겪어 보지 않고서는 아무 의미가 없으니까요. 우울증으로 가는 그 모든 단계들을 말이에요." 밤에 아내와 나란히 누워서도 그는 잠을 이루지 못했다. "저는 몰래 아래층으로 내려가서 기도하고 기도하고 또 기도했어요." 그는 말한다. "저는 소리 내 울면서 고백하고 싶었어요. '넌 허파에 바람만 잔뜩 들어 있지. 넌 실패야. 인정하라고. 네가 멋지고 인성 좋은 사람이라고 생각하지. 그건 가식일 뿐이야.'"

샤코피 교도소 면회실에서 칼을 만난 나오미는 그의 따뜻한 마음 씨에 크게 놀랐다. "흰머리가 희끗희끗한 그 분은 두 팔을 활짝 벌리고 걸어 들어왔어요." 그녀는 말한다. 그들은 서로를 아주 잠시 껴안았다. (면회가 시작할 때는 잠깐의 신체적 접촉이 허용된다.) 그리고 규정대로 경관의 입회하에 60센티미터 이상 떨어져서 앉았다. 칼은 나오미에게 그날 강에서 일어난 일이 자신에게는 "세례를 갱신하는 것"처럼 새롭게 태어나는 기회였노라 설명했다. 그때까지 칼은 다리를 보거나 발코니에 설 때마다 뛰어내리고 싶은 충동이 들었다고 했다. "당신이 나를 구했어요. 이 표현 말고는 다른 어떤 표현도 떠올릴 수가 없군요." 그렇게 말하며 그는 나오미에게 지극한 감사를 표했다.

스미스 또한 칼과의 만남을 통해 나오미가 "정말로 경이롭고 감사한 마음"을 느꼈다는 걸 기억하고 있었다. "나오미는 사랑받았다고 느꼈고, 자신도 칼을 사랑할 수 있다고 생각했던 것 같아요. 그 둘은 너무나 상처받고 슬픈 사람들이었어요. 그들이 서로를 친밀하게 느낀 건 비슷한 경험을 했기 때문인 것 같아요."

몇 년이 지나고 나는 칼에게 편지를 보냈고 그는 즉시 답장을 주었다. 그는 자기 이야기를 남들과 공유하고 싶었지만 신부님이 적당한 때가 올 것이라며 기다리라 말했다고 한다. 당시 예순여덟이었던 칼은 폐암 4기였다. 가족과는 달리 그는 자신이 곧 죽으리라는 걸 알고 있었다. 칼은 오랫동안 그 사건을 곱씹었던 것처럼 나오미를 구조했던 날의 이야기를 내게 들려주었다. "아주 아름다운 저녁이었어요." 그는 거친 목소리로 말했다. "우리는 불꽃놀이를 보러 가던 중이었죠. 음식 냄새가 가득했고 음악 소리도 컸어요. 그러다 무엇 때문인지 물이 첨벙 하는 소리가 들렸죠." 칼은 갓난아기가 물 위에 떠 있는 것을 보고 놀라서 두 눈을 크게 떴다고 한다.

칼은 아내에게 자기 지갑을 건네고 다리 펜스를 넘어 아래로 매달려 내려가기 시작했다. 그러고는 바위 낭떠러지 아래로 내달렸다. 그는 달리면서 신께 소리쳤다. "하느님, 도와주세요!" 그리고 바위 위에서 바로 강으로 다이빙했다. 그는 아이가 떠 있었다고 생각되는 곳으로 헤엄쳐 갔다. 아기는 세탁기 안에 들어가 있는 것처럼 이리저리 천천히 흔들리고 있었다. 하지만 그가 도착했을 때 아기는 더 이상 보이지 않았다. "나는 두 손을 물속 깊숙이 뻗어 보았죠. 그때 손에 아기 다리의 촉감이 느껴졌어요." 칼은 아기를 건져 올려 입으로 숨을 불어 넣으며 소생술을 했다. 하지만 칼도 힘이 빠져 버렸다. 그때 또 다른 남자가 그의 어깨를 두드렸다. 그도 칼을 따라 물에 뛰어든 사람이었다. 그는 칼의 팔에서 아기를 들어 올려 강가로 헤엄쳐 나왔다.

나오미는 더 아래쪽으로 떠내려 가고 있었다. 물살이 짙고 급류가 빠른 곳이었다. 배로 지나간다고 해도 불안함을 느낄 정도의 급류였다. 그렇지만 칼은 다시 나오미를 향해 헤엄쳐 갔다. 그는 시편 69절을 되뇌었다. "하느님, 저를 구하소서. 물이 목까지 들이찼나이다. 깊은 수렁 속에 빠져 발 디딜 데가 없나이다." 나오미는 칼의 존재를 알아차리지도 못 하는 것 같았다. 그럼에도 그는 이렇게 생각하며 계속 앞으로 나아갔다고 한다. '당신이 어디를 가든 나는 따라갈 거예요. 절대 당신을 놓지 않을 거예요.'

칼은 인터뷰 내내 '모래 상자'라는 표현을 즐겨 썼다. 그것은 개인에게 느껴지는 사회의 압박을 의미한다고 했다. "내 문제는 모래 상자 안에 갇혀 있어야 한다는 사실에서 비롯된 거였습니다." 그는 이렇게 말했다. "통제하는 힘을 상실하는 게 너무 무서웠어요. 직장이나 집에서 가족과 있을 때 내 자세를 보면 금방 알 수 있었을 거예요." 그는 자신이 그렇게 강물에 즉각 뛰어들었다는 사실에 스스로 놀랐다. 과체중인 데다가 수영을 잘하는 편도 아니었기 때문이다. 게다가 그 흑인 여성의 손을 자기가 붙들었다는 사실도 놀라웠다. "내 안에 뭔가 불꽃이 일렁이고 있었던 거예요. 편견 따위가 개입할 여지가 없었던 거죠." 그는 말한다. "잘 알지도 못 하는 사람에게 어떻게 그런 감정을 느낄 수 있었을까요?"

칼은 실명을 밝히고 싶지 않다고 했다. 나오미와 그의 아들을 구한 건 신께서 하신 일이지 자신이 한 일이 아니라고 생각했기 때문이다. "그 사건으로 나는 새롭게 태어났어요. 정말로 멋진 기분이었죠." 그는 또 이렇게도 말했다. "내가 강물로 뛰어들었을 때, 나는 모래 상자 밖으로 나가 무한의 공간으로, 영원의 차원으로 들어선 거예요. 나는 이 세상에서 내 자리를 버린 거죠."

나는 물로 받는 세례처럼 강에서의 일이 종교적으로 상징하는 바도 있는 것 같다는 점을 지적했다.

"그건 상징이 아닙니다." 그는 말했다. "그건 현실이에요. 내게는 사실 그 자체죠."

그는 당시 오랫동안 정신과 약을 복용하고 있었다. "그 약이 어떻게 작용하는지 나도 잘 알아요." 하지만 나오미를 강에서 구한 후 그는 우울증에서 회복되었다. "불을 끄고 침대에 누워 내일 무엇을 할까 생각하면 공황 상태가 오곤 했어요. 그런데 거기서 벗어날 수 있는 곳을 찾은 거예요. 나는 바위가 필요했던 거죠. 나오미는 내가 정신을 차리고 나만의 바위를 찾을 수 있게 해 주었죠."

항암 치료를 받으면서 칼은 나오미의 소설을 읽었다. 그것은 '페이지'라는 출판사에서 출간된 힙합에 관한 이야기였다. 칼은 나오미에게 자신의 전화번호를 전해 줄 것을 출판사 측에 요청했다. "나오미가 마침내 위대한 작가가 되었다는 이야기를 듣고 싶다고 꼭 전해 주세요." 칼은 말했다. 그들은 몇 번을 더 만났다. 하지만 칼의 아내가 그 만남을 불편해한다는 것을 나오미가 감지하고는 연락이 뜸해졌다. 칼은 자신이 나오미를 구해 줬다기보다 나오미가 자신을 구해 주었다고 생각했다. 그래서 연락이 오지 않아도 괜찮았다고 말한다. "나는 그저 그녀에게 용기와 구원을 줄 수 있는 사람이 되고 싶었습니다. 내가 그렇게 할 수 있다는 뜻은 아닙니다. 하지만 많은 사람들이 여전히 그녀에게 의심의 눈길을 던질 겁니다. 나는 그녀를 판단하지 않는다는 것을 알아줬으면 했어요." 그는 내게 말했다. "나는 정의의 구현자가 되고 싶은 것이 아니었습니다. 그저 그녀가 그렇게 물에 떠내려 가도록 내버려 두지 않는 사람이 되고 싶었을 뿐이에요."

나오미는 칼과 편지를 주고받으며 포기하지 않겠다는 용기를 얻었다. "나는 계속해서 숨을 쉬어야 할 책임이 있다"는 것을 느꼈노라 그녀는 말한다. 또한 칼의 연락은 자신이 사회에 받아들여질 준비가 되었다는 신호로 느껴지기도 했다. 하지만 출소가 얼마 남지 않은 2016년, 나오미는 국가가 자신을 풀어 주지 않으리라는 사실을 알게 된다. "정신질환이 있고 위험하기 때문에" 출소 후에도 강제 입원해야 한다는 사실은 여전히 변하지 않았던 것이다. 나오미를 세 시간 동안 인터뷰한 정신과 의사는 이렇게 결론 내리고 있다. "나오미는 아직 열린 사회에 받아들여질 만한 준비가 되어 있지 않다. 적절한 안정감을 얻지 못했다." 그는 또 이렇게 기록했다. "게인스 씨는 지금까지 잘 해 오고 있었다. 하지만 사회로 다시 돌아가기에는 아직 시간이 필요하다." 13년 전에는 나오미의 정신질환을 법적으로 인정하지 않더니, 이제는 나오미가 무기한 감금되어야 할 만큼 심각할 정도로 정신적인 문제가 있다는 것이다.

나오미는 자신의 상태를 결정하기 위해 모인 특별검토위원회에

출석해서 정신감정 평가에 대해 문제를 제기한다. "저에 대한 보고
서에는 아프리카계 미국인의 생활과 문화에 대한 공감이 전혀 없습
니다." 보고서는 나오미가 흑인 조상에 대해 관심을 갖는 것이 정신
병의 증거라고 단언하고 있었다.[123] "아메리카 원주민은 죽은 조상의
목소리를 들었다고 보고해도 되지만, 아프리카계 미국인에게는 똑
같은 자유가 허용되지 않는군요." 또한 보고서에는 나오미가 가스에
질식당할까 봐 두려워하는 망상을 가지고 있다고도 적혀 있었다. 하
지만 나오미는 여기에 대해서도 반박했다. 나오미가 독방에 격리되
기 직전에 "간수들이 가스를 썼다"는 기록을 의사도 분명히 보았기
때문이다.

미네소타 시큐리티 정신병원에 입원한 나오미는 직원들에게 "이
게 마지막 단계에요. 내가 탁 트인 공간에서 살아갈 수 있는지를 평
가하는 최종 단계죠." 하고 말했다. 그녀는 병원 내 밴드 '테라퓨틱
스Therapeutics'에 가입해 활동하기도 했다. 그 밴드는 환자, 의사, 병원
의 레크리에이션 직원, 안전 요원 등 총 15명으로 구성되어 있었다.
"의사와 직원도 모두 동등한 밴드 멤버였기 때문에 나는 그 사람들을
비판할 수 있는 흔치 않은 기회를 가질 수 있었죠. '그건 음이 맞지 않
아요. 음을 좀 더 높여 봐요.' 하고 말이에요."[124]

나오미는 또한 '폭력 너머' '자기 관리' '건강한 관계 맺기' '즐거운
독자들' '식별하기Insight'와 같은 집단치료에도 참여했다.[125] '식별하
기' 수업에서는 정신질환이 있는 건 환자의 잘못이 아니라고 했다.

나오미는 정신질환을 "정상적 추론을 방해하는 뇌의 임상적 질병"이라고 정의했다. 나오미는 자신이 배운 것을 플로리다에게 알려 주었다. 플로리다는 한결 마음이 가벼워졌다고 했다. "이런 일은 나한테만 일어나는 건 줄 알았어요. 정신질환이니 뭐니 하는 일을 겪는 것 말이에요." 플로리다는 말했다. "나 같은 사람이 저 밖에 또 있다는 건 정말 안심이 되네요."

나오미는 생물학이 모두에게 보편적이라는 주장에 대해 분노했다. "당신이 말하는 '정신적 무너짐'이 나의 무너짐이 될 수는 없어요. 우리는 백인들과는 다른 종류의 공포를 지니고 살아가고 있어요. 당신은 지금 핵심을 보지 못하고 있는 거라고요." 나오미는 의사들에게 이렇게 말했다. "나는 머리가 아파서 의사를 찾아왔는데 막상 당신은 다리를 진찰하는 식이라고요."

정신의학적 식별은 생명을 구할 수 있다. 자신이 하늘을 날 수 있다고 확신하면서 건물에서 뛰어내리려 하는 사람은 자기 뇌가 제대로 기능하지 못한다는 사실에 대해 알아야만 한다. 하지만 병식에 대한 편협한 견해 때문에 의사나 가족은 환자의 정체성과 자존감에 핵심적인 특정한 믿음(신과의 관계라든가, 사회 속에서 자신의 자리에 대한 새로운 이해 같은 것들)을 제대로 보지 못하고 있을 수 있다. 나오미는 자신이 다른 사람들에게는 허락되지 않은 진실에 접근했다고 느꼈던 때가 그립기도 했다. 나오미는 이렇게 말했다. "정신병 약을 먹지 않은 상태에서는 내가 더 높은 곳에 있는 것 같은 기분이 들어요. 아주 높은 건물 꼭대기 같은 곳 말이에요. 나는 광활한 공간을 모두 바라볼 수 있을 것 같은 기분이 들었어요." 하지만 약을 먹는다고 해서 사회적 상황에 대한 공포가 사라지는 것은 아니었다. 이건 제로섬게임이 아니었다. 나오미는 남은 생애 동안 약을 먹기로 결심했다. "누군가 내 정신병을 고쳐 주지 않는 이상은 먹어야겠죠." 플로리다는 그런 날이 올 거라 생각하지 않는 듯했다. "하느님이 알아서 하실 일이에요." 플로리다는 내게 말했다. "인간의 뇌도 하느님의 손에 있어요."

나오미는 수프림과 전화 통화를 할 때마다 정신질환에 대해 가르쳐 주려고 했다. 수프림은 나탈리의 집에 있을 때마다 나오미와 통화하곤 했다. 한번은 수프림이 물었다. "엄마가 아프다는 게 무슨 말이에요? 지금도 아파요? 두통 같은 거예요?" 나오미는 처음부터 끝까지, 즉 칼리드를 처음 만났을 때부터 미국 정부가 자기 가족을 죽일 거라고 확신했던 이야기까지 다 해 주었다. 그러고는 이렇게 말했다. "나의 사랑스러운 수프림, 내가 방금 너한테 했던 이야기를 나에게 다시 해 주겠니? 너의 언어로 다시 내게 이야기해 주렴."

수프림은 나에게 말했다. "저는 엄마한테 화가 났던 적은 없어요. 왜냐하면 엄마는 제게 충분히 잘 설명해 줬거든요. 우리가 아프면 평소라면 하지 않을 일들을 한다고요. 우리가 우리가 아니게 된다고요."

나오미는 미네소타 시큐리티 정신병동에 무기한 입원해 있어야 할까 봐 두려웠다. 평생 그곳에 갇혀 있는 사람도 있었기 때문이다. 하지만 다행히도 나오미는 1년도 안 되어 퇴원할 수 있었다. 나오미가 죄를 지은 지 16년 만인 2019년 가을이었다. 이제 그녀는 자신의 집이 생겼다. 원룸형 아파트였다. 나오미는 "안아 드립니다" "사랑은 집을 고향으로 만들어 준다" 같은 구절이 인쇄된 액자로 아파트 내부를 장식했다. "세면대 아래에 있는 휴지로 손을 닦으세요"처럼 교도소에 걸려 있을 법한 문구도 있었다.

나는 나오미와 그녀의 딸 케일라를 그 아파트에서 만났다. 열아홉 살이던 케일라는 처음에는 학교 과제에서 눈을 떼지 않았다. 그녀는 미니애폴리스에 있는 세인트토머스대학 2학년에 재학 중이었고, 소파 한쪽 구석에서 공책에다 아이티 혁명에 대한 보고서를 작성하고 있었다. 케일라는 머리를 높게 묶고 있었는데, 정말 나오미와 똑같은 모습이었다. 성격도 엄마와 많이 닮았다고 모든 가족이 입을 모아 말했다. 케일라는 말했다. "제가 창작을 할 때나 내성적일 때면 모두가 엄마랑 똑같다고 말해요. 하지만 가끔은 부정적인 어조로 말하기도 해요. 사람들은⋯"

"칭찬하는 건 아닌 거 같지." 나오미가 말을 받았다.

케일라는 고개를 끄덕였다.

케일라는 고등학교에서 건강 관련 수업 도중 정신질환의 유전성에 대해 배우게 되었다. 쌍둥이를 연구해 보면 특정 정신질환이 유전될 가능성은 50퍼센트에서 80퍼센트까지 달한다고 한다.[126] 케일라는 패닉에 사로잡혔다. "케일라는 공포에 사로잡히기 시작했어요." 나탈리가 이야기해 주었다. "이모, 오늘 수업 시간에 정신질환이 유전된다고 배웠어. 그럼 나도 정신이 나갈 수 있는 거야!"

나오미의 큰아들도 몇 년 전 정신쇠약으로 짧게 입원한 적이 있었지만 곧 회복해서 지금은 잘 지내고 있다. 나오미의 가족은 그가 아팠을 때 나오미에게 해 주지 못했던 것을 해 주려고 노력했다. 아침 6시부터 밤 10시까지 돌아가면서 그의 곁을 지켰고, 퍼즐 놀이도 하면서 그가 혼자가 아니라는 걸 느끼게 해 주려고 했다. "오빠가 겪어 내고 이겨 내는 걸 보면서 나는 아프지 않을지도 모른다고 생각하게 되었어요." 케일라는 말했다. "아마도 제 역할은 정신질환을 겪는 사람이 되는 게 아니라 그 사람을 이해하고 가까이 있으면서 도와주는 사람이 되는 것일지도 모르겠어요." 칼이 그랬듯, 케일라도 누군가가 정신질환에 휩쓸려 가도록 '내버려 두지 않는 사람'이 될 터였다.

2020년 5월, 수프림은 열여덟 번째 생일을 맞았다. 나오미는 수프림이 이제 법적으로 성인이 되었기 때문에 감찰 경찰의 허락을 얻어 아들을 만날 수 있었다. 그날 가족들은 모두 플로리다의 아파트에 모였다. 그곳은 저소득층을 대상으로 임대해 주는 공공 주택으로, 나탈리도 그곳에 살고 있었다. 나오미가 수프림을 마지막으로 보았을 때 수프림은 막 걷기 시작한 아기였다. 이제 수프림은 나오미보다 키가 훌쩍 크고 홀쭉했다. 그리고 고등학교 졸업을 앞두고 있었다. 나오미는 수프림을 팔로 감싸안고 오래 울었다. 17년 동안 나오미는 수프림을 안지 못했었다. "수프림은 부끄러워하지 않았어요. 곧바로 엄마한테 가서 폭 안겼죠." 플로리다는 말했다. "마치 '오랫동안 이 순간을 기다려 왔어요.' 하고 말하듯이 말이에요."

요리사가 된 칼리드는 나오미가 체포된 후로는 그녀를 만난 적이 없었다. "나오미를 미워하지는 않아요." 그는 내게 말했다. "하지만 그래도 내 아이가 죽은 걸 없던 일로 되돌릴 수는 없죠." 칼리드는 수프림과 나오미의 재회에 대해 어느 정도는 회의적이었던 것 같다. "수프림은 마치 마음속에 무지개가 뜨는 것 같은 기분을 느꼈을 거예요. 자기가 찾던 모든 것에 대한 대답이 바로 주어질 것이라고 기대했겠죠. 자기가 하지 못한 어리광도 부려 보고 귀여움도 받아 보고 말이죠. 하지만 모든 게 그렇게 생각대로만 되지는 않아요. 자기도 나오미의 치유 단계 중 하나라는 사실을 알면 엄마에 대한 환상이 어느 정도는 깨지겠죠." 하지만 그럼에도 그는 이렇게 덧붙였다. "수프림에게는 분명 최고의 일이었어요. 그때 그 아이를 보고는 바로 알았어요. 삶의 공허가 채워지고 비로소 더 온전해진 것 같은 표정을 하고 있었죠."

나오미는 퇴원한 직후 보건복지부 산하 미네소타 지부에서 2주짜리 '동료 지원 전문가' 트레이닝 코스를 밟기 시작했다. 동료 지원 전문가란 정신질환을 가진 사람들의 집을 방문해서 연대와 지지를 표현하는 이들을 가리킨다. 그러나 2020년 7월, 나오미는 이 일을 시작하자마자 자신이 저지른 범죄 때문에 그 일을 하는 데 부적합하다는 통보를 받게 된다. "나는 남은 평생을 가족과 죽은 아들에게 빚을 갚으려고 했어요." 나오미는 말했다. "하지만 그 빚을 이미 갚은 것 같다고도 생각했어요." 나오미는 대신 달러 트리라는 할인점에 일자리를 얻었다. 몇 달이 지나서는 관리자로 승진할 뻔하기도 했다. 하지만 승진을 위해 서류를 제출하자 범죄 기록 때문에 승진을 거부당했다.

나오미는 자신을 불안정하게 하는 생각들(이를테면 '인종차별주의로부터 세상을 구해야 한다' 같은)이 떠오를 때마다 만약 자신이 백 명의 사람들을 인터뷰한다면 어떻게 될지 자문하곤 한다. 그들이 모두 자신의 생각을 망상이라고 이름 붙일까? 만일 그렇다면 그 생각은 버려야 할 것이다. "내가 누구이고 내 운명이 무엇인지에 대해 여전히 마음속 한구석에 가지고 있는 믿음이 있어요. 풀기 어려운 질문들도 있죠. 하지만 이제는 그런 생각들을 한쪽으로 제쳐 두고 좋은 자매이자 딸, 엄마가 되려고 하죠. 그래서 매일 샤워도 할 수 있고, 사람들과 정상적인 대화도 나눌 수 있고, 일도 할 수 있도록 말이에요. 하지만 약이 이 모든 생각을 없애 주는 건 아니에요. 여전히 제 안에 존재하는 생각들이 있거든요."

나오미의 책장에는 『미네소타에서 창업하기』, 『셀프 뮤지션을 위한 뮤직 마케팅 안내서』와 같은 새 책들이 꽂혀 있을 뿐만 아니라 교도소에서 제일 좋아했던 책들도 있다. 나오미는 교도소에서 작곡했던 노래들을 앨범으로 낼 준비도 하고 있다. 최근에는 교도소의 사서였던 안드레아 스미스에게 자기 유튜브 채널의 링크를 보냈다. "샤코피 교도소에서의 삶을 돌이켜 보면 지금도 나와 같은 여성이 있을지 문득 궁금해진다. 나와 같은 죄를 저질렀다거나 형량이 나와 같은 여성을 말하는 것이 아니다. 이전보다 삶이 더 나아질 거라고 예상되

제 3 장

지 않는 사람, 이제는 스스로에게조차 이를 증명하려 하지 않는 사람 말이다."

나오미는 교도소에 갇힌 수감자와 그 가족들을 위한 곡을 만들었다. 다른 사람의 손을 잡는 꿈을 꿨던 때에 대한 노래다. 또 다른 곡은 체포되었을 때 머리에 맴돌던 요한복음 3장 16절에 대한 노래다. 세 번째 노래는 나오미처럼 맥도너 공공 주택에 살았던 몽족 엄마 코아 허에게 헌정했다. 그 노래에서 나오미는 1998년에 코아 허의 범죄를 뉴스로 보면서 저주를 퍼부었던 날을 회상한다.

내가 감옥에 왔을 때

누가 먼저 나에게 손을 내밀었는지 알아?

"당신에게 누군가가 필요하다면

내가 친구가 되어 줄게요"라고 누가 말했는지 알아?

그 어떤 완벽한 엄마도 이해하지 못하는 걸

누가 이해해 줬는지 알아?

98년의 바로 그 여자였어

나는 그때 당신에게 온갖 욕을 퍼부었더랬지

나의 친구여

BIPOLAR DISORDER
BORDERLINE PERSONALITY DISORDER

조울증 그리고 경계선 인격 장애

"나는 낯선 사람의 삶에 갇혀 있었던 거예요."
한때 로라는 자신에게 정신질환이 있다는 사실로부터 마음의
위안을 얻었다. 의식적이든 아니든 로라는 자신의 질환에 맞게
스스로의 삶을 바꿨다. 하지만 자기 삶을 설명해 주고 인식적
명료함과 의학적 치유를 동시에 제공해 주리라 약속했던
그 이야기가 실상은 텅 빈 강정이었다는 사실을 깨닫고는
배신감을 느꼈다.

DEPRESSIVE DISORDER

로라의 이야기:

"의사는 내 마음을 읽었다.
나는 아무것도 설명할 필요가 없었다."

제 4 장

~~BIPOLAR DISORDER~~
~~BORDERLINE PERSONALITY DISORDER~~

로라 델라노는 자신이 '모든 면에서 뛰어난 건 사실이지만 그게 그렇게 중요한 것은 아니"라고 생각했다. 로라는 미국에서 가장 부유한 동네인 코네티컷주 그리니치에서 자랐다. 아버지는 프랭클린 델라노 루즈벨트의 후손이었다. 어머니는 맨해튼의 유서 깊은 호텔인 월도프 애스토리아Waldorf Astoria에서 사교계에 데뷔했을 정도로 좋은 집안 출신이었다. 로라는 1996년 8학년 때 다니던 사립학교에서 학급 회장이 되었다. 학교에 수선화를 심겠다는 공약을 내걸었다고 한다. 게다가 그녀는 전국에서 가장 뛰어난 스쿼시 선수이기도 했다. 하지만 로라는 자신이 사람들의 기대에 미치지 못할까 봐 늘 전전긍긍했다. 그녀는 이렇게 말하곤 했다. "최고가 아니면 다 별 볼 일 없는 거야."

세 자매 중 맏이였던 로라는 자신이 두 개의 삶을 살고 있는 것만 같았다. 하나는 무대 위에서 주목받는 주인공의 삶이었고, 다른 하나는 주인공의 연기를 날카롭게 평가하는 관객의 삶이었다. 로라는 주인공이 되려고 용을 쓰느라 지쳤다. 마음 한편은 뻥 뚫려 있는 것 같았다. 사실 그리니치 사교계의 뻔하디뻔한 이상형으로 자라는 '착한 딸'이 되는 것이 로라가 원했던 삶은 아니었다. 급기야 로라는 엄마에게 말대꾸하고 방에 들어가서는 나오지도 않았다. 로라의 친구는 둘이나 면도날로 손목을 그었다. 그 상처는 로라에게 개성과 저항의 상징으로 보였다. 상처에 매료된 로라는 자신도 손목을 그어 보았다. "아픔을 느끼니까 정말 내가 살아 있는 것 같고 '진짜 나'를 찾은 것 같더라고요."

부모는 로라를 가족 치료사에게 보냈다. 몇 달간 로라를 진료한 그는 로라에게 정신과 의사를 만나 보라고 권했다. 로라는 정신과 의사를 만나서 자살에 대해 생각한다고 말했고, 의사는 로라를 '양극성 장애bipolar disorder'(일명 조울증)라고 진단했다. 당시는 어린이 양극성 장애 환자들이 급증하던 때였다. 하버드대학의 어느 저명한 연구자가 어린아이들의 분노(그의 표현에 따르면 "감정의 폭풍affective storms"[2])를 '조증'의 징후로 해석한 후 1995년에서 2003년 사이에 양극성 장애 진단을 받은 어린이와 청소년의 숫자는 거의 4,000퍼센트 가까이 증가했다.[3] 로라는 당시 양극성 장애 치료제로 허가받은 정신안정제 데파코트를 처방받았지만 약을 복용하지 않고 옷장 안 보석함에다 숨겨 놓았다. 그런 뒤 몰래 세면대에 쏟아 물로 내려 버렸다.

로라는 자신의 진단명에 대해 거의 생각하지 않았다. 그저 사교 생활에만 온통 관심이 쏠려 있었다. 반 친구들은 로라를 가리켜 "유명인이고 사교적이며 변신에 능한 잘나가는 우리 반 친구"라며 온갖 미사여구를 동원해 로라를 칭송했다. 하지만 로라는 "그 모습이 진짜 자기 모습인지"[4] 의심스러웠다.

2001년에 하버드대학에 입학한 로라는 비로소 자신의 본모습을 찾을 수 있을 것이라는 희망에 부풀었다. 룸메이트였던 브리 체는 말한다. "로라는 타의 추종을 불허하는 아이였어요. 엄청 활발하고 똑똑하고 사람들한테 잘 맞춰 주었죠. 어디에 있어도 빛이 나는 그런 친구였어요." 로라는 하버드대학에서 보낸 첫날 밤에 캠퍼스를 거닐면서 혼자 생각했다. "이게 내가 노력했던 전부야. 마침내 난 해냈어."

로라는 새로운 시도를 해 보았다. 새벽까지 술을 퍼마셔 보기도 했고, 남자아이들에게서 성격 좋다는 칭찬도 들어 보았다. 다른 때에는 친구들의 경쟁이 모두 의미 없다며 냉소에 절은 허무주의자가 되기도 했다. "로라와 함께 인간의 '표면적 모습'이 무엇인지 이야기 했던 게 기억나네요." 그녀의 대학 동기였던 패트릭 벤슨Patrick Bensen은 말한다. "우리는 사람들의 표면적 모습이 내면과 조화될 수 있는지에 대해 토론했었죠."

사람들과 대화를 지속할 수 없는 순간도 많았다. 로라는 일기장에 이렇게 적고 있다. "왜 나는 다른 사람들이 하지도 않는 쓸데없는 생각을 계속하는 걸까? 이 생각들이 나를 사람들에게서 점점 더 멀어지게 하는데도."[5] 아침이 되면 로라는 스스로를 새로운 연극 무대에 올라가야 하는 배우처럼 느꼈다. "아침이면 나는 샤워를 하고 변신을 해서 로라 델라노를 연기하자고 스스로에게 계속 동기부여를 해야만 했다."

대학교 1학년 겨울방학, 로라는 맨해튼 사교계에 데뷔할 준비를 마쳤다. 일주일 동안 두 군데에서 데뷔하도록 되어 있었다. 하나는 월도프 애스토리아 호텔이었고 다른 하나는 플라자 호텔이었다. 그곳에서 열리는 무도회는 여자아이들이 미래의 남편감들 앞에서 처음으로 자기를 선보이는 자리였다. 로라에게 먼 친척뻘 되는 엘리노어 루스벨트Eleanor Roosevelt는 사교계 데뷔가 "끔찍한 고통"[6]이었다고 회상한 바 있다. 물론 이런 파티장에서 서로 대놓고 배우자를 찾지는 않지만, 그럼에도 불구하고 여성이 화려하게 치장해야 하는 분위기는 변함이 없었다. 로라는 웨딩 샵에 가서 베라 왕의 어깨끈 없는 하얀 롱 드레스와 팔꿈치까지 오는 하얀 실크 장갑을 골랐다. 로라와 친구들은 이날을 대비해 며칠 동안 하이힐을 신은 채 우아하게 걷고 기품 있게 인사하며 아름답게 빙글빙글 도는 훈련을 받아야 했다.

첫 번째 파티에서 로라와 여자아이들은 알파벳 순서로 소개되었다. 자기 이름이 호명되자 로라는 무도회장으로 걸어 들어갔다. 로라를 호위하던 동창 친구가 로라를 빙그르르 돌렸다. 그런 뒤 로라는 예쁘게 인사를 했다. "로라 언니는 그 파티에서 중요한 인물이었던 것 같아요. 사람들의 시선이 모두 언니를 향하고 있었죠." 로라의 동생 니나는 말했다. "우리는 모두 잘 차려입고 예쁘고 위트 있는 여자아이처럼 보이려고 최선을 다했어요."

하지만 두 번째 파티에서 찍은 사진들을 보면 로라는 어깨 근육을 숨기고 싶은 듯 구부정한 자세를 하고 있다. 진주 목걸이를 하고 머리는 매끈하게 묶고 있지만 입가는 경직되어 있고 표정은 어쩐지 가식적이다. 로라는 하기로 한 동작들을 수행한 뒤 무대에서 인사를 했다. 하지만 그날 밤 로라는 샴페인에 취해서 몹시 흐느꼈다. 로라의 에스코트를 맡은 친구는 로라를 택시에 태워 집에 보냈다. 로라는 "완벽한 외로움"을 느꼈고 다음 날 아침에 가족들에게 자신은 살기가 싫다고 말했다. 로라는 파티의 상징적 의미를 문자 그대로 받아들여 이제는 정말로 성인기에 들어섰다고 생각했으며, 자신이 그런 성인이 된다는 걸 받아들이고 싶어 하지 않았다. 로라는 내게 이렇게 말했다. "나는 낯선 사람의 삶에 갇혀 있었던 거예요."

다음 학기가 시작되자 로라의 부모는 딸에게 맥린 정신병원에 진료를 잡아 주었다. 그곳은 뉴잉글랜드에서 가장 오래된 정신병원으로, 예전 대농장 부지에 세워진 건물이었다. 그 병원은 체스트넛 롯지만큼 유토피아 정신으로 무장되어 있지는 않았지만 100년이 넘는 오랜 역사를 자랑하는 곳이었다. 로버트 로웰Robert Lowell, 제임스 테일러James Taylor, 실비아 플라스Sylvia Plath와 같은 명사들도 그곳에서 치료를 받았다. 실비아 플라스는 맥린 정신병원을 "미국 최고의 정신병원"[7]이라고 칭하기도 했다. 사교계의 명사였던 매리언 후퍼 아담스Marian Hooper Adams는 "모든 훌륭하고 양심적인 보스턴 사람들은 다 맥린 병원에 가고 싶어 하는 것 같다"[8]라고 말하기도 했다. 로라는 철문을 열고 언덕을 따라 병원 건물로 걸어 올라갔다. 그때 그녀는 그 건물이 마치 "신화적 힘이 약동하는 성스러운 곳"처럼 느껴졌다고 했다.

로라의 담당 의사는 아이비리그에서 학위를 여러 개 받은 전문의였다. 로라는 그에게 치료를 받을 수 있어서 다행이라고 생각했다. 그는 로라를 "적극적이고 외향적이며 똑똑한 젊은 여성"이라고 기록했다. 그리고 "사회적으로 순응해야 한다는 기대를 한 몸에 받으며 자랐고, 성장 과정에서 자신에게 부과된 기대와 가치들 때문에 마음속으로 억압을 느끼는 것으로 보인다"라고 적었다. 로라는 대기실에서 다른 환자들과도 쉽게 수다를 떨었기 때문에 그는 추가적으로 이렇게 기록해야 했다. "정신병원에 온 것이 처음이라는 사실이 믿기지 않을 정도다. 자주 와 봤던 것처럼 아주 자연스러워 보였다."

그는 로라를 양극성 장애라기보다는 '양극성 장애 2형Bipolar II'이라고 진단했다. 이 진단은 울증이 적어도 한 번 이상, 경증 조증이 한 번 이상 발현한 환자에게 내려진다. 경증 조증 상태가 되면 잠을 거의 자지 않고 자존감이 치솟으며 에너지가 넘치는 상태가 된다. 조증보다 덜하다는 의미의 '경증 조증'은 환자의 인간적 기능을 손상시키지 않는다. 오히려 일시적으로 향상시키기까지 한다.

로라는 자신이 정신질환을 가지고 있다는 사실에 안도감을 느꼈다. "마치 네 잘못이 아니라는 이야기를 들은 것 같았어요. 너는 게으르지 않아. 너는 무책임한 게 아니야. 네 탓이 아니었어." 병원을 떠나자 로라는 기분이 들떴다. "의사 선생님은 내가 예전에 생각했던 것보다 훨씬 더 구체적으로 나에 대해 이야기해 주었어요." 로라는 말했다. "마치 내 마음을 읽을 수 있는 것처럼, 그래서 이미 내가 무슨 말을 할지도 알고 있기 때문에 아무것도 설명할 필요가 없는 것처럼요. 나는 양극성 장애 2형이고, 그것도 어릴 때부터 계속 그랬던 거예요." 로라는 아버지에게 울면서 전화했다. "아빠, 좋은 소식이 있어요. 의사 선생님이 모든 문제를 해결했어요."

로라는 항우울제인 프로작을 20밀리그램씩 복용하기 시작했다. 하지만 어느 순간이 되자 그 정도로는 기분이 나아지지 않았다. 그래서 40밀리그램을 처방받았다. 하지만 그것도 듣지 않았다. 이번엔 60밀리그램을 받았다. 성취의 정점인 하버드대학에서 소외감을 느낀다고 로라가 불평했을 때, 그녀와 동일한 문화적 자본과 분위기를 누린 의사들은 로라가 왜 그토록 불행한지를 이해하지 못했을 것이

제 4 장

다. 로라의 삶은 아무런 장애물 없이 평탄해 보였기 때문에 그 같은 불행감은 모두 병적인 것으로 생각되었던 것이다.

로라는 약물 처방을 두고 자신의 고통이 진지하게 받아들여지고 있다는 일종의 신호라고 생각했다. 사실 프로작이 실제로 기분을 좋게 만드는지에 대해서는 모호한 부분이 있다. 한 조사에 따르면 항우울제를 복용하는 환자들의 거의 3분의 1은 그 약에 반응하지 않는다고 한다.[9] 하지만 로라는 변덕스러운 기분에 압도당하지 않았고 조급함을 느끼지도 않았으며, 신체적·정신적 기능은 더 좋아졌다. 로라는 이제 모든 관심을 수업과 치료, 스쿼시에만 쏟았다. 사교 활동도 시시하다면서 하지 않았다. 그리고 하루 종일 대화한 사람이 다섯 명 이하일 때 오히려 뿌듯함을 느꼈다. 로라의 눈에는 친구들도 "정서적으로 탐욕스러워" 보였다. 그들은 벌레처럼 윙윙거리면서 시시하게 놀러만 다니는, 겉만 화려한 속 빈 강정 같았다.

로라는 때로 술을 마실 때면 다시 사교 활동을 하거나 연애를 하고 싶어지기도 했지만 생각만큼 잘되지 않았다. 어느 조사에 따르면 항우울제를 복용하는 환자들의 65퍼센트가 성욕이 감소했다고 한다.[10] 로라도 이 부작용을 경험했지만, 이에 대해 병원에 이야기할 수는 없었다. "의사 선생님은 성적 욕구도 사치라고 이야기할 것 같았어요." 로라는 내게 말했다. "'정말요? 그렇게 심각한 질환이 있는데도 그런 것 때문에 걱정이라고요?' 이렇게 반응할 것만 같았어요." 파티에서 남자들과 어울리는 건 좋았지만 거기서 만난 남자와 침대까지 가면 "내가 육체적으로는 불감증인 것 같다는 생각을 하게 돼요.

그러면 그냥 이용당하는 것만 같은 느낌이 들고 그래서 자리에서 일어나서 울기 시작해요. 그러면 남자는 '이게 뭐야?' 하는 거죠."

로라의 담당 의사는 프로작을 최대 복용량인 80밀리그램까지 늘려 처방해 주었다. 또 프로작을 먹으면 졸리기 때문에 각성제 모다피닐Provigil을 함께 처방했다. 모다피닐은 수면 장애를 치료하기 위해 처방되는 약으로, 군인이나 트럭 운전사처럼 오랫동안 긴장하며 깨어 있어야 하는 사람들이 주로 복용한다. 모다피닐을 먹으면 "그냥 기계가 된 것 같은" 느낌이 들 정도로 에너지가 치솟는 게 느껴졌다고 로라는 말했다. 모다피닐을 복용한 로라는 생애 최고의 스쿼시 경기를 했고, 너무 각성이 되어 있었던 나머지 사람들의 몸짓만 보고도 그가 어떤 유년 시절을 보냈는지, 어떤 성격의 사람인지를 "모두 해독할 수 있을 것" 같았다. 로라는 밤늦게까지 하버드대학 광장 계단에 앉아 있었다. 그곳에는 밤이면 십 대 홈리스들이 모여들곤 했다. 로라의 절친인 1학년 룸메이트 브리는 말한다. "로라는 새벽 2시나 돼서야 들어오곤 했어요. 그럼 우리는 '너 또 모르는 사람들이랑 인생에 대해 이야기했니?' 하고 물었죠. 로라는 그 사람들과 대화하는 게 너무 재미있다고 했어요. 그러면 저는 '자, 이제 로라를 충전시키자.' 이렇게 말했죠."

모다피닐 때문에 잠을 이루는 것이 힘들어지자 약사는 로라에게 수면제인 졸피뎀Ambien을 처방해 주었다. 로라는 매일 밤 졸피뎀을 복용했다. 그 후 1년 동안은 거의 '처방 약의 홍수'라고 할 정도였다. 한 가지 약의 부작용 때문에 어떤 증상이 생기고, 그러면 그걸 잡는 또 다른 약을 처방받는 식이었다. 이는 보통 환자가 너무 많아서 일일이 진료를 보기 힘든 의사가 빨리 효과를 보려고 선택하는 방식으로, 일종의 의료적 업무 태만이라 할 수 있다. 하지만 로라의 경우 의사들은 로라가 최고 수준으로 능력을 발휘할 수 있게 해 줘야 한다는 강박을 느꼈던 것 같다. 그래서 로라의 수행력이 평균 이하로 떨어지면 정신질환의 징후로 보았다. 그들은 이런저런 약을 계속해서 처방하는 것이 로라가 누려 온 모든 것에 걸맞는 정서적 상태를 가져다줄 수 있으리라 생각한 듯하다. 불공정에 대한 글에서 미란다 프리커Miranda Fricker는 "인식론적 상품들epistemic goods"[11](교육이나 전문가의 안내)이 불평등하게 분배되고 있다고 주장한 바 있다. 사실 나오미 같은 사람은 너무 적게 분배받고 있는 반면, 로라와 같은 사람들은 지나치게 많이 받고 있는 것이다.

로라는 121달러를 주고 『편람』을 구입했고, 거기서 자신의 충동이 '표준적'이라는 것을 확인하게 된다(이를테면 고급 백화점에 가서 드레스를 한꺼번에 세 벌씩 구매한다든지 하는 충동적 행위를 말한다). 하지만 자신에 대한 식별이 그런 행동을 막아 주는 것은 아니었다. 금융 전문가인 아버지 라이먼은 로라에게 뭔가 새로운 걸 시도해 보라고 권했다. 휴학을 하고 황무지에서 3개월 정도 시간을 보내는 건 어떻겠느냐 물었다. 로라는 월든호숫가에 살았던 헨리 데이비드 소로처럼 자연 속에서 소박하게 살아가는 경험을 해 본다는 아이디어가 마음에 쏙 들었다. 고등학교 때 소로의 작품을 읽은 적이 있기 때문이다. 그래서 국제기구인 '아웃워드 바운드Outward Bound trip'에 가입해 리오그란데

강을 따라 여행을 떠나기로 했다. 약은 가지고 가지 않기로 했다.

텍사스로 비행기를 타고 가면서 로라는 노트에 앞으로의 목표를 나열해 보았다. "지나친 분석은 하지 말 것" "사람들과 서서히 친해질 것" "영혼을 다 쏟아부어야 한다는 열정, 그 열정에 대한 중독에서 이제는 벗어나자" "뭔가에 대한 신앙을 발견하자".

그 당시의 메모를 보면 로라는 지구의 광활함에 대한 시적 묘사(로라는 "공허 속에서도 강하고 압도적인 바람"이 되길 간절히 소망한다)와, 자신이 실제로는 바뀌지 않고 있는 것 같다는 두려움 사이를 왔다 갔다 하고 있다. 그리고 등산용 간식을 너무 많이 먹은 것에 대해 자책하며 가족이 자신의 새로운 모습을 보고 실망할까 봐 두려워했다. 로라는 파란 방수 텐트에 누워 옷 가방을 머리에 베고 미래의 자신에게 편지를 썼다. "바로 지금, 5월 15일 늦은 오후에, 너는 자신의 몸에 대해 너무나 수치스러워하고 있고 앞으로 뭘 해야 할지 모르겠어서 괴로워하고 있었어. 이제는 솔직하게 말할 수 있어".

여행이 끝날 무렵, 로라는 하버드로 돌아갈 생각을 하니 너무 무서워졌다. 자살을 하고 싶을 정도였다. 그래서 로라는 부모에게 뉴욕 웨스트체스터 카운티에 있는 병원에 보내 달라고 부탁한다. 그리고 그곳에서 2주 동안 입원해 있었다. 진료 기록을 보면 로라는 "유쾌하고 사교적이며" 병식을 가진 "협조적이고 진취적인" 환자라고 묘사되어 있다. 로라로서는 의사의 관점에 자신을 맞추는 것이 어렵지 않았다. 하지만 그녀는 세상에 대한 스스로의 생각을 더 이상 믿지 않았다. 그래서 자신의 불행이 현실로 느껴질 수 있도록 전문가들에게 확인을 요구했다. 담당 의사는 로라에게 새롭게 조합한 약들을 처방했다. 신경안정제 라모트리진Lamictal, 항우울제 렉사프로Lexapro, 수면제로도 쓰이는 항정신병제제 쎄로켈Seroquel 등이었다. 아버지 라이먼은 말한다. "나는 그 많은 약이 정말 로라에게 도움이 되는지 확신할 수가 없었어요."

로라는 하버드로 돌아가 어떻게 해서 간신히 졸업을 했다. 로라는 스스로를 배움이 더딘 학생이라고 생각했다. 그래서 정보를 곧바로 흡수하지 못하고 계속 되새김질을 해야만 한다고 생각했다. 졸업 후 로라는 일자리를 전전했다. 주로 건물 허가를 내주는 관청 같은 곳에서 일했는데, 아무래도 평생의 커리어를 쌓기엔 적절하지 않은 것 같았다. 그녀는 거의 매일 밤 술을 마셨고 남자들과 성적인 관계도 가졌다. 하지만 매번 그들에게 이용당했다고만 생각했다. 뭔가에 실망할 때마다 로라는 어두운 기분이 다시 시작되는 신호라고 해석했고, 이번에는 절대로 끝나지 않을 거라고 확신했다. 우울증이 시작되었다는 사실 때문에 더 우울해지는 악순환에 갇혀 버린 것이다. 우울증이라는 진단은 로라의 정신 상태를 반영하는 것이기도 하지만 그와 동시에 자존감에 나쁜 영향을 미치기도 하는 것이었다.

스쿼시 대회에서 만난 친구 저스틴 캠브리아Justin Cambria는 로라가 평생 약을 먹어야 한다고 했을 때 깜짝 놀랐다. "우리 모두는 사회적으로 가식적인 문화에서 자랐다는 공통점을 가지고 있었죠. 하지만 로라의 상태가 그렇게까지 심각한 줄은 몰랐어요." 그는 또 이렇게 말했다. "그저 자기 자신을 찾으려고 애쓰고 있다고만 생각했거든요."

로라는 정신분석가이기도 한 의사에게 치료를 받기 시작했는데, 그는 로라가 스스로에 대해 이야기하는 방식에 문제를 제기했다. 로라에게 보낸 편지에서 그는 어린 시절 로라에게 내려진 양극성 장애라는 진단에 의구심을 표한다. "많은 우울증 사례들은 정신과 의사에게 '의학적' 진단명을 받고 '화학적 문제'로 치부됩니다. 왜 특정한 시기에 그런 특정한 삶의 문제를 갖게 되었는지에 대한 맥락과 특수성은 무시되지요." 그러고는 로라에게 이렇게 말했다. "환자분은 여자가 되는 게 싫다고 말한 적이 있군요." 로라는 결국 그 의사에게 더는 진료받지 않았다. 그의 설명은 자신의 이야기와 일치하지 않았기 때문에 "그 의사는 나와 맞지 않다"고 결론을 내린 것이다.

로라는 다른 의사에게 치료를 받기 시작했다(여기서는 그를 '로스 선생'으로 부르겠다). 로스 선생과의 진료 때 로라는 약이 자신의 고통을 없애 주는 정밀하고 세심한 도구가 되리라고 말했다. 의사가 약을 제대로 잘 조합해서 처방해 주기만 한다면 말이다. 누군가와 커피를 마시다가 너무 들떠서 말이 많아지면 로라는 속으로 '이런, 지금 경중조증인 것 같네.' 생각하곤 했다. 또 아침에 일어났는데 잡생각이 너무 많이 들면 '불안 증상이 심해지는구나. 조심해야 돼. 하루 이상 이러면 로스 선생이 복용량을 늘릴 거야'라고 생각했다. 이제 로라는 자신의 증상을 진단하는 데 너무 능숙해져서 진료를 보기 전에 이미 스스로 분석을 마치고 로스 선생은 사인만 해 주면 되는 상황이었다. 그

후 4년 동안 로라의 항우울제 복용량은 세 배로 늘었다. 라모트리진 복용량은 네 배까지 뛰었다. 로라는 또한 진정 효과가 있는 벤조디아제핀benzodiazepine 계통의 클로나제팜Klonopin을 먹기 시작했다.

로라는 이제 워커 퍼시Walker Percy의 소설 『폐허 속의 사랑Love in the Ruins』(1971)에 나오는 환자와 유사한 상태가 되었다. 이 작품은 어느 작은 마을의 정신과 의사에 대한 이야기다. 소설에서 퍼시는 이렇게 쓰고 있다. "이제 모든 정신과 의사들이 그런 종류의 환자에 대해서 잘 알고 있다."[12] 그는 또한 이렇게도 이야기한다. "그 호리호리하고 말 잘하는 청년은 정확하고 객관적으로(너무 객관적인 나머지 자신이 아니라 다른 사람의 증상을 이야기하듯) 자신의 증상을 열심히 읊어 댄다(마치 자신의 증상과 꿈 이야기 말고 세상에 재미있는 것은 하나도 없는 듯하다). 그는 자신을 아주 '흥미로운' 교과서적 사례로 판명해 주길 원한다. 의사 선생님, 저한테 적절한 질환명을 주시죠. 이렇게 이야기하는 식이다." 퍼시에 따르면 이런 환자는 "자기 자신으로부터 그리고 자신을 둘러싼 세상으로부터 너무 이탈한 나머지, 모든 것을 이론으로 보고 스스로를 그림자로 본다. 그래서 그 사랑스러운 평범한 세상으로 다시 돌아가지 못하는" 것이다.

로라도 서서히 인생에 대한 흥미를 잃어 가고 있었다. 2008년 버락 오바마가 대통령으로 당선되었을 때도 아무 생각이나 감정이 없었다. 친구들과도 연락이 끊겼다. "갑자기 '세상에 그 로라 델라노가 아프대.' 이런 이야기가 들렸어요." 로라의 한 고등학교 친구가 말했다. 살도 18킬로그램이나 쪘다. 로라는 약 때문이라고 생각했다. 거울 속의 모습을 보아도 그게 자신이라고 생각하지 못했다. "내가 원하는 것이라고는 침대에 누워서 강아지를 쓰다듬으면서 가장 좋아하는 작가의 책을 읽는 거예요." 로라는 의사에게 이렇게 말했다. 로라는 자신을 실비아 플라스와 동일시했다. 실비아 플라스는 카리스마 넘치는 천재였으며 특권층에서 자란 시인이었다. 그녀는 일기장에 "이기적이고 자기중심적이며 질투심 많고 상상력이라고는 없는 여자"[13]가 되어 가고 있다고 스스로를 비난하고 있다. 플라스는 광기에 빠지지 않기 위해 "남은 인생을 위대한 대의에 바쳐야 하는 것이 아닌가" 하고 생각한다. "가난한 사람들에게 옷을 다 벗어 주고 수녀원으로 도피하거나, 정신병에 걸리거나, 종교적 신비주의에 빠지거나, 파도 속으로 몸을 던지거나 해야 하지 않을까."[14]

로라는 스물다섯 살에 추수감사절을 맞아 메인주 남쪽 해안에 있는 돌아가신 조부모님 집을 방문했다. 로라의 친가 쪽 대가족이 그곳에서 함께 휴일을 보냈다. 로라는 가족들이 그녀에게 말을 걸 때마다 그들의 몸이 긴장으로 굳는 걸 보았다. "로라는 아예 입을 다물고 있는 게 나은 것처럼 보였어요." 사촌인 안나가 내게 말했다. 로라가 돌아다닐 때마다 낡은 마룻바닥에서 삐걱거리는 소리가 났고, 그러면 로라는 자신이 너무 살이 쪄서 그렇다고 부끄러워했다.

3일째 되던 날 부모는 로라를 거실로 데리고 들어가 문을 닫고는 그녀에게 뭔가에 사로잡혀 있는 것처럼 보인다고 말했다. 두 사람은 모두 울고 있었다. 로라는 바다가 보이는 소파에 앉아서 고개를 끄덕

제 4 장

였지만 사실은 그 어떤 말도 듣고 있지 않았다. "처음 든 생각은 이거였죠. 난 이제 겪을 만큼 겪었다."

로라는 부모님에게 밖에 나가 바람을 쐬면서 글을 쓰고 오겠다고 말했다. 그러고는 침실로 가서 클로나제팜, 렉사프로, 라모트리진 병에 있던 알약을 모두 장갑 안에 쏟아부었다. 그러고는 몰래 주방에 들어가 와인 한 병을 집어 노트북과 함께 백팩에 쑤셔 넣었다. 로라의 여동생들과 사촌들은 비크람 요가 클래스에 갈 준비를 하고 있었다. 막내 동생인 체이스가 로라에게 함께 가자고 했지만 로라는 괜찮다고 말했다. "언니는 그때 눈빛이 완전히 죽은 사람 같았어요." 체이스는 말한다. "아무런 표정이 없었어요. 정말 공허한 눈빛이었죠. 나는 언니 어깨를 붙잡고 '언니, 다 괜찮아질거야'라고 말했어요." 하지만 둘째 동생 니나는 로라가 요가 클래스에 가지 않겠다고 하자 격분했다. 니나는 말한다. "대체 기분이 좋아질 것들을 왜 안하는 건데? 뭐가 그렇게 힘든데? 왜 언니한테만 그렇게 힘든 건데? 저는 그렇게 생각했죠."

로라는 집을 나오면서 할머니가 계시지 않아서 정말 다행이라고 생각했다. 할머니는 분명 "이런 이런. 로라야, 얼른 나아야지. 그따위 웃긴 짓거리는 하지 말고"라고 말했을 터였다. 해변으로 가는 길은 두 가지였다. 하나는 모래로 된 만으로 가는 길이었고, 다른 하나는 바위가 많은 해안 쪽으로 가는 길이었다. 그곳에서 로라와 동생들은 줄무늬 농어 낚시를 하곤 했었다. 로라는 바위 쪽으로 가기로 했다. 대학에서 지질학을 전공하는 니나가 논문 주제로 연구했던 둥근 바위를 지나쳤다. 간조 때여서 물은 없었지만 춥고 바람이 많이 불었다. 로라는 바위에 기대고 앉아서 노트북을 꺼내 타이핑을 시작했다. "지금 상황을 시적으로 미화하지는 않겠어요. 그러면 안되니까." 로라는 또 이렇게 썼다. "삶이 끝날 때 사랑하는 사람들에게 편지를 써야 한다는 건 정말 케케묵은 클리셰거든요."

자살하기 전에 글을 남기는 사람들은 자살에 성공하지 못할 가능성이 높다. 로라 역시 어디선가 그런 연구를 읽은 기억이 났다. 그럼에도 불구하고 그녀는 계속해서 타이핑했다. "머릿속에서 진행되고 있는 분석을 통해(지금까지 오랫동안 분석했지만 오늘은 특히 자세히 분석하게 되네요) 결국 이게 여러분 모두에게 최선이라는 사실을 깨달았어요." 로라는 이어서 이렇게 적는다. "나는 앞으로 다시는 정상적인 삶을 살지 못할 테니까요."

로라는 30알이 넘는 알약을 한 움큼씩 집어 세 번을 삼켰다. 그러고는 와인으로 목을 씻어 내렸다. "지금 머릿속에 조리가 맞지 않는 생각들이 몰려오고 있는 게 느껴져요. 아마 이해할 수 없는 단어들이 여기에 적히겠죠." 갈수록 똑바로 앉아 있는 것도 힘들어졌고 시야도 흐릿해지기 시작했다. 이토록 아름다운 곳에서 생을 끝낼 수 있어서 감사한 마음도 들었다. 로라는 앞으로 고꾸라져 머리를 바위에 부딪혔다. 자기 머리가 부딪히는 둔탁한 소리가 들렸지만 더 이상 고통은 느껴지지 않았다.

로라가 해 질 녘까지 집으로 돌아오지 않자 그녀의 아버지는 손

제 4 장

전등을 들고 해변으로 딸을 찾으러 갔다. 해안을 따라 20분을 걷자 로라의 노트북 컴퓨터가 바위 위에 놓여 있는 게 보였다. 그는 뛰어 올라갔다. "거기 로라가 쓰러져 있었어요. 나는 로라를 흔들고 뺨을 때리면서 깨우려고 했지만 아무 소용이 없었어요." 그는 집으로 다시 달려가서 구급차를 불렀다.

로라는 매사추세츠 종합병원으로 이송되었다. 하지만 그곳 의사들은 로라가 의식을 되찾을 수 있을지 확실하지 않다고 말했다. 로라는 체온이 34도까지 떨어져 있었다. "의사들은 로라가 깨어난다 해도 뇌 손상을 입었을 가능성이 크다고 말했어요." 라이먼은 말했다. "그러니 그냥 로라를 편안히 보내 주는 방법도 생각해 보라고 했죠."

하지만 이틀이 지나 로라는 중환자실에서 깨어났다. 눈을 떠 보니 부모님과 동생들이 쳐다보고 있었다. 그들의 눈에 눈물이 비 오듯 흘러내렸다. "내가 왜 아직 여기에 있어요?" 로라는 물었다. 니나는 말한다. "나는 언니가 죽음으로 가는 문을 지나가다 누군가가 언니에게 돌아오라고 불러서 깨어났을지도 모른다는 생각을 했어요. 하지만 사실은 단순한 과학 때문이었어요. 바위 위가 너무 추워서 언니 몸이 일종의 동면 상태로 들어갔던 거예요. 그때 체온이 떨어지지 않았더라면 외려 죽었을지도 몰라요."

며칠 뒤 로라는 맥린 병원으로 이송되었다. 그곳은 로라가 7년 전 방문하고 좋아했던 곳이다. 하지만 지금 로라는 나약하고 비틀거리며 땀을 비 오듯 흘리고 무기력했다. 심지어 그녀는 근육이 괴사됨에 따라 세포 안에 있는 근육 성분이 혈액으로 방출되면서 나타나는 횡

문근융해증 때문에 엄청난 통증에 시달리고 있었다. 또 바위에 부딪
혀 한쪽 눈은 검게 멍들어 있었다.

　그럼에도 불구하고 "로라의 시선과 사회적 행동 능력은 전혀 손
상되지 않았다"라고 담당 의사는 기록하고 있다. 로라는 자살 시도
가 성공하지 못한 데 실망했지만(그녀는 의사들에게 "비용 편익 분석" 후에
알약을 삼켰다고 말했다), 자기 가족을 걱정시킨 점에 대해서는 죄책감
을 느끼기도 했다. 이제 로라는 "규범을 따라야 할 필요성"을 느낀다
고 말했다는 점도 의사는 기록하고 있다. 또 다른 의사는 로라가 자
살로 죽을 뻔하긴 했지만 우울증의 기준에는 맞지 않는 것으로 보인
다고도 기록했다. 그 의사는 로라가 우울증이 아니라 경계선 인격 장
애borderline personality disorder를 앓고 있는 게 아닌지 의심했다. 경계선
인격 장애란 사람들과 안정된 관계를 맺기 어려워하고 자아에 대한
이미지도 안정되어 있지 못하며 지속적으로 공허감을 느끼는 것으
로 특징지어지는 정신질환이다. 의료 기록을 보면 로라도 이에 동의
하고 있다. "아마 전 경계선인가 봐요." 로라는 이렇게 말했다.

　로라는 퇴원하기 직전에 중환자실 직원들에게 보내는 편지를 썼
다. "여러분들이 저를 여러 가지로 도와주셔서 어떻게 감사를 드려야
할지 모르겠어요." 로라는 이어서 이렇게 쓰고 있다. "희망 같은 긍정
적인 감정을 느낀 지 정말 오래됐거든요." 하지만 로라는 울컥해서
편지를 끝마치지 못했고, 결국 그 편지는 영영 완성되지 못했다.

　로라는 맥린 병원의 새로운 의사에게 진료를 받기 시작한다. 로

라를 경계선 인격 장애라고 진단한 바로 그 의사였다. "로라가 양극성 장애인지는 불확실하다"라고 그는 기록하고 있다.

경계선 인격 장애라는 개념은 1930년대부터 의학 관련 문헌에 등장하기 시작했다. 이는 특정 질환으로 분류되지 않는 증상을 보이는 환자들에게 붙여진 이름이었다. 체스트넛 롯지 병원의 의사였던 해럴드 설스Harold Searles는 이 환자들이 지나치게 "청중에 좌우된다"[15]라고 묘사했다. 즉 다른 사람의 기대에 자신을 쉽게 맞춘다는 말이다. 이 질환은 1980년 『편람』에 추가되었고 "여성에게서 더 흔하게 발견된다"[16]라는 설명이 붙게 된다. 과도한 감정 표현과 자제력의 부재, 파편화된 자아감을 특징으로 하는 경계선 인격 장애는 여성의 전형적 특성들을 병리화하고 있는 것으로 보인다. 사회학자 자넷 워스-코숑Janet Wirth-Cauchon은 경계선 인격 장애를 "후기 근대사회의 새로운 '여성적 질환'"[17]이라고 설명한다.

2010년에 로라는 보스턴 외곽에 살고 있던 이모네로 이사를 갔다. 그리고 보스턴에서 열리는 경계선 인격 장애 치료 프로그램에 참석한다. "나를 고칠 수 있는 또 다른 기회였지만 나는 포기했어요." 로라는 말했다. 프로그램의 회장은 로라와 인터뷰하면서 이렇게 말했다고 한다. "그래, 하버드를 나오셨군. 이런 곳에 오게 될 줄은 상상도 못 했겠지?" 로라는 자신의 반응이 경계선 인격 장애 증상인 '정서 불안'으로 해석될 것이라는 사실을 뻔히 알고 있었음에도 불구하고 그 자리에서 울음을 터뜨렸다. 그곳 의사는 로라에 대해 "병식을 보여 주고 있지만 병식으로 위안을 얻지는 못 하는 상태"라고 진단을 내린다. 로라는 그에게 "내 삶의 자율성을 완전히 포기했다"라고 말했다.

한때 로라는 자신에게 정신질환이 있다는 사실로부터 마음의 위안을 얻었다. 의식적이든 아니든 로라는 자신의 질환에 맞게 스스로의 삶을 바꿨다. 하지만 자기 삶을 설명해 주고 인식적 명료함과 의학적 치유를 동시에 제공해 주리라 약속했던 그 이야기가 실상은 텅 빈 강정이었다는 사실을 깨닫고는 배신감을 느꼈다. 로라는 잘못된 질환에 대해 병식을 발전시켰던 것이다.

로라는 자신이 양극성 장애라는 사실에 만족했었다. "나는 『편람』의 기준에 완벽하게 들어맞았어요." 하지만 경계선 인격 장애는 로라에게 결백한 느낌을 주지 못했다. 경계선 인격 장애를 앓는 거의 모든 환자가 여성인 데다가, 약물 남용이나 성적 트라우마, 파괴적 관계를 겪은 히스토리를 가지고 있었다. 알코올중독에 가까웠던 로라는 자신이 경계선 인격 장애라는 사실에 대해 "행실이 나쁘고 남들을 속여 먹는 실패자"라는 의미로 해석했다고 한다.

로라의 약사는 날트렉손naltrexone을 처방했다. 이는 알코올에 대한 욕망을 막아 준다고 생각되는 약제로, 처음 로라는 처방 약을 보고 모욕감을 느꼈다. 술만큼은 자기 힘으로 끊을 수 있다고 생각하고 싶었기 때문이다. 로라는 이미 이펙사Effexor(항우울제), 라믹탈, 세로켈, 아빌리파이Abilify(조현병 치료제), 아티반Ativan, 리튬, 신지로이드Synthroid(리튬의 부작용인 갑상선 기능 저하증을 치료하는 약)를 복용하고 있었다. 이러한 약물들은 로라에게 진정 효과가 너무 커서 어떤 날에는

14시간 동안 내리 잠만 자기도 했다.

경계선 인격 장애 클리닉에 들어간 지 몇 달이 지난 시점에 로라는 문득 서점에 들어가 시간을 보내게 된다. 그러다 추천 신간 코너에서 자기가 복용하는 몇 가지 약의 이름이 적힌 책 표지를 본다.[18] 플리처상을 수상한 기자 로버트 휘태커Robert Whitaker의 『약이 병이 되는 시대』였다. 로버트 휘태커는 정신의학에 비판적인 사람들에게 등대와도 같은 인물이다. 이 저서는 프로작과 같은 새로운 정신의학 약물이 개발되었음에도 불구하고 왜 1987년부터 2007년 사이에 장애 연금 지급 요구는 두 배가 되었는지, 또 그중 많은 부분이 정신질환인 이유가 무엇인지를 검토한다. 휘태커는 정신의학 약물들이 평생에 걸쳐 과다 복용됨으로써, 저절로 없어졌을 수도 있는 일시적인 장애가 만성질환으로 바뀌게 된 것일지도 모른다고 주장한다. (휘태커는 사회 및 경제적인 이유에 대해서는 침묵한다. 예를 들어, 사회복지 프로그램 예산이 삭감되고 학력이 낮은 사람들에게 일자리가 부족한 상황 때문에 장애 연금 수령자가 증가했다는 사실은 위 책에서 언급되지 않는다.[19])

로라는 이 책을 본 것을 계기로 정신의학의 역사에 대해 공부하게 된다. 우울증이 화학적 불균형 때문에 생긴다는 설명이 단지 이론에 불과하다는 것도 이때 알게 되었다. 국립정신건강협회 소속 과학자인 쉴드크라우트Schildkraut는 화학적 불균형 이론에 대해 "잘해 봤자 환원주의적인 단순화에 불과하다"[20]라고 반박했다. 잠깐 동안 레이를 진료하기도 했던 네이선 클라인은 "우리는 특정 우울증 증상에 특효가 있는 것으로 증명될 생물화학적 실험을 찾아낼 것"[21]이라고 자신만만해했다. 그러나 그 꿈은 실현되지 못했다. 50년이 넘도록 과학자들은 수십 억 달러를 들여 정신질환의 유전적 혹은 신경생물학적 원인을 찾아 헤맸지만, 특정 진단에 관계된 특정한 유전적 표지자를 찾지는 못 했다.[22] 1990년대에 널리 퍼지게 된 화학적 불균형 이론은 오랫동안 학계를 지배했다. 정신질환은 생물학적 요인, 유전적 요인, 심리적 요인, 환경적 요인이 복잡하게 상호작용함으로써 발생하기 때문에 이론적으로 개념화하기가 어렵다. 그러다 보니 화학적 불균형 이론을 대체할 강력한 이론이 없기도 했다. 국립정신건강협회를 13년 동안 이끈 바 있는 토머스 인셀Thomas Insel은 2022년 자신의 대표 저서에서 신경과학의 위대한 진보에도 불구하고 자신이 협회장직을 그만둔 때인 2015년에 이르러서도 여전히 "나와 동료들이 이룬 것은 미미하다"라고 고백했다.[23] "정신질환은 수백만 미국인들이 겪고 있고 죽어 가고 있으며, 그 숫자는 날이 갈수록 늘고 있는 위급한 상황인데도 말이다."

로라는 '정신질환 약물과 자아 정체성'이라는 주제로 로버트 휘태커에게 이메일을 보냈다. 그녀는 자신이 복용했던 수많은 약물들을 나열했다. 그러면서 이렇게 적었다. "행복은 다른 사람들 눈에 완벽하게 보이는 것에서 오고, 슬픔과 분노는 정당한 감정이 아니기 때문에 혼자 삭혀야 한다는 믿음을 강조하는 분위기 속에서 저는 성장했습니다."[24] 어떤 의미에서 보면 완벽한 환자가 된다는 것은 일종의 회피였다. 자신이 속한 사회에 대해 불만(로라가 경쟁에 성공해서 이뤄야 하는 목표들과 로라가 갈고닦아야 하는 순수한 인간성 등에 대한 불만)을 표현하기보다는 몇 가지의 좁은 범위의 증상에만 집중하는 길을 택한 것이기 때문이다. 로라의 실제 경험은 로라의 정신 상태에 대한 문제로 은폐되고 있었다. 로라는 나와 대화하는 도중에도 자신이 살아온 환경을 구체적으로 묘사하는 것은 피하려고 했는데, 자기 가문에 대한 공격이 될 수도 있기 때문이라고 했다.

휘태커는 자신의 책을 읽고 연락해 온 젊은이들이 많았으며, 로라도 그들과 다르지 않았다고 이야기했다. "그 아이들은 처음에 한 가지 약물을 처방받아요. 그런 뒤 두 번째 약물을, 또 다음에는 세 번째 약물을 처방받는 식의 전철을 밟습니다. 그 과정에서 그들의 자아 정체성은 정상에서 비정상으로 변화되어 갑니다. 그리고 자신의 뇌에 원래 문제가 있었기 때문에 일시적인 병이 아니라는 말을 듣게 되죠. 이런 식으로 그들의 회복 탄력성은 손상되고 다른 사람들에게 자신을 표현하는 방식도 바뀌게 됩니다."

로라는 약사를 만난 자리에서 약을 끊겠다는 의지를 보여 주기 시작했다. 14년간 로라는 19종의 약물을 복용해 왔다. 그녀는 이렇게 말한다. "내가 누구인지, 내 능력이 무엇인지를 잘 몰랐어요." 로라는 자기 정체성에 부여되어 온 프레임을 떨쳐 버리고 싶다고 했다.

경계선 인격 장애 클리닉의 의사들은 처음에는 약을 끊겠다는 로라의 요구를 승낙하지 않았다. 하지만 그들 또한 로라의 고통이 의학 기술로 고쳐질 수 없다는 사실을 인정하는 것처럼 보였다. 어느 의사는 처방전에 "자기 연민을 연습할 것"이라고 썼으며, 복용 횟수란에는 "무한"이라고 써넣기도 했다.

로라가 약사의 충고에 따라 맨 처음 복용을 중단한 약물은 벤조디아제핀 계열의 진정제인 아티반이었다. 몇 주가 지나고 로라는 항정신병약물인 아빌리파이도 끊어 보았다. 이 둘을 중단하자 갑자기 집에 있는 전등이 너무 밝게 느껴졌다. 또 땀을 너무 많이 흘려서 검은색을 제외한 다른 색깔의 옷은 아예 입을 엄두를 내지 못했다. 고개를 갑자기 들면 어지러웠다. 몸에는 통증이 끊이지 않았고 가끔은 현기증이 몰려오기도 했다. 피부는 이상한 에너지로 고동치는 것 같았다. "몸이 한순간도 고요한 적이 없었어요." 로라는 내게 말했다. "내 피부 아래로 거센 물살이 흐르고 있는 것 같은 기분이었어요. 끊임없이 웅웅거리는 소리가 나는 상자에 갇힌 느낌이 들기도 했어요."

로라는 다시 잠이 들 수 없을 것 같다고 걱정했다. 색깔과 소리에 과도하게 자극받기도 했다. "주변에 있는 것들로부터 스스로를 지킬 수 없을 것만 같았죠." 로라는 바깥으로 나갈 수도 없었다. 고모 사라는 가족들에게 로라의 소식을 전하면서 로라가 소파의 일부가 되어 버린 것 같다고 농담을 했다. 로라가 하도 움직이지 않으니 청소할 때도 로라 주변만 진공청소기를 돌릴 정도였다.

그로부터 한 달 후 로라는 항우울제인 이펙사를 끊었다. 일주일 동안은 사소한 일에 좌절하거나 상처받았다. 마트 계산원이 자기를 보고 '역겹고 불쾌한 인간 말종이군'이라고 생각하면서도 겉으로는 친절한 척하고 있는 것만 같았다. 자신의 반응도 인위적이고 맥락에 맞지 않는다고 느껴지긴 마찬가지였다. "마치 귀신 들린 것 같은 느낌이에요." 로라는 내게 말했다. "감정이 당신을 사로잡아서 뒤흔들고 있는 거죠. 하지만 또 다른 층위에서는 그 감정들이 내 것이 아니라는 걸 알고 있어요."

나중에 로라는 자기처럼 정신질환 약물을 끊으려고 사투를 벌이고 있는 사람들이 온라인에서 모임을 갖고 있다는 사실을 알게 되었다. 그들은 이 경험을 묘사하기 위해 신조어를 만들어 냈다. 예를 들면 현실에 근거하고 있지 않은 과장된 감정을 '신경-감정'이라고 부르는 식이었다. 매주 수천 명의 사람들이 방문하는 '항우울제에서 살아남기Surviving Antidepressants'라는 이 온라인 커뮤니티는 수많은 '신경-감정'의 종류들을 열거하고 있다. 신경-공포, 신경-분노, 신경-죄책감, 신경-수치, 신경-후회 등등. 그곳에서 사용되는 또 다른 용어로는 '절망 향수병dystalgia'이 있는데, 이는 자기 인생이 아무런 소용이 없었다는 절망이 물밀듯 밀려올 때의 감정을 말한다.

그곳 사람들은 약을 끊는 경험을 말로 표현하기란 불가능하다고 했다. "이 약물들의 효과는 '존재의 기둥'이라고 할 수 있기 때문에 그럴듯하게 설명하는 게 정말 어렵죠."[25] 또 다른 사람은 말한다. "약을 끊는 과정은 나 자신과 삶에 대해 믿어 왔던 모든 것을 나 자신으로부터 서서히 빼앗는 과정이기도 합니다. '나'의 일부가 조각조각 떨어져 나가고, 내가 어떤 사람인지에 대한 감각도 완전히 잃어버리게 되죠."[26]

과거에 로라는 우울증이나 조증의 증상을 경험하면 무엇을 해야 하는지 잘 알고 있었다. 세부 사항들을 잘 기억했다가 의사에게 가서 그대로 이야기하는 것이었다. 하지만 이 의례적 행위는 이제 더 이상

의미가 없었다. "양극성 장애는 마치 내가 걸어가고 있는 길과 같았어요." 로라는 말했다. "그러다 갑자기 길이 사라진 거죠." 로라는 허공 속으로 발을 내딛는 기분을 느꼈노라 말했다.

한때 정신분석은 평생에 거쳐 수행되어야 할 과정이었다. 체스트넛 롯지 병원이 폐쇄된 지 20년이 지난 지금 정신약리학이 그와 유사한 길을 걷고 있다. 오늘날 미국인 여덟 명 중 한 명은 항우울제를 복용하고 있으며, 그중 4분의 1은 10년 넘게 약물을 복용하는 중이다.[27] 네이선 클라인은 이미 1964년에 이렇게 경고한 바 있다. "치료를 언제 시작할지 결정하는 것은 상대적으로 쉽다. 하지만 언제 중단할지를 결정하는 것은 훨씬 더 어렵다."[28]

화학적 불균형 이론이 유명세를 얻자, '정신건강'이라는 용어는 환자가 정신적 위기를 겪기 이전의 기분이나 인격으로 되돌아가는 것을 의미하기보다는, 환자에게 아무런 증상도 없는 상태를 의미하는 용어가 되었다. 토론토대학교의 정신과 의사이자 역사가인 도리안 드샤우어Dorian Deshauer는 내게 이렇게 말했다. "자신의 기본적 모습을 포기하고 나면, 감정적으로 느끼는 고통은 정신질환의 재발로 받아들여지게 됩니다. 개인이 세상에 존재하는 방식으로 여겨지는 것이 아니고요." 또한 정신건강이란 증상에 의해 결정되는 것뿐만 아니라 '광대한 감수성'을 경험하는 것이나 그와 같은 소속감을 갖고자 하는 열망에 좌우될 가능성도 존재한다. 자신의 최고의 모습이 어떤 것이며 그것이 무엇을 의미하는지 알아 가야 하는 과정 중에 있는

제 4 장

청소년이 약물을 복용하게 될 경우, 그들은 자신의 기본적 모습이 무엇인지, 자기가 그런 걸 갖고 있기나 한 것인지 끝끝내 알지 못하게 될 가능성도 있다. 이것은 '의학 기술이 우리를 구원할 수 있는가?'의 문제라기보다는 '우리는 의학 기술에 무엇을 요구하고 있는가?'의 문제라고 드샤우어는 말한다.

정신과 의사들은 정신분석학의 권위를 거부하면서 그것이 함축하고 있는 문화적 지배력과 주관성의 문제를 없애려고 했다. 그러나 생물학적 정신의학의 역사는 정신분석학과 유사하게 성별과 인종적 편견으로 얼룩져 있다. 정신분석학의 대안이라고 찬양받았던 진정제인 벤조디아제핀 계열 약물은 1970년대에 주로 여성들을 대상으로 광고되었으며, 그 내용을 보면 남편에게 싹싹한 아내가 되도록 성격을 바꿔 준다는 식이었다. 1970년 '일반정신의학 아카이브'에 있는 〈서른다섯 싱글〉이라는 광고를 보면 로쉐Roche라는 제약 회사는 "자신이 실패한 인생이며 결혼은 글렀다고 생각하는" 예민한 여성 환자에게는 신경안정제 바리움Valium을 처방하라고 의사들에게 홍보하고 있다.[29] 1969년부터 1982년 사이에 바리움은 미국에서 가장 광범위하게 처방된 약물이었다.[30] 그리고 복용자의 4분의 3은 여성이었다. 프랑스 파리의 가장 큰 정신병원에서 일하고 있는 정신과 의사 두 명은 학회지 《랑세팔L'Encéphale》의 사설에서 이렇게 경고하고 있다. "벤조디아제핀 계열 약물은 약으로서의 지위를 잃어버리고 (중략) 단순한 가사도우미로 전락했다."[31]

프로작, 졸로프트와 같은 '선택적 세로토닌 재흡수 억제제SSRI'[32]는

1980년대에 발명되었으며, 벤조디아제핀 계열 약의 중독성을 보완한 것으로 간주되었다. 그 약물들은 우울증뿐만 아니라 이전 벤조디아제핀 계열이 다루었던 불안 증세에도 처방되기 시작했다. 이제 미국 백인 여성 다섯 명 중 한 명이 항우울제를 복용하기에 이르렀다.[33] 『프로작의 말을 듣기』의 저자 피터 크레이머는 "SSRI는 여성에게 요구되는 문화적 명령과 기이하게 맞아떨어진다. 여자는 허약해서는 안 되고, 집 밖에서 더욱 활기차게 돌아다녀야 한다는 요구들 말이다"라고 말한다. 졸로프트의 광고를 보면 바지 정장을 차려입은 백인 여성이 두 아이의 손을 잡고 있고 그 위에 "진정한 힘은 부드러운 말투에서 온다"[34]라는 문구가 쓰여 있다. 2년 반 동안 계속해서 나간 프로작 광고에는 결혼반지를 낀 백인 여성의 이미지 아래 "휴식이 가득한 밤과 열정이 가득한 낮을 위하여"[35]라는 문구가 새겨져 있다.

흑인 여성은 우울증 약을 처방받지 못하는 반면, 특히 야망에 찬 백인 여성들은 "모두 다 가지기 위해서" 즉 행복한 가정과 잘나가는 커리어를 모두 가지기 위해서 지나치게 많은 약을 복용하는 경향이 있다. 그러나 이는 성욕의 상실을 초래하는 심각한 부작용을 낳는데, 아이러니하게도 이 자체는 현대의 양성평등적 성 역할에 더 부합하는 경험이라고도 할 수 있겠다. 듀크대학교의 정신의학 명예교수이자 1994년 『편람』네 번째 판의 편찬을 맡았던 앨런 프랜시스Allen Frances는 이렇게 말했다. "SSRI가 성적인 관심과 수행에 상당한 영향을 끼친다는 것은 초기부터 분명했습니다. 이런 단점이 대중성에 비해 강조되지 않는다는 사실이 당황스러웠을 정도입니다."

SSRI가 성욕에 끼치는 영향에 대해 논문을 발표한 아이오와 상담 센터의 심리학자 오드리 바릭Audrey Bahrick은 청소년기부터 SSRI를 복용해 온 수천 명의 대학생들을 매년 상담하고 있다. "저는 젊은이들이 부작용 때문에 굉장히 좌절할 거라고 생각했어요. 하지만 임상적으로 관찰해 보니 오히려 이 젊은이들은 성욕이 정말 무엇을 의미하는지도 잘 몰라요. 삶에서 성욕이 어째서 그토록 중요한 추진력으로 작동하는지조차 알지 못합니다. 그들은 그저 타인에게 성적으로 반하거나 성적인 동기를 가지는 감정이 또래보다 좀 늦게 올 뿐이라고 생각합니다."

로라는 화려하게 차려입은 또래 여자를 보면 소외감을 느꼈다. 그들은 "자신의 몸에 대해 정말로 자신감이 넘치는 것처럼" 보였다고 한다. 로라는 자위를 한 적도 없고, 자위행위를 이해하지도 못 했다. "'사람들은 그런 걸 왜 좋아하지?' 정도로만 생각했어요. 말이 안 되는 것 같았죠."

약을 끊은 지 8개월이 지난 어느 날, 로라는 보스턴 시내를 걷다가 갑자기 성욕이 반짝이는 걸 느꼈다. "그 순간 너무 불편하고 낯설어서 어떻게 해야 할지를 몰랐어요." 그녀는 자신의 성적 욕구가 다른 사람들의 눈에 노출되었노라 느꼈다. 그 뒤로부터는 매력적인 대상이 없는데도 하루에도 몇 번이고 그 같은 욕구가 고개를 들기 시작했다. "온몸이 다시 깨어나는데 이걸 어떻게 써야 할지 모르는 느낌이었죠."

1년 후, 서른한 살의 로라는 캐나다 빅토리아주에서 캐나다의 정신보건 시스템에 대해 기사를 쓰는 기자 롭 위폰드와 장거리 연애를 시작했다. 로라와 롭 모두 성욕에 대해 이야기할 때 감정에 북받치는 듯했다. 로라는 말했다. "저는 새로 태어난 기분이었어요. 내 몸이 어때야 하는지 한 번도 제대로 알지 못했거든요." 롭은 말했다. "로라는 갑자기 몸이 깨어나서 어른의 관점으로 자신을 바라보고 있었어요. 모든 것이 새로웠죠. 우리는 '이런, 이게 대체 뭐야? 뭘 해야 하지?' 이렇게 이야기하는 식이었어요."

오랫동안 로라는 안정된 연인 관계를 유지할 수 없었다. 그건 경계선 인격 장애의 증상 중 하나일 거라고 로라는 생각했다. "솔직하게 말하면 내가 정신적으로 아프기 때문에 불감증도 당연하다고 생각했어요." 로라는 또 이렇게도 말했다. "영화에서 아름다운 섹스 신을 봐도 그게 나에게도 일어날 거라고는 생각할 수 없었죠." 이제 로라는 과거 자신이 타인과 연결되지 못했던 건 그간 복용한 그 수많은 약물 때문이었으리라 생각한다. "감각적이고 육체적인 수준에서 다른 사람과 관계를 맺지 못했던 거예요. 그건 절대 진짜처럼 느껴지지 않았어요. 가짜 같았죠."

로라는 여성의 성욕에 대한 책을 샀다. 그리고 서른한 살이 되어서야 비로소 오르가즘을 느꼈다. "너무 오랜 시간이 걸렸어요. 마침내 그 감각을 느꼈을 때 눈물을 터뜨리면서 롭에게 소리쳤죠. '해냈어! 내가 해냈다고!' 이렇게요."

제 4 장

로라는 이전에 자신을 담당했던 로스 선생에게 편지를 써서 자신의 의료 기록을 볼 수 있는지 문의했다. 로스가 자신의 감정, 그리고 성적인 불감증에 대해 어떻게 이해했는지 알고 싶었다. "성욕의 상실은 가장 감당하기 힘든 부분이었어요." 로라는 말했다. "배신을 당한 기분이었죠."

로스 선생에게서 답장이 없자 로라는 기록 열람 요구서를 가지고 직접 그녀를 방문하기로 한다. 로라는 무작정 로스 선생의 집 근처를 찾아갔는데, 마침 개를 산책시키고 있던 로스를 보게 되었다. "정말 이상한 기분이었죠." 로라는 말했다. "저는 '아, 안녕하세요. 전 로라 델라노에요.' 하고 말했고 우리는 실제로 포옹까지 했어요. '안심하세요. 나쁜 뜻으로 온 건 아니에요. 그냥 대체 제게 무슨 일이 일어난 건지 조각을 맞춰 보려고 하는 거예요.' 저는 이렇게 말했죠."

로스 선생은 예약을 하고 방문해 달라고 했다. 로라는 그 만남을 위해 몇 시간을 준비했다. 약속한 날이 되자, 로라는 대기실에서 기다리면서 자신이 할 질문에 집중하려고 애썼다. 로라는 이렇게 물어볼 예정이었다. "나는 이렇게 당신 앞에 앉아 있고 약은 모두 끊었어요. 이렇게 생기 있고 활기차고 유능한 기분은 느껴 본 적이 없을 정도에요. 그런데도 나는 아직 심각한 정신질환을 가지고 있어요. 여기에 대해서 어떻게 생각하시나요?"

하지만 로라는 과거에 대한 향수 때문에 정신이 산만해졌다. 의료기기에서 나오는 익숙한 백색소음, 로스 선생이 문을 열었을 때 바람이 훅 들어오는 소리가 과거의 향수를 자극한 것이었다. 로라는 늘 로스 선생과 함께 있는 것이 좋았다. 손톱은 항상 깨끗하게 손질되어 있었고, 손으로 커다란 커피잔을 만지작거리면서 다리를 꼬고 앉아 있었다는 로스 선생. 그녀가 대기실 문을 열었을 때 로라는 눈물을 흘리고 있었다.

그들은 포옹했다. 그리고 진료실로 들어가 늘 앉던 자리에 앉았다. 하지만 로스 선생이 너무 긴장한 채여서 진료 시간 내내 로라가 이야기를 주도해야 했다. 로라는 과거에 그들이 나눴던 대화를 요약하면서 자기 이야기를 하다가 주어진 시간을 다 쓰고 말았다. 진료실을 떠나서야 준비해 온 질문을 하나도 하지 못했다는 사실을 깨달았다.

로라는 정신과 약물을 복용한 경험에 대해 이야기하는 블로그를 열었다. 그리고 10여 년 동안 자신에게 일어난 일에 대해 스스로 어떻게 통제력을 서서히 상실해 갔는지 상세히 묘사했다. "이 작은 알약과 캡슐들"[36]을 너무 깊이 신뢰했던 것 같다고 로라는 블로그에 적었다. 그러다 보니 자신은 "이 약물들이 작동하는 살아 있는 숙주" 같았다고도 썼다. 곧 다양한 종류의 약물들을 끊는 법에 대해 사람들이 조언을 구해 오기 시작했다. 어떤 사람은 약을 끊으려고 오랫동안 시도했다고 했다. 그들은 캡슐 안에 있는 환을 꺼내 종자계수기로 세어서 줄인다든지 하는 방법으로 어떻게든 약을 서서히 줄이는 법을 개발하고 있었다.

정신과 약물은 일반적으로 12주 미만의 임상 실험을 거쳐 시장에 출시된다. 그리고 1년 이상 지속적으로 복용한 환자에 대한 후속 연구는 거의 시행되지 않는다. 약물을 어떻게 끊어야 하는지("탈처방"이라고 알려진)에 대한 질문은 이 분야에서는 거의 논의되지 않는다.[37] 초기 연구에서는 임산부는 복용을 중단하라고 권고한다. 태아에 영향을 끼칠 수도 있기 때문이다. 1990년대에 《약물요법 학회지》와 《영국정신의학저널》 양쪽에 임산부에 대한 증례 연구가 실렸다.[38] 한 사람은 프로작을, 다른 한 사람은 선택적 세로토닌 재흡수 억제제인 루복스Luvox를 투약 중이었고 두 사람 모두 임신 때문에 약물을 중단하려고 했다. 한 사람은 약물 중단에는 성공했지만 "심각한 공격적 감정을 경험"[39]했다. 다른 한 명은 투약을 중단할 수 없었다. 왜냐하면 "그러려고 할 때마다 강력한 공격적 감정"(누군가를 살해할 수도 있겠다는 감정을 느꼈다고 한다)에 압도되었기 때문이다.[40]

맥길대학교의 정신과 명예교수이자 프로작을 생산하는 제약 회사인 엘리 릴리Eli Lilly에 10년간 자문위원으로 있었던 가이 쉬나르Guy Chouinard는 선택적 세로토닌 재흡수 억제제가 처음 출시되었을 때 의심과 공포에 찌들어 있던 환자들이 자기만족적인 삶을 살아가기 시작하는 것을 보고 가슴이 벅차올랐다고 한다. 쉬나르는 캐나다의 정신약물학 토대를 다져 놓은 인물로, 네 가지 서로 다른 항우울제에 대한 최초의 제어된 연구를 수행한 바 있다. 2000년대 초반이 되자 수년간 항우울제를 복용하다가 끊고 난 뒤 금단증상을 겪는 환자들이 그를 찾아오기 시작했다. 그들은 몇 주 혹은 몇 달간 불안과 패닉이 점점 더 강해졌노라 토로했다. 그들에게 다시 약을 처방하자 이틀 안에 증상이 사라졌다고 한다.

사람마다 정도의 차이는 있겠지만, 항우울제를 끊을 때 나타나는 금단증상은 며칠 이상 지속되지는 않는다. 어떤 사람들은 금단증상이 아예 나타나지 않기도 한다. "여기에 대한 연구는 뒤죽박죽이에요." 쉬나르는 내게 말했다. "정신과 전문의들은 자기 환자들을 잘 모릅니다. 오랜 기간 동안 지속적으로 진료하지 않기 때문이에요. 그래서 '평생 이런 경험은 처음이에요'라는 환자들의 발언을 정말로 믿어야 할지 아닌지를 확신할 수가 없는 겁니다." 그에 따르면, 금단증상은 잘못 진단될 뿐만 아니라 지속적으로 관리되지 않는 까닭에 환자가 다시 제대로 기능하려면 중단했던 약을 다시 복용해야만 한다는 잘못된 생각을 낳을 수도 있다.

로라는 정신과 약을 끊으려는 사람들이 모여 서로에게 멘토가 되어 주는 온라인 커뮤니티와 페이스북 페이지에 푹 빠졌다. 그녀는 이 공간들을 "약물 중단을 위한 비전문가 커뮤니티"라고 불렀는데, 대표적으로 '항우울제에서 살아남기' '국제 항우울제 중단 프로젝트' '벤조 친구들' '팍실 프로그레스' '항우울제가 더 나쁘다' 등이 있다. 이러한 커뮤니티들은 약을 서서히 줄여 나가는 법을 알려 주고, 제대로 이름 붙일 수 없는 감정적 경험들에 대해 소통하는 공간을 제공해 준다. 이전 시대라면 반反정신의학 운동으로 나아갔을 사람들이 이제는 이곳에 모인다. 반정신의학 운동은 1970년대에 랭R. D. Laing과 토머스 자즈Thomas Szasz와 같은 정신과 전문의들이 주도한 운동으로, 이들은 정신질환이란 현대 사회의 광기에 대한 자연스러운 반응이라고 주장했다. 그러나 "내가 미친 것인가, 사회가 미친 것인가?"라는 질문은 정신장애의 실제 현실을 무시하면서 '자아는 그것을 형성하는 사회로부터 분리될 수 있다'는 불가능한 명제를 전제한다는 점에서 문제가 있다.

그러한 커뮤니티에서 공통적으로 다뤄지는 주제는 수년간 다양한 약물을 복용하고 났을 때 자신이 장애인이 된 것 같은 느낌을 갖게 되는 순간이 온다는 사실이었다. 원래 있던 정신질환 때문인지, 질환으로 인해 복용하게 된 약물 때문인지, 가족이나 공동체가 환자를 대하는 태도 때문인지, 이를 구별하기란 쉬운 일이 아니다. 이러한 과정은 사회보장 보험의 혜택을 받으려고 자신이 장애인임을 입증해야 하는 일과도 무관하지 않다. 예일대학교 의과대학 교수 스왑닐 굽타Swapnil Gupta에 따르면, 환자들이 약물 중단에 대한 공포를 느끼는 까닭은 의학적인 문제 때문이 아니라 대부분 사회적이고 경제적인 문제 때문이라고 말한다. "어떤 사람들은 장애 보험료를 받지 못할까 걱정합니다. 약을 많이 복용하고 있다는 것 자체가 정신질환의 증거가 되니까요." 그녀는 또한 이렇게도 말한다. "약은 의사에 대한 애착을 표현하며, 따라서 약을 끊는다는 것은 그러한 애착을 상실함을 의미하기도 하지요. 이것은 정체성의 상실이자 다른 방식의 삶을 의미합니다. 당신이 하고 있는 모든 것이 당신 책임인 것이지 약 때문이 아니게 되는 겁니다."

굽타 교수 또한 환자의 정서적 삶을 이해하는 방식을 수정하려고 노력하고 있다고 한다. "우리는 환자를 시간 속에서 고정된 존재로 보는 경향이 있습니다. 환자도 우리처럼 감정의 기복을 겪는다고 생각하지 않는 거죠. 그러다가 갑자기 그들이 '보세요, 선생님. 제가 이렇게 울고 있어요. 다시 약을 주세요.' 하고 이야기하면 정말 혼란스러워집니다." 그녀는 이렇게 말한다. "그러면 나는 그 사람들을 자리에 앉히고 말해야 합니다. '울어도 괜찮아요. 정상인은 우는 게 당연합니다.' 오늘도 어느 환자가 나한테 묻더군요. '선생님도 우세요?' 그래서 대답했죠. '그럼요, 나도 울어요.'"

****

나는 약물과 자존감의 관계에 대해 이해하려고 애쓰고 있던 시기에 로라의 블로그를 접하게 되었다. 내 인생 초반의 정신의학적 경험은 그로부터 10년 뒤 로라가 접했던 방식과는 달랐던 것 같다. 내 경우, 아이들에게 약물을 처방하는 것이 아직 표준화되지 않았던 때라 병원에 입원했던 것이다. 나는 병을 스트레스 반응으로 보도록 학습받았다. "거식증은 환자가 느낀 압박감에 대처하는 방식으로 보인다"라고 내 담당 의사는 기록했다. 어떤 의미에서 보면 로라와 나는 정신의학이라는 거울의 서로 다른 표면을 보았던 셈이다.

의대를 막 졸업한 친구 애나가 나에게 다시 정신과에 가 보라고 했다. 당시 나는 일이 맞지 않는다는 기분을 느꼈는데, 애나는 내 비이성적인 모습을 보고는 "거식증 같다"라며 도움을 주고자 했다. 그리고 정신과 전문의이자 자신을 가르쳤던 존경하는 교수와 약속을 잡으라고 권했다. 당시 나는 내 글이 직업적으로 인정을 받으면서 원하지 않는 부류의 사람들과 접촉해야만 하는 상황이 잦았고, 그러다 보니 사회적 불안감에 시달리고 있었다. 애나와 나는 우리 정신이 얼마나 "쓰레기"로 가득 차 있는지 농담을 주고받곤 했다. 이는 우리가 했던 사소한 실수, 보내지 말았어야 할 이메일 등에 대해 계속 집착하는 상태를 말한다. 당시에 썼던 일기를 보면 나의 문제는 남들과 "소통"하기보다는 "나의 말, 나를 보는 타인의 시선에 끊임없이 집착하는 것"이라고 적혀 있다. 어느 날 나는 파티에서 돌아와 "내가 말한 것의 45퍼센트는 그냥 쓰레기에 불과하다"라고 일갈한다. 그리고 "냉정하고" "파악하기 힘든" 사람이 아니라 "인간적인" 사람이 되어야겠다고 다짐하고 있다.

애나가 소개해 준 의사(지금부터 홀 선생이라고 부르겠다)는 첫 번째 진료에서 내게 왜 병원에 왔는지를 물었다. 나는 제대로 대답을 하지 못했다. 나는 이메일을 보낸 뒤에 내가 쓴 게 너무 부끄럽다고, 그래서 전송 버튼을 누른 즉시 '실수했다'는 생각이 강하게 들었다고 말했다. 그래서 내가 무슨 실수를 했는지 확실히 하려고 워드 프로그램에 똑같은 이메일을 써 보곤 한다고 했다. 의사는 내가 고립되어 있다고 느낀다면 상상으로 이메일을 써 보는 것도 다른 사람들과 연결되어 있다는 느낌을 받는 데 좋다고 했다. 그 말에 동의하면서 나는 스스로에 대해 이렇게 말했다. "걱정을 밥 먹듯이 하는 사람"이라고. 이 표현을 쓸 때마다 걱정으로 가득 차서 하수구가 꽉 막혀 있는 이미지가 떠오른다. 그리고는 이 이야기를 하는 즉시 또 "밥 먹듯이"라는 표현을 잘못 사용한 것 같다는 생각이 드는 식이다. 의사는 항우울제를 단기 복용하는 것이 어떻겠냐고 제안했다. 다만 6개월을 넘기지 말라고 했다. 그에 따르면 약물은 내가 일종의 "부정적 능력"을 얻도록 도와줄 수 있다고 했다. 부정적 능력이란, 다른 사람이 나에게서 받는 인상을 내가 통제할 수 없다는 사실을 받아들이는 능력을 말한다. 시인 존 키츠John Keats는 부정적 능력을 가리켜 "사실과 이성을 쫓아가지 않고도 불확실성과 신비 속에 있을 수 있는"[41] 상태라고 말했다. 나는 선택적 세로토닌 재흡수 억제제인 렉사프로를 10밀리그램 처방받고 병원을 떠났다.

나는 당시 뉴욕에서 10대 떠돌이 홈리스 청소년들에 대한 이야기를 《뉴요커》에 싣기 위해 준비 중이었다. 그러는 한편으론 몇 달 동안의 인터뷰가 아무 소용이 없을지도 모른다는 불안에 시달리고 있었다. 커리어의 측면에서 이 작업이 차지하는 중요성은 말할 필요도 없었다. 외로움을 느끼지 않으려면 직업적이고 사교적인 커뮤니티에 소속되는 것이 굉장히 중요한데, 만일 이 작업이 인정을 받게 되면 그런 커뮤니티를 찾을 수 있을 것이기 때문이었다. 나는 렉사프로를 처음 복용한 순간을 아직도 기억한다. 렉사프로를 삼킨 직후, 내가 굳이 완벽한 글을 쓸 필요가 있겠는가 하는 생각이 들었다. 그저 요구되는 사항들을 충족시키면서 정보를 충분히 잘 전달하면 되는 것이다. 그러자 이전과 무엇 하나 달라지지 않은 내 주제가 훨씬 더 매력적으로 느껴졌다. 그리고 내게 아무런 영감도 주지 못하는 것 같았던 인터뷰 녹취를 다시 들었고, 엄청나게 재미있는 이야기라는 생

제 4 장

각이 들었다. 이전의 나는 내 작업에 너무 엄격한 잣대를 들이대고 있었던 것이다. 내 호기심은 렉사프로를 복용한 후 훨씬 더 넓어지고 깊어졌다.

렉사프로를 복용했던 6개월은 내 인생 최고의 시기였다. 나는 정신과 의사들이 소위 '약발이 잘 받는 사람'[42]이라고 부르는 종류의 환자였다. 뇌는 갑자기 즐겁고 신선한 자극을 느끼기 시작했다. 나는 일기장에 "오늘은 부끄러워할 것이 아무것도 없다!"라고 썼다. 마음도 갑자기 따사로움에 넘쳐 주변인들에게 안부 메일을 써 대기 시작했다. 어느 날 밤엔 내가 인터뷰했던 십 대들이 댄스파티에서 추던 춤을 부엌에서 추기까지 했다. 당시 사귄 지 5년 정도 되었던 남자 친구는 나를 보고 "내가 본 것 중에 오늘이 제일 웃기다"라고 말했다. 나는 늘 내가 웃긴 사람이라고 생각해 왔건만 그전에는 그렇게 티가 나지는 않았나 보다. 우리는 함께 포르투갈에 여행도 갔었는데, 그때 어째서 휴가가 사람들에게 그토록 소중한 것인지 이해할 수 있었다.

나는 친구들에게도 렉사프로를 권했다. 그들도 나처럼 자신을 의심하고 불신하는 사람들이었기 때문이다. 몇몇은 실제로 내 제안을 받아들였다. 소설가인 헬렌은 렉사프로를 복용한 지 2주가 지나서 내게 이런 연락을 보내왔다. "나 갑자기 가족들한테 엄청나게 잘해 주고 있지 뭐야." 어느 날에는 전철을 타고 가다가 갑자기 아이를 갖고 싶다는 생각이 들었노라 말했다. "나 애들 싫어하는데." 또 다른 친구는 렉사프로 덕분에 성격이 온순해졌다고 말했다. "약을 먹으니까 네다섯 시간 동안 일을 하고 쉬게 됐어. 예전에는 별 소득도 없이 아홉 시간 열 시간을 일했었거든." 헬렌과 나는 다른 두 친구들과 함께 한 달에 몇 번 만나서 저녁을 먹는데, 약을 복용한 후 만난 자리에서 우리는 모두 생기가 넘쳐 들떠 있었다. 하도 열띠게 이야기를 해서 말을 하면서도 내가 소리를 지르고 있는 건 아닌지 싶은 적도 있었다. 그리고 그 어떤 불안감도 들지 않았다. 이런 상태는 1958년 네이선 클라인의 동료 중 하나가 《정신병리학 임상 실험 저널》에서 말했던 것과 유사하다. 그로부터 이프로니아지드를 처방받은 환자가 "15년 만에 처음으로 시간을 낭비하고 있다는 불안감 없이 동료들과 커피를 마시면서 잡담을 즐길 수 있었다"[43] 라고 말했다는 것이다.

헬렌과 나는 동료나 친구 중에 렉사프로를 복용하고 있는 사람들이 더 없는지 찾아보았다. 그리고 얼마나 많은 사람들이(주로 백인 여성들) 이 약을 먹고 있는지를 발견하고 크게 놀랐다. "진짜 '야망을 가진 여성들을 더 강하게' 만들어 주는 알약이 맞네." 헬렌은 이렇게 말했다. 이는 우리가 동일한 질환을 앓고 있는 것이 아니고 동일한 문화 현상에 휩쓸려 있다는 증거인 것 같았다. 홀 선생에게 친구들도 거의 모두 렉사프로를 먹고 있다는 이야기를 했더니, 그는 "붉은 텐트"로 쫓겨날까 봐 걱정되지 않느냐고 웃으며 말했다. 붉은 텐트란 야곱Jacob 종족의 여성들이 생리와 출산을 할 때 자매애 속에서 위안을 얻었던 장소를 칭하는 말이다. 의사는 이 약이 특히 여성들에게 잘 듣는다는 사실을 알고 있었던 모양이다. 하지만 왜 그런지에 대해서는 궁금해하지 않았던 것 같다. 렉사프로가 약효를 발휘하기 전에 나는 의사에게 내가 무심코 '뻔뻔스러워질 때가 있다'고 털어놓았었다. 남자 친구도 모르는 나의 숨겨진 모습이 무심결에 공격적이고 질척거리는 방식으로 나올까 무서웠다. 최근 헬렌에게 우리 불안의 원천이 무엇인 것 같냐고 물었을 때 그녀는 이렇게 대답했다. "우리는 '착한 딸' 콤플렉스가 있잖아. 근데 사실은 못된 딸이기도 하지."

나에게 홀 선생을 추천해 주었던 애나도 렉사프로를 복용했다. 그리고 실존적 언어로 약물복용을 정당화해 주었다. 임상적으로 우울증 진단을 받은 적은 없었지만, 나의 마음과 현대의 일상적 리듬 사이에 불일치가 존재할 수 있다는 설명이었다. 생명윤리학자 칼 엘리어트Carl Elliott에 따르면, 어떤 사람에게 항우울제는 정신적 상태보다는 "자아와 외부 의미 구조 사이의 불일치"에 작동한다고 한다. 이는 "당신이라는 사람 자체의 존재 방식과, 당신에게 기대되는 존재 방식 사이의 불일치"를 의미한다. "프로작을 비롯한 항우울제에 대한 우려가 사라질 수 없는 이유는, 그것이 대상으로 하는 질환이 바로 외롭고 무관심하고 슬픈 이 세계의 일부이기 때문이다."[44]

하지만 이 같은 외로운 슬픔은 나오미 이야기에서 나온 자신의 존재와 아픔이 인정받지 못하고 있으며 현실은 믿을 것이 못된다는 '인지 부조화'와는 다르다. 그러나 정신의학은 중립성이라는 입장하에 이 두 가지 문제를 동일하게 다루는데, 이러한 접근 방식 자체가 폭력적으로 느껴지곤 한다. 엘리엇은 "시지푸스가 혼자서 돌을 산꼭대기로 밀어 올리고 있을 때 곁에 정신과 의사가 있었다면 뭐라고 말했을까?"[45] 질문한다. 그리고는 스스로 다음과 같이 대답한다. "아마도 시지푸스에게 더 열정적으로, 더 창의적으로, 더 통찰력 있게, 마치 프로작을 복용했을 때처럼 그렇게 멋지게 돌을 밀어 올리라고 조언하지 않았을까?"

렉사프로는 나에게 사회적 약물이자 집단적 경험이었다. 몇 달 동안 에너지가 넘쳐흐르는 느낌을 받은 후, 나와 친구들은 렉사프로를 끊어야 할지 말아야 할지 고민하기 시작했다. 헬렌은 처음으로 렉사프로를 끊어 보았다. 그러자 며칠이 지나지 않아 금단증상이 나타났다. 헬렌은 이렇게 이메일을 보내왔다. "약을 끊은 순간부터 짜증이 나기 시작하고 분노가 치밀어 오르고 있어." 그러면서 "근데 너는 내가 본 그 어느 때보다 편안해 보이더라"라고 살짝 무시하는 듯 덧붙였다. 그리고 이제 렉사프로를 복용하고 있지 않기 때문에 "더 이상 너희들이랑 놀러 가고 싶지 않아. 약을 다시 먹으라고 권하는 가족들이랑 외출하기라도 하면 정말 끔찍이 집에 가고 싶고, 지금 당장 뭔가 가치 있는 걸 시작해야 한다는 강박이 들어"라고도 말했다.

헬렌이 렉사프로를 끊는 걸 보자 나도 왠지 그래야 할 것 같았다. 6개월간의 시험 복용 기간도 끝났으며, 약은 확실히 효과가 있었으니 말이다. 나는 렉사프로 덕분에 곤경에서 빠져나왔다. 나는 일주일 동안 서서히 복용량을 줄여 갔다. 2주 후, 나는 처음으로 교과서에 우울증 증상이라고 나와 있는 무기력한 기분을 느끼고 있었다. 나의 작업이 의미 있고 시의적절하다는 확신은 사라져 버렸다. 나는 살면서 한 번도 느껴 본 적이 없는 새로운 감각을 경험했다. 말을 할 때 입술의 움직임이 느껴져서 정신이 산만해지기 시작한 것이다. 어느 화창한 날에 나는 친구와 야외에서 오후를 보내고 나서 감사해야 할 것들에 대해 생각했지만 렉사프로가 없으니 그저 탐욕스러워지기만 했고 그 어떤 것에도 감사할 수가 없었다.

결국 나는 렉사프로를 다시 복용하기 시작했고, 2주 안에 모든 것이 다 좋아졌다. 그로부터 2년 동안 나는 렉사프로를 세 번 정도 끊으려고 시도했지만, 그때마다 똑같이 무기력하고 움직일 수조차 없는 기분을 느꼈다. 마치 가장 중요한 것을 상실한 듯한 고립감 같은 걸 말이다. 이런 감정이 금단증상과 관련 있다고 의사는 알려 주지 않았고, 나 스스로도 6주 넘게 약을 끊어 본 적이 없었으므로 확인할 방법이 없었다. 나는 렉사프로를 복용하기 전의 사람으로 느껴지는 것이 아니라 원래부터 이상한 사람으로 느껴졌다. 거식증으로 병원에 입원해 있던 여섯 살 시절의 내 모습이 가끔씩 떠오르기도 했다. 아니면 렉사프로가 나를 너무 많이 바꾸어 놓아서 내 자아를 더 이상 내 것이라 주장할 수 없는 상태가 되었던 것인지도 모르겠다. 사회학자 알랭 에렌베르크Alain Ehrenberg는 스스로를 부적응자라고 느끼는 사람들에게 항우울제의 장기 복용이 곧 치료법이 되어 버렸다고 말한다. 항우울제는 일종의 "역설적 상황"[46]을 만들어 내는데, "병적 상황은 만성이 되는 반면, 약물은 마법적 힘이 있는 것으로 여겨지기" 때문이다. 렉사프로를 끊은 헬렌은 복용 당시 자신이 느꼈던 "세상에 소속되고 싶은 갑작스러운 욕망"은 어딘가 모르게 가짜처럼 느껴졌다고 말했다. 나 또한 그때의 감정이 낯설게 느껴진다. 하지만 당시에는 진실했다. 영국의 정신분석학자 위니콧D. W. Winnicott은 이렇게 말한다. "숨어 있는 것은 즐거운 일이다. 하지만 그 상태로 아무에게도 발견되지 않는 것은 끔찍한 일이다."

스웨덴의 신경약리학자 아비드 칼손Arvid Carlsson에 따르면, 프로 작 이전에 나온 지멜리딘Zimelidine을 복용한 사람 중 일부는 수입이 상승했다고 한다.[47] 나 또한 같은 상황이었다고 할 수 있다. 렉사프 로는 내 커리어의 발전 과정과 밀접한 관련이 있었다. 또 남자 친구 와 결혼하기로 했던 시기와도 일치한다. 그런 중요한 사건들은 렉사 프로 없이도 어떻게든 일어났겠지만, 그럼에도 불구하고 렉사프로 와 구분해 이야기할 수만은 없다. 『프로작의 말을 듣기』에서 피터 크 레이머는 이렇게 말한다. "환자들이 조심스럽고 내성적일 때에는 잘 지내지 못하다가 약을 복용한 후 당당하고 유연하게 바뀌는 것을 보 면서, 나는 우리 문화가 대인 관계를 얼마나 중요하게 생각하는지에 대한 강한 인상을 받곤 한다."[48]

렉사프로를 복용하고 3년이 지나서 나는 임신을 했다. 렉사프로 를 끊었을 때의 금단증상을 잘 알고 있음에도 불구하고 나는 즉시 복 용을 중단했다. 태아에 영향을 끼칠까 걱정됐기 때문이다. 그러고 나 서 2주도 되지 않아 나는 내가 엄마가 되고 싶다고 생각했던 이유를 도저히 납득할 수가 없었다. 계획하에 이루어진 임신이었음에도 불 구하고 그저 우연한 사고처럼 느껴졌다. 육아서를 뒤적이다가 아기 는 태어나서 몇 주 동안 자신과 엄마를 구분하지 못한다는 사실을 알 게 되었다. 충격적이었다. 나는 친구들에게 아이를 사랑하지 못할까 두렵다고 말했다. 그러나 내가 진정으로 두려워했던 건 그와 정반대 의 상황이었던 것 같다. 내 사랑이 너무 커서 나와 아이를 구별하지

BIPOLAR DISORDER, BORDERLINE PERSONALITY DISORDER

못할까 두려웠던 것이다. 고등학교와 대학교 때 나는 남자 친구를 한 번 사귀면 너무 헌신적이 되어서 나 자신의 관심과 목표는 거의 망각하곤 했다. 부모가 되어도 그렇게 자신을 다 고갈해 버리지 않을까 두려웠다. 정신분석가 아담 필립스에 따르면 "모든 사람은 '자신의 살아 있음'을 얼마나 견딜 수 있는가 하는 문제와 씨름하고"[49] 있다. 렉사프로는 바로 이 문제에 직접적으로 영향을 끼쳤던 것 같다. 렉사프로가 없으면 나는 뭔가 새로운 사람이 될 용기를 내지 못했다.[50] 롤랜드 쿤의 용어로 말하자면 나는 "경험하는 힘"[51]을 상실했던 것이다.

임신 6주가 되어 내가 렉사프로를 끊은 것을 보고 홀 선생은 혹시 낙태를 생각하고 있느냐고 물었다. 나 또한 그 생각을 하지 않은 것은 아니었다. 내 몸은 태아에게 적합하지 않기 때문에 유산이 문제를 해결할 것이라는 생각이 들었다. 며칠이 지나서 그는 내 사례를 자신이 나온 의대의 유아 정신과 과장과 논의했다고 말했다. "임상적 그림을 설명해 주었더니 만일 이 환자가 자기 아내라면 다시 렉사프로를 처방해 줬을 거라고 하더군요." 나는 두 남자 의사가 자기 아내에게 무슨 약을 먹일지를 놓고 토론을 한다는 사실이 놀라웠지만, 어쨌든 그 충고를 받아들여서 다시 렉사프로를 복용했다. 그러자 3주 만에 다시 아기를 낳아야 하는 이유를 느낄 수 있었다.

로라를 만나 이야기를 나누면서 나도 '신경-낙태', 즉 임신중절을 하고 싶다는 가짜 욕망을 느꼈노라 이야기해 주었다. 《정신의학과 신경과학 저널》에 실린 2001년의 어느 논문을 보면, 항우울제나 벤조디아제핀 계열 신경안정제를 복용하고 있다가 임신과 함께 급작스럽게 복용을 중단한 여성들의 이야기가 나온다. 이들 서른여섯 중 세 명은 자살 충동을 느꼈고, 네 명은 입원을 했다. 또 다른 한 명은 임신을 "원했음에도 불구하고" "그토록 비참한 기분으로 임신 기간 을 버틸 수 있을 것 같지 않아서"[52] 낙태를 했다고 한다. 논문 저자들 은 이 여성에 대한 후속 연구는 하지 않았다. 하지만 나는 그 여성이 너무 빨리 약을 끊었던 것이 아닌가 생각한다. 다시 약을 복용했더라 면 아이를 낳고 싶지 않았을까?

렉사프로에 대한 나의 6개월간의 실험은 이제 그 기간이 10년으 로 늘어났다. 나는 몇 년 동안 천천히 복용량을 줄여 가고 있다. 남은 평생 이 약 없이는 살 수 없게 될까 봐 불안하기 때문이다. 또 렉사프 로의 알려지지 않은 부작용이 나중에 나타날까 봐 그 부분도 걱정이 된다. 하지만 이 약을 완전히 끊을 정도로 심하게 걱정되는 것은 아 니다. 나는 둘째도 가졌고, 임신 기간 동안에도 계속해서 렉사프로 를 복용했다. 지난 몇 년 동안은 2.5밀리그램까지 복용량을 줄여 보 았다. 이는 원래 복용량의 4분의 1 정도이다. 그랬더니 그다지 우울 하지는 않았지만, 그렇다고 사교적이거나 융통성 있거나 즉흥적이 지도 않았다. 그 정도가 딱 나의 원래 성격인 것 같다. 그래서 내가 얼마나 아버지의 성격을 닮았는지도 실감한다. 모두가 나를 보고 아 버지의 급한 성격을 물려받았다고 했다. 아버지가 만약 렉사프로를 복용했더라면 인생에서 중요한 순간들에 더 잘 대처할 수 있지 않았 을까? 그렇게 생각한 끝에 나는 렉사프로의 복용량을 다시 늘리기로 결정했다. 내 아이들에게는 아버지가 했던 실수를 반복하고 싶지 않았기 때문이다.

『프로작의 말을 듣기』에서 저자는 주변 친구나 동료가 프로작을 먹고 정서적으로 안정되고 사회적으로 '잘나가는' 것을 보면 나도 먹어야 하는 것이 아닌가 하는 압박감이 느껴질 수도 있다고 말한다.[53] 하지만 나는 그것과 조금 다른 딜레마 때문에 고생 중이라고 로라에게 말했다. 잘나가는 게 문제가 아니고, 내가 원하는 사람이 되기 위해 반드시 약물이 있어야 한다는 딜레마였다. 나는 아이들이 렉사프로를 먹은 내 모습을 기억해 주기를 바란다. 렉사프로를 먹으면 나는 남편과 좋은 관계를 지속하기 위한 피드백을 더 잘할 수 있다. 그리고 사소한 것들에 대해서도 평정심을 유지한다. 예를 들어, 내가 아무리 하지 말라고 해도 양말을 신을 때 내 머리카락을 움켜쥐는 아들의 행동도 참아 줄 수 있다. "렉사프로 7.5밀리그램이면 나는 훌륭한 가족구성원이 되거든요." 나는 로라에게 이렇게 말했다.

"그건 실제로는 금단증상 때문이니까 좀 더 천천히 약을 끊으시면 되지 않겠어요?" 로라는 내게 물었다.

나는 이 질문 자체도 결국 지나친 단순화라는 생각이 들면서 조금은 마음이 상했다. 로라는 '우울에 대한 해답은 약물복용에서 찾을 수 있다'는 생각을 정반대의 관점에서, 즉 무조건 끊으면 된다고 생각하고 있는 것 같았다. 만약 개인적으로 약물을 복용할지 말지가 핵심이라면, 장애를 만들어 내고 지속되게 하는 사회적 맥락은 다시 무시되는 것이다. 한 가지 설명이 여전히 너무 많은 힘을 발휘하고 있다.

앤 크베트코비치Ann Cvetkovich는 『우울증Depression: 대중의 감정』이라는 저서에서 이렇게 말하고 있다. 만일 우울증이 "뭔가 꽉 막혀 있고 막다른 골목에서 꼼짝 못 하는 상태라고 생각된다면, 그 해결책은 약물에 있는 것이 아니라 유연성이나 창의성을 발휘하는 것에 있을지도 모른다." (비록 두 전략이 서로 반대되는 것은 아니겠지만) 일리 있는 설명이다. 나 또한 내가 되고 싶은 사람이 되려면 약물이 필요하다고 생각했기에 약물에 어떤 신비한 이미지를 부여해 왔다. 그래서 약을 삼키는 것만으로도 치유되는 듯한 기분을 느낀 것이다. 나는 초등학교 2학년 일기장에 썼듯이, 어딘가 부족하다는 느낌("나는 나보다 더 나은 사람이 되고 싶다")에 더 유연하게 접근하고 싶었다. 그런데 렉사프로를 복용하면 그것이 가능한 일처럼 느껴졌다. 렉사프로는 불안과 우울이 동반하는 경직된 사고방식을 풀어 주는 것 같다. 자신에 대한 이야기를 단 한 가지 방식으로만 펼칠 수 있다는 인식론적 경직성 말이다.

****

체스트넛 롯지 병원의 의사들은 자기 병원을 "밀려드는 파도에 부딪히며 서 있는 등대"[54]라고 묘사했다. 정신의학의 역사는 이렇게 파도에 부딪히는 역사의 연속이었다. 한 가지의 치료 모델이 미래를 약속하는 듯 보이다가 다른 모델에게 자리를 내주는 식이다. 시간이 흐르면서 나는 약물에서 해방되는 것이 먼 여정의 끝에 서 있는 등대와 같다는 로라의 이야기에 동의하지 않게 되었다. 로라가 회복할 수 있었던 것은 아픈 상태를 만들어 낸 약을 끊어서가 아니라, 무엇이 자기를 아프게 했는지에 대한 새로운 이야기를 찾았기 때문은 아니었을까. 굴곡 없는 삶이 가능하다는 환상 따위는 존재하지 않는 이야기와 '그래, 울어도 괜찮아'라고 말해 주는 커뮤니티의 존재 때문이 아니었을까. 프롬-라이히만의 말처럼 "외로움은 공유될 수도 있고 소통될 수도 있는 경험"[55]이라는 사실을 로라는 발견한 것일지도 모른다.

나는 로라와의 인터뷰를 거의 일 년 동안 진행했다. 그런 후 로라의 동생 니나가 나에게 문자를 보내왔다. "언니에 대해서 전해드릴 빅 뉴스가 있어요. 10년 만에 이 모든 이야기가 해피 엔딩으로 끝날 수 있게 되었네요." 로라는 새 남자 친구인 쿠퍼와 가까이 살려고 하트포드로 이사를 갔다고 한다. 쿠퍼는 정신과 중독 병력을 가진 사람들을 도와주는 기관에서 일하는 남자였다. 두 사람은 정신건강 콘퍼런스에서 만났다고 한다. 쿠퍼는 열일곱 살 때 애더럴Adderall을 처방받고 중독되었다가 회복되고 있는 중이었다. 청소년이었을 때 쿠퍼는 '나는 이 세상과 맞지 않아. 나는 바뀌어야 해. 나는 이 세상에 적응해야 해'라는 생각을 끊임없이 했다고 한다.

쿠퍼의 집에서 로라는 부엌에 서서 그에게 나무와 플라스틱 조리도구는 식기세척기에 넣으면 안 된다고 말했다. 쿠퍼는 로라에게 세척기에 넣을 수 있는 도구들에 대해서 이것저것 물었다. 그러고 나서 마지막으로 로라에게 중요한 질문을 하면서 약혼반지를 꺼냈다. 쿠퍼는 사실 몇 주 동안 프러포즈를 하려고 계획 중이었는데, 하필 그 날이 로라가 자살 시도를 한 지 정확히 10년이 되는 날이었다.

두 사람이 약혼을 한 직후, 비앙카 거트맨Bianca Gutman이라는 스물 세 살의 몬트리올 출신 여성이 로라를 방문하러 하트포드에 왔다. 비 앙카의 어머니 수전은 2년 전에 로라의 블로그를 발견하고 로라에게 이메일을 보냈었다. "내 딸 이야기인 줄 알았어요." 수전은 말했다. 비앙카는 열두 살에 우울증 진단을 받았다고 했다. 수전은 로라에게 스카이프 요금을 부담할 테니 자기 딸이 정신과 약을 끊을 수 있게 도와달라고 했다. 이제 로라는 수전에게 더 이상 전화 요금을 내주지 않아도 된다고 했다. 비앙카가 동생처럼 느껴진 것이었다.

로라와 비앙카는 추운 날씨에도 함께 산책을 하면서 주말을 보냈 다. 키가 150센티미터밖에 되지 않는 비앙카는 생각을 말로 옮기는 데 많은 결심이 필요한 것처럼, 아주 느리게 말하고 굉장히 천천히 움직였다. 비앙카는 9년 동안 매일 렉사프로를 권장 용량의 두 배인 40밀리그램씩 복용하고 있었다. 항정신제 아빌리파이는 6년째 복용 중이었다. 응급의학과 의사인 비앙카의 아버지는 로라와 대화를 나 눈 후, 딸의 복용량을 매달 1밀리그램씩 줄여 주는 약국을 몬트리올 에서 찾아냈다. 초등학교 보조 교사로 일하고 있는 비앙카는 로라에 게 찾아올 당시 이미 렉사프로 복용량을 5밀리그램 정도 줄이는 데 성공한 상태였다. 비앙카의 어머니 수전은 이렇게 말했다. "나는 비 앙카에게 '오늘 더 좋아 보이는구나.' 하고 자주 말해요. 그러면 비앙 카는 '진정해, 엄마. 약을 끊는다고 내가 완전히 깨끗해져서 하루아침에 예전 모습으로 돌아갈 수 있는 건 아니야라고 말하곤 하죠." 사실 비앙카는 예전 모습으로 돌아가려고 약을 복용하기 시작했던 것이다.

로라가 그랬던 것처럼 비앙카도 의사가 복용량을 늘려 줄 때마다 늘 고마워했었다. "그 선생님들이 내 고통에 딱 맞게 약을 처방해 주는 것 같았어요." 이 말 말고는 달리 표현할 방법이 없다고 비앙카는 말한다. 그녀는 자신의 우울증을 "무의미한 고통"이라고 설명한다. "형태도 없고 흐릿해요. 그 어떤 언어로도 표현할 수 없어요." 비앙카는 로라와 처음 대화했을 때 로라가 자기 말에 "음." 하고 반응할 때마다 자신이 이해받고 있다는 듯한 느낌이 들었다고 했다. "나는 오랫동안 아무런 희망이 없는 삶을 살았어요. 뭐가 희망적이냐고요? 모르겠어요. 지금은 그냥 희망적이에요. 누군가와 희망으로 연결되어 있다는 걸 느꼈으니까요." 비앙카는 로라에게 말했다. "그걸 언어로 표현할 수 없다는 걸 언니가 알고 있다는 사실만으로도 나한테는 충분해요."

내가 로라에게 어린 시절 사진을 보여 달라고 요청하자 그녀가 앨범 몇 권을 들고 나왔다. 우리 셋은 바닥에 앉아서 앨범을 훑어보았다. 로라는 해가 지날수록 완전히 다른 사람처럼 보였다. 사진들 사이에 연속성이 없었다. 파스텔컬러의 꼭 끼는 셔츠를 입고 친구들과 찍은 사진에서는 누가 로라인지 알아보기가 힘들었다. 단지 살이 더 찌거나 마른 문제가 아니었다. 얼굴 자체가 완전히 달라 보였기 때문이다. 첫 번째 사교 파티 데뷔 때 찍은 사진에서 로라는 마치 다른 사람의 가면을 쓰고 있는 것처럼 보였다. 비앙카는 계속해서 "언니를 찾을 수가 없는데요." 하고 말했다.

로라에게는 늘 특유의 반짝거리는 모습이 있었다. 하지만 이제 로라는 거의 눈부셨다. 로라는 의류에 새롭게 관심을 가지기 시작해서, 스웨덴에서 산 바지 안에 셔츠를 집어넣어 허리를 잘록하게 돋보이게 하는 패션을 선보이고 있었다. 쿠퍼가 자신의 가족과 오후를 보낸 후 집으로 돌아오자 로라는 소리쳤다. "아, 쿠퍼가 왔어요!" 그러고는 자기 모습에 자기가 놀라 웃음을 터뜨렸다.

나는 로라의 해피 엔딩이 결혼이고 유일한 치유는 남편인 것처럼 로라의 이야기를 끝내고 싶지는 않다. 이것은 초기 정신의학의 역사가 여성 환자를 다루는 방식과 다름없으니까. 프로이트는 여성들을 연구하면서 결혼이라는 결말이 진정한 치료의 승리라고 주장했다. "도라가 찾아온 지 몇 년이나 지났다."[56] 프로이트는 도라의 사례사를 이렇게 끝내고 있다. "그동안 그 소녀는 결혼을 했다." 엘리자베스의 사례사에서도 마찬가지였다. 프로이트는 그녀를 마지막으로 본 순간을 다음과 같이 기록하고 있다. "예전의 내 환자가 그렇게 생기 넘치는 모습으로 춤을 추며 내 곁을 지나가는 걸 쳐다보지 않을 수 없었다. 이후 그녀는 자신이 좋아하는 사람과 결혼했다."[57]

로라 또한 결혼 이야기에 대해 느끼는 나의 불편함에 공감했다. "'로라는 마침내 정착했다.' 뭐 이런 식이 아니길 바라요." 로라는 또 이렇게도 말했다. "그냥, 뭐라고 부르든 로라는 덫에 빠져 더 심각한 상황에 이를 수도 있었다고 써 주세요. 그 덫이란 아마도 인생 그 자

BIPOLAR DISORDER, BORDERLINE PERSONALITY DISORDER

체겠죠?" 로라는 확인하지 않은 이메일이 너무 많은 일상에 여전히 힘겨워하고 있고, 일주일에 다섯 번은 울기도 한다. 로라는 너무 예민하다. 또 스스로 상황을 악화시키기도 한다. 쿠퍼는 긴장되는 순간이면 한발 뒤로 물러나는 성향이 있다고 한다. 문제를 즉시 철저히 해결해야 하는 로라의 충동과 맞지 않는 것이다. 로라는 경계선 인격 장애 클리닉에서 나온 뒤로 단 한 번도 병원에 간 적이 없다. "내가 실제로 의사 앞에 앉아서 검사를 하면 지금 분명히 몇 가지 진단명이 나올 거예요." 하지만 그런 정신의학적 진단은 이제 로라에게 아무런 의미가 없다.

우울증이 자신을 설명해 준다는 생각을 버리기 위해 애쓰고 있는 비앙카는 이렇게 말한다. "나의 어둠은 여전히 거기 있어요. 하지만 그건 내 존재의 총체성으로부터 나온 곁가지일 뿐이에요." 그러고는 다음과 같이 덧붙인다. "하지만 나는 그 어둠에서 완전히 빠져나오지는 못 했어요."

"나도 완전히 나은 건 아니에요." 로라는 비앙카의 말에 동의했다. "정말이지 이 세상에서 어떻게 하면 어른이 될 수 있는지 매일, 여전히 궁금해하고 있을 뿐이에요."

에필로그

하바의 이야기:
"나는 나 자신에게조차
완벽한 타인이다."

BORDERLINE PERSONALITY DISORDER

DEPRESSIVE DISORDER

ANOREXIA NERVOSA

거식증

하바는 살을 빼는 것이 가장 이상적인 자신의 모습으로 가는
방법이라고 반복해서 말한다. 하지만 "완전하고도 완벽한
행복의 상태"인 비쩍 마른 상태에 가까이 다가간 순간,
하바는 다시 자신이 대체 무엇을 위해 그토록 애써 왔는지를
생각한다. "내 인생은 이렇게 흘러가 버리고, 내게 의미 있는
모든 것은 다 희생당하는구나."

SCHIZOPHRENIA

POSTPARTUM DEPRESSION

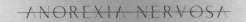

ANOREXIA NERVOSA

나는 미시간주립 어린이 병원에서 30년 전 나를 거식증이라고 진단하고 치료했던 정신분석의 토머스 켑케 선생에게 몇 년 전에 이메일로 연락을 취했다. 30년 만에 처음이었다. 내가 인터뷰를 제안하자 켑케 선생은 여섯 살 때의 나를 안다는 동료 심리학자 세 명도 함께 만나자고 했다. 그들은 1980년대와 1990년대에 국립정신건강연구소로부터 연구비를 지원받아 거식증에 걸린 청소년들을 치료했던 연구팀 멤버들이었다. 나는 당시 그들의 연구 대상이 되기에는 너무 어렸지만, 거식증 청소년과 동일한 절차로 치료를 받았다고 한다. "청소년의 섭식 장애는 발병 즉시 치료할 경우 긍정적 예후를 보인다."[1] 그들은 또 이렇게 쓰고 있다. "다만 그렇지 않으면 만성질환이 될 수 있다."

우리는 디트로이트 교외의 블룸필드 힐스에 있는 어느 사무실에서 만났다. 그들 중 한 사람의 사무실이었다. 그들은 모두 일어서서 나를 따뜻하게 맞이해 주었다. 마치 대학에 간 옛 제자가 얼마나 잘 컸는지를 보려고 모인 호기심과 자부심에 찬 유치원 선생님들 같았다. 켑케 선생은 아내가 특별히 만들어 주었다면서 커피 케이크를 내놓았다.

나는 켑케 선생의 아이디어에 따라 여섯 살 때 사진들 몇 장을 챙겨 갔다. 그들이 옛날 기억을 더 생생하게 떠올릴 수 있도록 말이다. 사진에서 나는 좀 커 보이는 보라색 목욕 가운을 입고 머리는 산발을 하고 있었다. "아, 그래." 켑케 선생이 말했다. "맞아, 기억나네." 그는 사진을 동료들에게도 전달했다. "그때 자네 부모님은 꽤 힘든 시기를 겪고 계셨지." 그는 우리 엄마가 영어 선생님이어서 늘 시험지를 채점하고 있거나 일기를 쓰고 있었다는 것도 기억했다. "자네는 그래도 수월하게 살이 쪘어. 나랑 많이 싸우지도 않았고." 그는 거식증을 두고 "아이가 가족 안에서 느끼는 압박감을 스스로에게로 돌리는" 방식이라고 설명했다. "자네는 거식증이 가족의 일상생활에 항상성을 가져다줄 수 있을 거라고 생각했을지도 모르네. 그때 당시 부모님이 별거하면서 시끄러운 상황이었으니까."

하지만 나는 몇 가지 이유로 그 자리에 그다지 흥미를 느끼지 못하고 있었다. 그다음 날 레이 오셔로프의 아들인 조를 앤아버에서 만나기로 했는데, 아직 그에게서 연락을 받지 못한 상태라 계속 신경이 쓰였던 것이다. 알람이 울리길래 기대하며 확인해 보니 의사들이랑 인터뷰는 잘 되고 있는지 묻는 언니의 문자였다. 이들이 이야기하고 있는 것은 모두 진실되게 느껴졌지만, 동시에 그들 특유의 전형적인 생각에 여전히 갇혀 있는 것 같기도 했다. 나는 그들의 이야기에서 개인적 경험과의 연결 고리를 느낄 수가 없었다.

"이건 오랫동안 일을 하지 않아서 감이 떨어진 늙은 의사의 이야기일 수도 있네만." 그중 은퇴한 어느 의사가 말을 꺼냈다. "자네는 치료적 개입을 그다지 좋아하지 않았다는 느낌이 드는군."

"나도 그렇게 느꼈다네." 켑케 선생이 말했다.

"그럼, 다른 사람들은 다 좋은 경험이었다고 말하나요?" 내가 물었다.

"그건 아니야." 앤 모이에라는 이름의 의사가 말했다. "무엇보다도 거식증은 친구처럼 생각되는 경향이 있기 때문에 '이건 나한테 도움이 되는데 당신들은 내게서 빼앗아 가려고 하는군요.' 이런 식이지."

나는 내가 정말로 거식증이었던 것이 맞는지 확신할 수 없다고 말했다. 최소한 처음에는 아니었던 것 같다고, 나는 그저 거식증이라는 진단으로 설명되었을 뿐인 것 같다고 말이다. "그리고 하바라는 언니를 좋아했던 기억이 지금도 나요." 나는 말했다. "저는 그 언니처럼 되고 싶었어요. 정말 예쁜 언니였거든요."

그들은 돌연 입을 다물었다. "하바에 대해 이야기하는 게 적절할까요?" 모이에 선생이 물었다.

"아닌 것 같아." 켑케 선생이 대답했다.

모이에 선생은 더 이상 설명하지 않았다. 하지만 이야기가 끝나고 그곳을 떠날 때 나에게 말했다. "있잖아, 너랑 하바는 정말 비슷했어. 넌 걔 여동생처럼 보일 정도였어."

나는 집에 와서 인터넷으로 하바를 검색해 보았고, 그녀의 부고를 발견했다. 부고 내용에 따르면 하바는 10주 전에 사망한 걸로 되어 있었다. 하바의 부고를 보자 거식증에 대해 아무것도 아닌 것처럼 이야기했던 것이 후회스러웠다. 정신질환은 불확실하고 의식적으로 지각되지 않는 것처럼 보일 수 있지만, 또한 한 사람의 사고력과 타인과 관계 맺을 능력을 압도해 버릴 정도로 철저한 영향을 미칠 수도 있다.[2] 하바의 장례식은 집에서 치러졌고 온라인으로 스트리밍되었다. "제 딸은 오랫동안 길을 헤맸습니다." 아버지 데이비드는 이렇게 말했다. "우리는 결국 빌려 온 시간을 살 뿐이죠."

몇 달이 지난 후 나는 종양학자이자 중환자실 내과 전문의였던 하바의 아버지 데이비드에게 전화를 했다. 내가 누구인지 설명하자 그는 전처가 악의를 품고 보낸 사람이 아닌지 확인하려고 몇 가지 질문을 했다. 내가 병원에서 보냈던 시절에 대해 이야기하자 그는 "당신이 누구인지 알 것 같군요"라고 말했다. "생각나는 대로 말해 보자면, 어머니가 굉장히 똑똑하신 분이지만 지적으로나 학문적으로 좌절을 겪었죠? 커리어가 잘 안 풀렸다고 들었어요."

나는 맞다고 했다.

"그리고 아버지가 엄청난 기술을 필요로 하는 고된 전문직 직종이라고 들었어요."

"그것도 맞아요."

"그리고 부모 간에 불화가 심했죠?"

"그걸 어떻게 아세요?" 내가 물었다.

"그렇게 드문 이야기는 아니거든요." 그가 말했다.

그러고 보니 엄마가 예전에 어린이 병원의 의사 한 명이 나에 대한 사례연구를 했다고 말했던 게 생각났다. 그것이 출판되었다는 증거는 찾지 못했는데, 나는 잠깐 정말로 발표가 된 적이 있었는지 의심스러웠다. 그리고 내가 겪은 어린 시절의 경험이 그다지 특별한 것은 아니라는 말에 다소 실망스럽기도 했다. 그건 나와 비슷한 사회적 배경에, 나와 같은 심리적 긴장 상태를 겪고, 나와 같이 잘못된 해법

에필로그

을 찾은 소녀들이 제법 많았다는 이야기니까. 하바의 아버지는 지난 40년 동안 섭식 장애에 대한 전문가가 되어 있었다. "내가 그쪽으로 자료를 좀 읽었거든요." 그는 웃으면서 덧붙였다.

내가 내 의지로 전화했다는 것을 확인하자 그는 하바가 내 글을 읽은 적이 있다고 이야기해 주었다. "하바는 '여기 이 사람이 나랑 같은 병으로 입원했었는데 그때 나보다 더 어렸거든요. 지금은 다 나았나 봐요.' 하고 말했어요." 그는 이렇게 말했다. "하바는 질투심을 느끼는 아이는 아니었어요. 다른 사람들을 존중하고 합리적인 기쁨을 느낄 줄 아는 아이였죠. 하바도 자기가 원하는 걸 할 수 있었다면 자신의 병과 고통에 대한 사회적 인식을 다시 바로잡는 활동을 했을 거예요."

"옛날 이야기를 하나 해 줄게요." 그는 이야기를 이어 갔다. 청소년기를 거의 정신병동에서 보낸 하바는 10대 후반에 파티에 갔다가 병원에 있을 때 함께 지내던 친구를 만났다고 한다. 마찬가지로 섭식 장애로 고생하던 친구였다. "하바는 반가워서 그 친구와 이야기를 하고 싶어 했어요. 병원을 나오니 더 불편한 느낌이 든다는 것도 토로하고 싶었고, 병원에서 지낼 때의 일도 같이 이야기하고 싶었대요. 그런데 그 친구가 자기를 피하면서 이렇게 말하더래요. '나는 지금 다 나았어. 난 정상적인 생활에 동화되려고 노력 중이야. 병원에서 만났던 사람과 절대 연락하고 싶지 않아. 넌 나를 다시 나약하게 만들어.'" 그는 계속해서 말했다. "그 아이가 나쁘다고 생각하지는 않아요. 심리학자의 관점에서 보면 부적절한 발언은 아니죠. 하지만 하바에게는 너무나 깊은 상처였어요. 빠져나올 수 없을 정도로요."

그 친구의 말은 어떤 면에서는 나의 이야기이기도 했다. 나는 하바가 어떤 점에서 제일 상처를 받았는지 물어보았다. "심각한 정신질환을 가진 아이들은 작고 귀여울 때는 어느 정도 참아 줄 수 있어요. 하지만 그 시기를 지나면 사람들은 견딜 수 없어하죠. 그들도 각자 불안을 갖고 있을 테니까요. 그리고 나서 특정할 수는 없는 어떤 시점이 오면 그 아이들은 사람들로 하여금 동정심을 낳게 하는 게 아니고, 같이 있으면 도저히 불편해서 못 견디겠는 괴물이 되어 버려요."

"클린턴 대통령님께." 1993년 열일곱 살이 된 하바는 대통령에게 편지를 썼다. "우리나라가 돈이 많이 없다는 걸 알고 있어요. 하지만 제발 정신건강 예산을 삭감하지는 말아 주세요!" 하바는 이렇게 쓴다. "저는 섭식 장애를 치료하느라 5년 동안이나 병원을 들락날락했어요. 그런데 제가 갔던 모든 병원이 다 나중에 문을 닫았어요!" 1990년대에 미시간주 주지사 존 엥글러John Engler는 재정 보수주의자였을 뿐만 아니라 정신건강 관련 산업을 주에서 운영할 필요가 없다고 생각하는 인물이었다. 그래서 정신병원 열 군데를 성급하게 폐쇄해 버렸다.[3] 하바는 당시 호손Hawthorn 센터에 입원해 있었는데, 그곳은 미시간주를 통틀어 유일하게 남아 있던 어린이 정신병원이었다. 그나마도 열다섯 명의 직원이 막 해고된 시점이었다. "매일 저희를 위해 일해 주시는 직원분들은 저희가 정말로 신뢰하는 분들이에요." 하바는 이렇게 말한다. "저희가 평생 처음으로, 우리를 위해 늘 곁에 있어 주는 사람이 있다고 믿게 된 분들이에요."

대통령에게 편지를 보낸 지 얼마 되지 않아 하바는 정신건강보험의 입원비 보장을 다 소진해서 퇴원해야 했다. 거식증은 정신질환 중에서 치사율이 가장 높다.[4] 하지만 보험회사는 거식증을 "'잘못된' 종류의 질환"[5]이라고 생각하는 경향이 있다고 인류학자 레베카 레스터Rebecca Lester는 말한다. 거식증은 장기적으로 치료받아야 하지만 그래도 쉽게 낫지 않는다. "거식증 환자들은 경제적 지원을 제대로 받지 못한다"라고 레스터는 설명한다. 어느 설문 조사에서 섭식 장애 전문가 97퍼센트[6]는 자기 환자들이 생명을 위협받을 정도의 상황에 처했지만 보험사는 치료를 지속할 수 있도록 지원해 주지 않았다고 대답했다. 또한 전문가 다섯 명 중의 한 명[7]은 거식증 환자의 사망에는 보험사의 책임도 있다고 답변했다. 그러나 보험사는 자신들의 인색함에 정당한 이유가 있다고 주장한다. "대중은 환자가 섭식 장애를 스스로 선택한 것이라고 생각하기 때문이다."[8] 이 말인즉슨 책임도 환자에게 있다는 뜻이다.

하바는 새 노트를 쓸 때마다 맨 앞장에 새로운 사람이 되겠노라 맹세한다. "새로운 시작!" 하바는 스무 살이 되던 해에 이렇게 썼다. 당시 그녀는 세 아이를 돌보는 파트타임 일을 시작했다. "이제 나는 전문 베이비시터라고 할 수 있다." 하바는 결정을 내려야 할 때라는 것을 깨닫는다. "외로움과 공허함을 인간의 근원적 고통으로 받아들이면서 처음부터 새롭게 시작하든가, 아니면 섭식 장애라는 익숙한 고통에 다시 기대든가." 하지만 다시 살이 찌기 시작하면서 하바는 혼란을 느낀다. "나 자신을 되찾기 위해서라면 뭐든지 하겠다!" 하바는 또 이렇게 쓰고 있다. "남들한테 의존해야만 하는 거식증 환자라는 내 본모습을!" 사람들은 자기가 비쩍 말라서 굶주린 모습일 때만 예쁘다고 했다. 하바는 자신의 소외감을 해석하고 의미를 부여할 새로운 방식을 필사적으로 찾았다. 때로는 신에게 분노를 느끼기도 했다. "보이지 않는 존재라 내가 움켜잡고 매달릴 수 없기" 때문이었다.

하바는 형제자매와도 멀어졌다. 하바의 오빠는 나에게 말했다. "나는 하바를 비난한 적은 없어요. 화가 난 것도 아니에요. 그냥… 대체 그 아이한테 어떤 말을 건네야 할지 모르겠더라고요." 하바는 20대에 대식증bulimic에 빠지기도 했다. 하바의 일기장에는 자신이 먹은 음식의 목록이 길게 나열되어 있었는데, 그녀는 그것들을 먹고는 다 토해 버리곤 했다. "내가 집중할 수 있는 유일한 것은 음식뿐이다." 하바는 이렇게 쓴다. "계속해서, 오로지, 음식에만!"

2차 세계대전 후반, 미네소타대학교의 연구자들은 기근 희생자들을 치료할 수 있는 방법을 찾고자 서른여섯 명의 남성을 대상으로 모의실험을 수행했다. 그들은 24주 동안 기아 체험에 가까운 가혹한 다이어트를 했고 그 결과 거의 신경증에 가까운 상태가 되었다.[9] 실험이 종료된 후에도 그들은 계속해서 먹을 것에 대해 이야기했다. 그들은 메뉴판을 읽었고 요리법을 수집했으며 다른 사람들이 먹는 모습을 보는 것에서 대리 만족을 느꼈다. 「금욕적 거식증 환자The Ascetic Anorexic」라는 논문에서 인류학자 논자 피터스Nonja Peters는 거식증 환자들 또한 관심사가 먹는 것에 편중된다고 말한다. 그러나 "음식 이미지에 대한 강박은 우리 신체의 생존 본능 때문에 생긴 어쩔 수 없는 것이다"[10]라는 말을 누구도 해 주지 않았다고 한다.

하바는 한번은 변비약을 너무 많이 먹어서 입원한 적도 있다. 그곳에서 10년도 더 전에 병원에서 만난 서른아홉 살의 환자를 보고 반가워했다고 한다. 그때 그룹 치료 시간이 끝나고 하바는 이런 기록을 남겼다. "나처럼 물속으로 가라앉고 있는 배에 갇혀 옴짝달싹도 할 수 없는 여자아이들이 서른 명이나 같은 방에 있다. 이제 우린 대체 어디로 갈까? 말은 쉽지. 대체 내 발을 어디에 두어야 할까? 난 정말 공중에 둥둥 떠 있는 기분이다." 하바는 이전에 병원에서 함께 지냈던 친구들과도 연락을 주고받곤 했다. 그리고 "잘 지내고 있는 사람들은 모두 새로운 인생을 신에게 봉헌하고 있었다"라며 심란해했다. 그들이 계속 잘 살아갈 수 있었던 것은 자신의 삶을 새로운 이야기로 각색했기 때문이었다.

****

하바의 어머니인 게일을 처음 만났을 때 나는 임신 7개월 차에 접어들고 있었다. 게일은 나를 보고는 자기도 손자 손녀를 보고 싶었노라 말했다. 내가 그녀의 인생에 누릴 수 있었을지도 모르는 어떤 부분을 일깨워 주는 사람으로 등장했다는 사실이 불편했다. 우리는 브루클린에 있는 게일의 호텔 방에서 만났다. 아들이 브루클린에 살고 있어서 미시간에서 아들을 보러 왔다고 했다. 그녀는 딱딱한 장식 베개를 등에 받치고 침대에 기대 앉아 있었다. 하바의 일기장 세 권도 가져왔다. 집의 지하실에는 일기장이 수십 권도 더 있다고 했다. 그리고 자신은 딸의 일기장을 한 번도 읽어 본 적이 없다고 덧붙였다. 노트를 휘리릭 넘기다가 여섯 살짜리 여자아이에 대한 이야기("산발이 된 머리카락이 어깨까지 흘러 내려와 있었다")가 눈에 띄었는데 아마도 나인 것 같아서 들고 왔다고 했다. 나는 게일이 딸의 글을 보호하려고 한다는 인상을 받았다. 하지만 외려 그녀는 딸의 글에 대해서 진저리를 쳤다. "그렇게 글을 써 대는 것도 아파서 그랬던 거예요."

그때의 일기를 보니 하바는 운동 계획도 짜고 있었다. 무엇을 언제 먹을지 스케줄을 짜고 날짜를 쓰고 아래에 서명까지 했다. "나 하바는 최소한의 양을 최대한 시간 간격을 두고 배고플 때에만 먹을 것이다." 또한 내가 여섯 살 때 입원했던 병동에 대해서 거의 인류학적 서술에 가까운 생생한 묘사를 해 놓았다. 당시 나는 일종의 집단정신을 느꼈었다. 다른 여자아이들을 나의 친구이자 멘토인 것처럼 여겼기 때문이다. 하지만 이제는 그 이면에 작동하고 있던 기제가 보이기도 한다. 여자아이들이 몸무게, 혈압, 심박수를 서로 비교하는 방식에는 어딘가 무자비하면서도 왜곡된 미국식 개인주의가 있었다. 하바는 자신의 수치가 충분히 낮지 않다며 이건 "마치 다른 사람도 다 쉽게 얻을 수 있는" 숫자라고 쓰고 있다.

하바의 일기장을 보면 두 가지 스타일이 관찰되는데, 이는 하바의 몸무게에 따른 것으로 보인다. 뚱뚱할 때의 하바는 판에 박힌 표현을 반복하는 경향이 있었다. 그녀는 절제력이 없다며 스스로를 계속해서 비난하고 있으며, 그 외에 달리 자신의 삶을 해석할 방식을 찾지 못하는 듯 보였다. 자신이 한때 얼마나 대단한 사람이었는지에 대한 환상에 사로잡혀 체스트넛 롯지 병원 복도를 미친 듯이 걸어 다니던 레이처럼, 하바는 살을 빼는 것이 가장 이상적인 자신의 모습으로 가는 방법이라고 반복해서 쓰고 있다.

하지만 "완전하고도 완벽한 행복의 상태"인 비쩍 마른 상태에 가까이 다가간 순간, 하바는 다시 자신이 대체 무엇을 위해 그토록 애써 왔는지를 생각한다. "내 인생은 이렇게 흘러가 버리고, 내게 의미 있는 모든 것은 다 희생당하는구나."

하바는 스물다섯에 임신을 하게 된다. 그녀는 퍼스널 트레이너였던 남자 친구와 가정을 꾸리고 싶었지만 그는 그런 데 관심이 없었다. 아이를 혼자 낳아서 키울 자신도 없었다. 하바와 어머니 게일은 'Adoption.com'이라는 사이트에서 입양 가정을 찾기 시작했다. 그리고 뉴욕에 사는 아이 없는 부부가 배려심이 깊고 아이를 잘 키워 줄 것처럼 보였기에 그들에게 아기를 주기로 결심한다. 하지만 하바가 그들에게 자신의 정신질환에 대해 밝히자 그 사람들은 "아, 그럼 됐어요." 하고 입양 결정을 번복한다. 이에 대해 게일은 다음과 같이 말했다. "그 사람들은 하바의 병이 유전될까 걱정했기 때문에 우리 아기를 원하지 않았던 거예요."

하바는 버지니아주에 사는 앤과 래리라는 새로운 부부를 찾았다. 앤은 말한다. "처음 만난 자리에서 하바는 '아이가 정신질환을 가지든 아니든 상관없이 이 아이를 사랑해 줄 거라고 약속해 주세요.' 하고 말했어요." 그들은 그러겠노라고 약속했다.

그들은 하바가 아기와 관계를 지속할 수 있도록 입양 사실을 공개하는 데 동의했다. 그리고 하바가 아기와 제대로 작별을 할 수 있도록 출산 후 며칠 동안은 아기를 데리고 있게 해 주었다. 2007년 《워싱턴 포스트》에 실린 오픈 입양 기사에서 하바는 앤과 래리가 출산일에 병원에 오겠다고 했지만 이를 원치 않는다고 말하고 있다. "그런 것까지 요구하지 않았으면 하는 게 내 기분이었어요."[11] 하바는 말한다. "이 세상에 유일한 내 아이를 당신들이 내 눈앞에서 바로 데려가 버린다면 나는 정말 무너지고 말 거예요."

하바는 2002년에 아들 조너선을 낳았다. 일주일이 채 안 되어 하바와 게일은 아기를 새 가족에게 데려다주었다. "우리는 바닥에 앉아서 계속 울었어요." 게일은 말했다. "내 인생에서 가장 고통스러운 일이었죠. 그 아기를 남에게 보낸 것이." 나중에 하바는 아기를 입양 보낸 일을 두고 "내가 이 지구상에서 한 것들 중 유일하게 잘한 일"이라고 말했다.

처음 몇 년간 하바는 아들을 보러 버지니아주를 몇 번씩 방문해서 앤과 래리의 집에 며칠 동안이고 머물렀다. 《워싱턴 포스트》는 조너선이 하바를 "신비로운 캣우먼"이라고 생각했다는 등 일부 성장 과정을 서술하고 있다. 하바는 고양이 귀걸이를 했고 양말에도 고양이 자수가 있었다. 커피 잔에는 카페인이 아니라 "캣페인"이라고 쓰여 있었다. 하지만 조너선은 갈수록 양모에게 애착을 느끼게 되었

에필로그

고, 하바는 그 모습을 보는 게 마음 아팠다. 게다가 조녀선은 말이 늦었는데, 하바는 아들의 말을 알아들을 수 없는 자신을 질책했다.

조녀선이 열한 살이 되었을 때 그들 가족은 래리의 직장 때문에 뉴질랜드 크라이스트처치로 이주했다. 나는 그들과 화상 채팅을 할 수 있었고, 아들에게서 하바의 모습이 보이는지 물었다.

"아, 그럼요." 그들은 동시에 대답했다.

"유전자는 어디 가지 않으니까요." 래리가 말했다.

"조녀선은 하바처럼 아주 다정하답니다." 앤이 말했다. "그리고 늘 주어진 틀 바깥에서 생각하죠. 다르게 생각할 줄 알아요."

"조녀선은 불안증이 있어요." 래리는 말했다. "좀 심해요."

"불안증과 완벽주의가 있죠." 앤이 말을 받아 덧붙였다. "하지만 정말 온순한 아이에요. 정말 사랑스럽고요. 그런 것도 하바에게서 왔다는 걸 우리는 알아요."

이제 열여덟 살이 된 조녀선이 옆방에 있다고 했다. "조녀선, 와서 인사할래?" 앤이 물었다.

조녀선은 볼이 발그레했고, 검은 사각 테 안경을 쓰고 있었다. 곱슬거리는 짙은 금발 머리를 늘어뜨린 채였다. 이제 막 일어난 참인 조녀선에게 앤이 말했다. "이분이 하바가 어릴 때 만났던 분이래." 그러고는 하바에 대한 기억을 이야기해 보라고 부추겼다.

조녀선은 스크린을 뚫어지게 응시했다. 불편한 기색이 역력했다. 몇 초가 지나자 그는 다시 엄마에게 몸을 돌려 조용히 말했다. "말하고 싶지 않아요."

"하바랑 기차놀이도 했잖니." 앤이 말했다. 그리고 고양이에 대해서도 이야기해 주었다.

"하바가 가족이라는 건 아주 잘 알고 있어요." 조녀선의 목소리는 놀랄 만큼 저음이었다. "어떻게 말해야 할지 잘 모르겠어요. 그분이랑 충분히 시간을 보내지 않아서요."

조녀선이 다시 방으로 돌아가자 앤은 눈물을 흘렸다. "하바가 너무 안됐어요." 그녀는 말했다. "아기랑 헤어지는 선택을 한 거 말이에요. 그게 아기에게는 최선이었으니까요."

노벨문학상 수상자이자 거식증 환자이기도 했던 시인 루이즈 글릭louise glück은 말한다. "거식증의 비극은 그 의도는 자기 파괴적이지 않으나 결과는 그렇다는 점에 있다. 거식증의 의도는 제한된 수단으로 최대한 그럴듯한 자아를 구성하려는 것이다."[12] 여기에 비추어 보면 나의 거식증은 성공적이었다고 할 수 있다. 퇴원한 뒤 부모님은 나를 조금 두려워했고 나의 의견을 존중해 주었으며, 명확한 경계를 그어 주었다. 동시에 나는 교실에서나 저녁 식사 자리에서 앉지 않고 서 있는다든지 하는 이상한 행동을 해도 되는 자유를 누렸다. 한번은 엄마 친구 집으로 추수감사절을 보내러 간 적이 있었는데, 그때 그 이모는 아예 내 자리에 의자를 갖다놓지도 않았다. 누구도 나의 행동을 판단하려 들지 않았다. 아마도 내가 너무 어렸기 때문에 사람들이 서로 불편한 시선을 주고받는 것을 눈치채지 못했던 것일지도 모르겠다. 하지만 나는 다른 사람들이 나를 위해 만들어 낸 특정한 이야기에 갇히지 않았다. 나는 내 행동에 싫증이 나면 다른 행동을 하는 자유를 누릴 수 있었다.

중학교에 가서야 거식증으로 몸을 실험하려 드는 친구들을 만나게 되었고, 거식증이라는 진단이 담고 있는 의미들에 대해 어렴풋이 알 수 있었다. 하지만 그때까지도 나는 거식증에 별다른 매력을 느끼지 못했다. 나는 다른 곳에서 의미를 찾는 것으로 내 삶을 구축한 것이다. 나는 2학년 때 일기장에 대문자로 큼직하게 한 페이지당 거의 몇 단어씩 이렇게 썼다.

중요한 것들:
아이스 스케이팅
재미있게 놀기
『스튜어트 리틀』
용감한 마틸다
내 몸 구석구석
나무들

한때 거식증 부분을 지우고 어린 시절을 다시 구성해야 하나 고민했던 기억이 난다. 하지만 내가 그곳에 없었더라면 인식하지 못했을 경험도 분명 있다. 그때 병원에서 경험했던 이상한 순간이 늘 내 머릿속을 떠나지 않는다. 어떻게 설명해야 할지 잘 모르겠다. 그때 나는 반쯤 열려 있는 병실 문 가까이에 서 있었는데, 문 너머로 어떤 목소리가 들려왔다. 나는 자세히 귀 기울여 들으려 했지만 그 소리는 갈수록 희미해졌다. 뭔가 안으로 말려 들어가는 듯이 사라져 가는 소리였다. 마치 소라 껍질을 귀에 대고 들을 때 같았다. 그때까지 그리고 그 후로도 단 한 번도 들어 본 적이 없는, 이 세상의 것과는 아예 다른 범주에 속하는 것 같은 소리. 그 소리는 윌리엄 제임스가 '분류되지 않은 잔여물'과 관련된 글에서 말했던 "기존의 그 어떤 범주에도 들어맞지 않는, 규정할 수 없는 사실들"[13]에 가까웠다.

내가 그 경험을 분명하게 그리려고 할 때마다 몇 년 전 인터뷰했던 젊은 여성의 말이 떠오른다. 그녀는 정신병 증상을 언어로 번역하려고 애쓰면서 이렇게 말했다. "그건 마치 개를 모르는 사람에게 개 짖는 소리가 어떤지를 설명하려는 것과 같아요."[14]

그때 그 소리는 결국 새로운 경험의 영역으로 들어가는 일종의 신호가 아니었을까. 몇 가지 알 수 없는 이유 때문에 내가 들어서지 않았던 길 말이다. 그때 나는 너무 어렸기 때문에 하바와 같은 거식증 환자의 행동이 몸에 배지 않았던 것일지도 모른다. 나는 성장기를 지나치게 빠르게 겪고 있었던 것일 뿐이다. 내가 조금 더 나이를 먹었더라면 사회적 강화의 과정을 반복하면서 거식증이라는 '경력'을 발전시켰을지도 모르겠다. 하바와 나의 발병 시기는 불과 몇 년 차이밖에 나지 않을 터였지만, 이 근소한 차이가 그토록 다른 결과를 만들었다는 사실은 숨 막힐 정도로 놀랍다.

나는 하바에게 어떤 깊은 연결 고리를 느낀다. 그뿐만이 아니다. 여기에 등장하는 모든 이들에게 역시 마찬가지로 그러하다. 그것은

에필로그

여기에 적힌 이야기를 넘어서는 연대감이다. "자, 나에 대한 중요한 사실을 알려 줄게." 여덟 살의 나는 일기장에 이렇게 썼다. "나는 거식증이라고 불리는 병을 앓고 있어." 레이와 바푸, 나오미와 로라는 모두 제각각 자신의 질병에 대해 글을 쓰려고 했다. 그들이 쓰려는 언어가 그들을 설명하기에 꼭 들어맞지는 않는다는 걸 알면서도 그랬다. 그들은 깊은 자의식을 가지고 자신들의 심리적 경험을 서술했다. 또한 자신이 느끼는 감정과 감각이 진짜라는 것을 다른 사람들에게 확실하게 보여 주고 싶어 했다. 자신이 신과 결혼했다고 믿든, 인종차별주의로부터 세상을 구원하겠다고 믿든 관계없이 말이다. 그들은 자신이 어떻게 그리고 왜 이렇게 생각하는지를 권위자들에게 (바푸의 경우에는 영적 스승들에게, 나머지 경우에는 의사들에게) 알려 주려고 애썼다. 그들의 고통은 타인과의 대화 속에서 구체화되었다. 그리고 그 과정에서 그들이 경험한 고통의 경로와 정체성은 모두 바뀌어 갔다.

하바는 서른한 살에 아버지의 아파트로 들어갔다. "하바는 더 이상 갈 곳이 없었거든요." 아버지 데이비드는 말한다. "보험 보장을 받지 못했으니까요." 당시 하바는 정부 보조 주택에 살고 있었다. 하지만 자살 시도를 하고 몇 주간 혼수상태에 빠져 있었기 때문에 더 보호를 받아야 했다. 하바는 며칠이고 침대 밖을 나가지 않기도 했다. 아버지는 딸을 자기 환자처럼 대하면서 매일 의료 일지를 썼다. 단 한 사람을 위한 집중 관리실을 운영한 셈이다.

데이비드는 하바와 자신이 함께 보낸 생활을 이해하고 싶다면 자폐증을 앓는 소년의 이야기인 『한밤중에 개에게 일어난 의문의 사건』을 읽어 보라고 권했다. "아버지가 특히 감동적이에요." 데이비드는 이렇게 말했다. "아픈 아이를 위해 희생하면서 자기 인생을 파괴하고 있죠. 예전에 저질렀던 죄 때문에 성자聖者가 되려고 하는 거예요."

하지만 하바의 일기를 보면 그와는 정반대의 이야기가 펼쳐진다. 그녀는 가족과 멀어진 아버지를 혼자 돌보고 있다. 하바의 아버지는 이제 더 이상 환자를 보지 않기 때문에 딸을 진료하겠다는 목표를 가지게 되었다. "나는 아버지가 구축한 세상 바깥으로 아버지를 데리고 나올 힘을 가진 유일한 존재다." 하바는 말한다. "그리고 아버지는 자기 세상에서 굉장히 행복해 보인다. 그래서 내가 아버지를 데리고 나올 때는 적절한 강요와 격려도 필요해 보인다."

하바는 아버지의 집에서 12년을 살았다. "나는 나를 사례연구 대상으로 서술할 수도 있다." 그녀는 자신의 발병에 기여한 요인을 나열하기도 한다("그 때문에 화학적 불균형 상황이 초래되었다"라고 그녀는 말한다). 하지만 그다음에 무엇을 해야 할지에 대해서는 알지 못했다. 그녀는 자신의 병에 대한 깊은 인식을 가지고 있었음에도 불구하고 여전히 자신이 누구인지 알 수 없었다. "나는 나 자신을 완벽히 이해하지만, 나 자신에게조차 완벽한 타인이다." 하바는 이렇게 쓰고 있다. "내가 정말 질병에서 완치되고 싶은 게 맞는지 백 퍼센트 확신할 수가 없다. 내가 누구이고 어떤 사람이 될지 확실히 알지 못하기 때문이다."

　　　　에필로그

열일곱의 나이에 조현병 진단을 받았던 심리학자 팻 디건Pat Dee-
gan은 '회복'에 대한 논문에서 항우울제 광고 메시지를 비판한다.
1990년대 후반에 나온 항우울제 광고를 보면 여자아이가 함박웃음
을 지으며 엄마를 향해 계단을 뛰어 올라가고 있고 그 아래에는 다음
과 같은 문구가 쓰여 있다. "오늘 나는 엄마를 되찾았다!"[15] 디건은 정
신질환을 경험한 당사자는 발병 이전의 정체성으로 돌아갈 수 없다
고 주장한다. "몇 해 동안 질환으로 고통받은 후 회복되어 예전으로
복귀한다는 줄거리는 사실이 아니다."[16] 또 다른 논문에서는 목 아래
가 마비된 친구를 자신과 비교하면서 이렇게 쓰고 있다. "회복이란
'결과 혹은 최종 산물'을 지칭하는 것이 아니다. '완치되었음'을 의미
하는 것도 아니다. 사실 우리에게 회복이란 우리의 한계를 뼛속 깊이
받아들이는 것을 의미한다."[17] 따라서 "회복이 아닌 변신이 우리의
길이 된다"[18]라고 그녀는 결론 내린다.

물론 디건 역시 회복의 특정 단계에서는 계획과 노력이 필요하다
는 것을 인정한다. 그러나 그 모든 과정이 의식적으로 세심하게 조직
될 수 있는 것은 아니다. "희망이라는 현상은 정신의학과 심리학, 사
회복지 업무, 그리고 과학 기술과 이론만으로 설명될 수 있는 게 아
니다."[19] 그녀는 또한 이렇게 말한다. "하지만 회복한 사람들은 은총
이라는 것이 실제로 존재한다는 사실을 안다. 우리는 실제로 겪었
다. 그것이 우리가 공유하는 비밀이다."

하바는 마흔한 살에 '팀'이라는 재정 분석가와 데이트를 하러 아
버지의 집에서 나와 파네라 브레드로 향한다. 그들은 온라인으로 만

났다. 둘은 베이글을 주문하고는 세 시간 동안 이야기를 나누었다. 정신질환에 대한 이야기였다. "하바는 모든 걸 다 오픈하겠다는 생각을 가졌던 것 같아요." 팀은 말한다. "나는 이런 사람이에요. 받아들이든지, 아니면 거부하든지 하세요." 팀도 한때 절망의 시기를 지나왔다. 고등학교 시절에 등교하는 것 자체가 너무 힘들어서 한 달동안 침대에서 나오지 못한 적도 있었다. 성인이 되어서도 유사한 마비 증상을 겪었다고 한다. "그래서 그 상태에서 빠져나오는 게 얼마나 힘든지를 이해하는 사람으로서 우리의 관계를 시작했어요." 그는 말한다. "하바는 신경쇠약이라는 게 눈에 보였어요. 아빠의 아파트에 오랫동안 갇혀 있었고, 앞으로도 그러길 원하고 있는 상태였죠."

두 사람은 곧 사귀기 시작했다. 관계가 깊어지자 하바는 열네 살때부터 진료를 받아 온 정신과 의사에게 팀을 데려갔다. "하바의 섭식 장애가 어떤 정도인지 알고 있나요?" 정신과 의사는 물었다.

"아주 잘 알고 있습니다." 팀은 자신 있게 대답했다.

팀은 엑셀 시트에 하바의 입원 날짜를 모두 기록해 보았다. 하바는 이야기를 할 때 계속 옆길로 새면서 이야기를 제대로 끝내지 못하는 습관을 가지고 있었으므로 팀은 그녀의 삶을 시각적으로 명확하게 보여 주고 싶었다. 그는 하바가 과거에 대한 새로운 이야기를 꺼낼 때마다 날짜를 추가했다. 마지막 항목은 '마침내 우리가 만났다'였다.

하바는 때로 팀과 함께 식사를 한 후 화장실로 가서 다 토했다. "그래요, 솔직히 말하자면 이렇게 묻긴 했어요. '왜 자신한테 그런 행

에필로그

동을 해?'" 성인 거식증 여성에게 부여되는 특유의 낙인은 허영심 때문에 그런 행동을 한다는 비난일 것이다. 나는 팀에게 하바가 토하는 것에 대해서 판단하고 평가한 적이 있느냐고 물었다. 팀은 놀란 것처럼 보였다. "내가 하바를 판단하고 있다는 생각은 전혀 해 본 적이 없어요." 그는 말했다. "나는 대식증에 대해서는 읽어 본 적이 거의 없었기 때문에 그런 행동이 자기 불안을 다루는 방식이라고 결론을 내렸어요. 하바의 그런 행동은 불행하게도 습관적이었거든요. 판단한 건 아니에요. 나도 누군가 나를 보고 불안해서 외출하고 싶어 하지 않는다고 판단하는 걸 절대 원하지 않으니까요." 팀은 존 키츠가 언급한 '부정적 능력'("불확실한 상태에 머물러 있는 것")을 구현하고 있는 것처럼 보였다. 둘의 관계가 진전되면서 하바도 불편한 감정에 대해 인내심을 가지게 되었다. 그래서 그런 감정이 생길 때 즉각 배출하려고 하기보다는 그 속에 머무를 수 있게 되었다.

어느덧 시간이 지나 하바는 팀의 아파트에서 살게 되었다. 팀이 퇴근하고 오는 저녁 시간까지 하바는 침대에 누운 채 꼼짝 않고 있기도 했다. 아홉 시간이 지나도록 가만히 있었던 것이다. 팀은 하바에게 내일은 소파까지만이라도 움직여 보라고 부드럽게 말했다. "아무것도 하기 싫을 때, 일어나서 옷을 입으려고 내가 얼마나 애썼는지에 대해서도 이야기해 주었죠." 그는 말한다. "나 자신한테 요리를 해 주려고요. 그게 내가 할 수 있는 가장 사소한 일이었어요. 획기적인 변화란 오지 않아요. 그냥 그렇게 사소한 변화가 있을 뿐이죠. 그게 모이면 큰 변화가 되는 거예요."

팀을 만나기 몇 해 전 하바는 어느 정도 회복이 되어 가는 과정에서 자기가 『분노의 포도』에 나오는 고속도로를 가로질러 가는 거북이 같다고 일기장에 썼다. 거북이는 뜨거운 도로를 "눈살을 찌푸리면서 우스꽝스럽게"[20] 엉금엉금 기어간다. 그러다 지나가는 트럭에 부딪혀 뒤집히기도, 길 바깥에 내동댕이쳐지기도 한다. 하지만 이내 다시 자세를 잡고 천천히 몇 인치씩 나아간다. "보슬비라도 내리면 얼마나 기분이 좋을까." 하바는 이렇게 적고 있다. "어찌 됐건 계속해서 앞으로 나아갈 뿐이다."

하바의 가족과 친구들은 모두 그녀가 팀과 함께 있을 때 가장 행복해 보였다고 말했다. 가끔 전화 통화를 하던 조너선의 양부모도 하바와 팀이 서로의 나약함을 함께 나누면서 행복해진 것 같다고 말했다. "우리는 모두 혼자서 컵을 채우려고 해요." 래리는 이야기했다. "하지만 혼자서는 할 수 없죠." 하바는 장애 급여를 받았고, 집 없는 사람들에게 보호소를 제공하는 단체에서 자원봉사를 하면서 잘 지내고 있는 것 같았다고 앤은 말했다. 섭식 장애를 앓은 수십 년간의 세월이 하바의 가치 체계를 바꾸어 놓았고, 이에 따라 좋은 삶이란 무엇인지에 대해서도 전과는 다르게 생각하게 되었다. 팀은 말한다. "하바는 '회복'이라는 단어를 쓰지 않았어요. 그런 의학적 용어는 의미가 없었죠. 그저 '내가 있었던 곳 중 가장 좋은 장소에 있는 것 같아'라고만 말했어요."

체스트넛 롯지 병원의 의사였던 프롬-라이히만은 '정신질환의 철학에 대한 논평'이라는 글에서 어느 환자에 대해 묘사하고 있다. 그

에필로그

녀는 곧 퇴원을 앞두고 있었는데, 친척과 친구들을 다시 만날 생각에 겁에 질려 자기 사무실을 찾아와 계속 울었다고 한다. 프롬-라이히만은 그녀를 이렇게 달랬다. "당신은 이곳에서 엄청나게 많은 경험을 쌓았어요. 다른 환자들을 보면서 모든 종류의 감정적 경험을 실제로 관찰해 볼 기회도 가졌고요. 정신질환을 가진 사람들의 감정적 경험은 우리가 겪는 인간적 경험을 확대경으로 보는 것과 같답니다."[21]

2019년 4월 11일 아침, 팀은 일어나 커피를 내리고 출근하려고 옷을 입은 다음, 늘 그렇듯 침대로 돌아가 하바에게 키스를 했다. 하지만 하바에게서는 아무런 반응이 없었다. 아예 숨이 멎어 있었다고 한다. 팀은 911을 부른 후 심폐 소생술을 했다. 응급 구조사들도 하바를 살릴 수 없었다. 잠을 자는 도중에 구토해서 질식사한 것으로 추정된다고 했다. 대식증을 몇 해 동안 앓았기 때문에 식도 근육이 늘어났던 것이다. "섭식 장애는 '느린 자살'이라는 것을 나도 알고 있다"라고 하바는 일기장에 쓴 적이 있다. 다만 이 일이 그녀가 살면서 처음으로 미래에 대한 계획을 품은 시점에 일어난 게 안타깝다. 하바와 팀은 2주 후에 새 아파트로 이사하기로 되어 있었다. 짐도 이미 싸 놓았다. 그리고 아들을 만나러 뉴질랜드에 가려고 돈도 모아 두었다. 하바에게는 첫 뉴질랜드 방문이었다. 월말에 돈이 남을 때마다 하바는 양말 안에 현금을 모았다. "하바는 매일같이 아들 이야기를 했어요." 팀은 말한다.

나는 팀과 줌으로 통화했다. 그는 하바가 사망한 후 부모의 집으로 들어갔고, 지하실에서 나와 영상통화를 했다. 지하실의 벽은 나무 느낌이 나는 재질이었고, 비틀스 포스터와 야구공과 장갑이 그려진 그림이 붙어 있었다. 그는 창백하고 잘생긴 얼굴을 하고 있었다. 머리는 짧게 잘라 각진 얼굴이 도드라졌다. 그리고 붉은색 에너지 드링크를 마시고 있었다. 하바가 죽은 후 자신에게 최악의 우울증이 왔다고 했다. "이렇게 영상으로 봐선 잘 모르실 거예요." 그는 말했다. "저는 하바가 고생하는 걸 봤어요. 그녀는 어떻게든 살아 보려고 했죠. 그 모습이 지금 저를 버티게 해요."

처음 우울증이 왔던 십 대 시절, 천주교 신자였던 팀은 밤마다 기도를 했다고 한다. "제가 지금 고생하는 걸 나중에 다른 사람을 돕는 데 쓸 수 있게 해 주세요. 제 고통이 의미 없이 낭비되게 하지 말아 주세요." 그는 이제 20년 만에 처음으로 그 기도를 조금 수정했다. "나는 하느님께 기도해요. '저를 하바처럼 강해지도록 해 주세요.' 하고요. '하바처럼 남을 용서할 수 있게 도와주세요'라고도 기도합니다. 이게 더 힘들죠." 기록으로만 보면 하바의 삶은 질병명으로 결정되어 온 것처럼 보인다. 하지만 팀은 하바가 자신의 삶을 규정하는 이야기에 저항했던 방식에 감탄했다고 말한다. 그것은 다른 사람들이 생각하는 것과는 확실히 다른 종말이었다.

팀은 눈물을 흘리기 시작했다. 나는 아직 힘든 시기에 이런 인터뷰를 해서 미안하다고 사과했다. "아니에요. 저는 잊지 않으려고 해요." 그가 말했다. "우리가 고통을 겪고 이겨 내려고 애쓰는 걸 보면서 어떤 이들은 구원을 받곤 해요. 우리가 생각하는 것 이상으로 말

에필로그

이죠."

나는 줌 화면 구석에 비치고 있는 나의 이미지를 바라보았다. 그리고 내 것이 아니었던 삶에 맴돌고 있는 나 자신에 대해 생각했다. 구불구불한 내 머리는 하바처럼 헝클어져 있었다. 그리고 팀도 나를 하바의 여동생처럼 생각할지 문득 궁금해졌다.

감사의 말

나와 대화를 나누어 주고 나를 신뢰해 준 바르가비, 카르틱, 나오미, 로라, 하바의 가족에게 감사한다. 이들의 친구들과 친척들에게도 감사를 표한다.

내가 어떤 모습을 하고 있어야 하는지 늘 정확하게 알고 있는 에릭 친스키에게도 감사를 전한다. 나를 판단할 거라는 두려움을 오래전에 잊게 해 주고 늘 참을성 있게 나를 격려한 PJ 마크에게도 고마움을 전한다. 지난 10여 년간 나를 너그러이 믿어 준 데이비드 렘닉에게도 감사를 전한다. 그리고 좋은 글에 대한 관점을 공유하는 윌링 데이빗슨에게도 감사를 전하고 싶다. 그가 읽지 않으면 내 글은 아예 존재하지 않는다고 봐도 좋을 것이다.

이 책의 원고를 꼼꼼하게 읽어 주고 내가 파악하기도 전에 내가 하려는 말을 정확하게 이해하고 있는 레이첼 베다르, 애나 골드만,

앨리스 그레고리, 타냐 루어만에게도 고마움을 전한다. 그리고 굉장한 피드백과 통찰을 제공해 준 엘레나 애크티어스카야, 케이트 액슬로드, 칼라 블루먼크란츠, 개릿 쿡, 에밀리 쿠크, 클로이 쿠퍼-존스, 브라이언 골드스톤, 지아양 팬, 재키아 헨더슨-브라운, 패트릭 래든 키프, 지디언 루이스크라우스, 로즈 리히터-마크, 새러 골드스타인, 에이미 헤어초크, 조지 마카리, 코넬대학교의 '정신의학·정신분석학과 사회' 연구팀, 나오미에 대해 써 보라고 제안해 준 클루시 드 올리베리아, 에드 파크, 케이트 로드만, 크리스틴 스몰우드, 그리고 선물 같은 존재들인 내 자매 사리, 스테파니, 리지(그리고 알렉스 케인)에게 감사한다. 또 십 년 전에 네브 존스와 나눴던 대화는 이 책에서 내가 탐구하고 있는 질문들을 일깨워 주었다.

이 책을 쓰도록 지원해 준 뉴아메리카재단과, 이 책을 끝낼 수 있도록 도와준 화이팅재단에도 감사를 표한다. 데이비드 코르타바와 테레사 매튜스, 알레한드라 드셰는 글의 내용에 대한 사실 확인을 해 주었다. 비디야 모한과 타일러 리처드는 바푸의 편지를 번역하는 데 도움을 주었을 뿐만 아니라, 바푸가 찾아 나섰던 세상에 대한 새로운 의미를 알려 주었다. '파라 스트로스 앤드 지루' 출판사의 타라 샤르마와 캐리 셰이, 브라이언 지티스에게도 감사를 전한다. 특히 타라의 많은 능력 중에서도 부제목을 다는 숨겨진 능력은 정말 탁월했다. 유진 랜캐릭은 비어 있는 아파트를 나에게 빌려주었다. 덕분에 내 인생 최초로 '사무실'이라는 것을 가져 보았다.

(특히 내가 영감이 메말랐을 때) 나에게 영감의 원천이 되어 주고 이 책

을 포함해 새로운 경험을 시도할 용기를 불어넣어 주는 알렉스에게 고마움을 전한다. 이 책을 쓰면서 많은 것들이 가능하다고 느끼게 해 주셨던 엄마 린다와 아빠 데이비드에게 새로운 존경심을 갖게 되었다. 언젠가 나의 아이들 라파엘과 소니아도 똑같은 이야기를 할 수 있기를 바란다.

주

프롤로그

1 Abigail Bray, "The Anorexic Body: Reading Disorders," Cultural Studies 10, no. 3 (1996): 413.

2 Takayo Mukai, "A Call for Our Language: Anorexia from Within," Women's Studies International Forum 12, no. 6 (1989): 613.

3 Elain Showalter, Hystories: Hysterical Epidemics and Modern Media (New York: Columbia University Press, 1997), 20.

4 Hilde Bruch, The Golden Cage: The Enigma of Anorexia Nervosa (Cambridge, MA: Harvard University Press, 1987), xxii.

5 Bruch, xxiv.

6 하바의 어머니가 1988년부터 시작되는 열두 권이 넘는 하바의 노트를 내게 보여 주었다. 또한 하바가 프린트해서 폴더에 보관하고 있던 수백 개의 편지와 이메일도 볼 수 있게 해 주었다. 하바의 어머니는 하바의 글을 상자에 넣어 지하실에 보관하고 있었다.

7 Mukai, "A Call for Our Language," 634.

8 Nonja Peters, "The Ascetic Anorexic," Social Analysis: The International Journal of Social and Cultural Practice, no. 37 (April 1995): 44-66.

9 Mukai, "A Call for Our Language," 620.

10 Peters, "The Ascetic Anorexic," 51-52.

11 Rudolph M. Bell, Holy Anorexia (Chicago: University of Chicago Press, 1985), xii.

12 Rene Girard, "Eating Disorders and Mimetic Desire," Contagion 3 (Spring 1996): 16.

13 Girard, 9. 거식증과 종교적 성향에 대해 첨언하고자 한다. 《정신의학 사례 보고》에 실린 2014년의 한 논문에는 시카고 교외에서 자란 어느 여자아이의 이야기가 나온다. 그녀는 천주교 수도원에서 공부하면서 수녀가 되려고 단식을 했다. "현대에 발생한 일이기는 하지만 그 아이의 자발적 단식 이유나 양육된 문화적 맥락을 볼 때 역사적으로 '아노렉시아 미라빌리스'의 사례와 유사한 것으로 보인다"라고 저자들은 말하고 있다. 이후 그 여자아이는 전신 거울을 더 이상 보지 않았고 습관적으로 보던 작은 손거울만 가지고 다녔다고 한다. 그리고 체중계에도 결코 올라가지 않았다. 수도원 교사들이 그 아이에게 정신과에 가 보라고 권유했을 때 그 아이는 "먹는 걸 제한함으로써 성스러워지고 있는 중인데 왜 그래야만 하는지 이해하지 못하겠다"라고 말했다 한다. Amelia A. Davis and Mathew Nguyen, "A Case Study of Anorexia Nervosa Driven by Religious Sacrifice," Case Reports in Psychiatry (2014), 512-764 참조.

14 Rachel Aviv, "The Trauma of Facing Deportation," The New Yorker, March 17, 2017.

15 Ian Hacking, The Social Construction of What? (Cambridge, MA: Harvard University Press, 1999), 34.

16 Ian Hacking, "Making Up People," in Reconstructing Individualism: Autonomy, Individuality and the Self in Western Thought, ed. Thomas C. Heller and Morton Sosna (Stanford, CA: Stanford University Press, 1987), 229.

17 Ian Hacking, "Kinds of People: Moving Targets," Proceedings of the British Academy 151 (2007): 305.

18 Ian Hacking, "Pathological Withdrawal of Refugee Children Seeking Asylum in Sweden," Studies in History and Philosophy of Biological and Biomedical Sciences 41 (December 2010): 317.

19 Joan Jacobs Brumberg, Fasting Girls: The History of Anorexia Nervosa (New York: Vintage Books, 2000), 41.

20 Brumberg, 41.

21 Aubrey Lewis, "The Psychopathology of Insight," The British Journal of Medical Psychology 14 (December 1934): 332-48.

22 Laurence J. Kirmayer, Ellen Corin, and G. Eric Jarvis, "Inside Knowledge: Cultural Constructions of Insight in Psychosis," in Insight and Psychosis: Awareness of Illness in Schizophrenia and Related Disorders, ed. Xavier F. Amador and Anthony S. David (New York: Oxford University Press, July 2004), 197-232.

23 Department of Health and Human Services, Mental Health: A Report of the Surgeon General, National Institute of Mental Health (1999), 6.

24 David Satcher, "Statement at Release of the Mental Health Report," December 13, 1999. Colleen L. Barry and Richard G. Frank, "Economic Grand Rounds: Economics and the Surgeon General's Report on Mental Health," Psychiatric Services 53, no. 4 (April 1, 2002), ps.psychiatryonline.org/doi/full/10.1176/appi.ps.53.4.409도 참조할 것.

25 Amy Loughman and Nick Haslam, "Neuroscientific Explanations and the Stigma of Mental Disorder: A Meta-analytic Study," Cognitive Research: Principles and Implications 3, no. 1 (November 2018): 43.

26 Elyn Saks, The Center Cannot Hold: My Journey Through Madness (New York: Hyperion, 2007), 168.

27 이 생각은 프롤로그의 초안을 읽어 준 타냐 루어만에게 빚지고 있다. 또한 이곳에서 내가 하려는 이야기가 무엇인지를 훨씬 더 명확하게 보이게 해 준 레이첼 베다르드, 안나 골드만, 앨리스 그레고리에게도 감사를 표한다.

28 William James, Essays in Psychology (Cambridge, MA: Harvard University Press, 1984), 247.

제1장

1 이 장은 레이의 변호사였던 필립 J. 허쉬콥이 나에게 보여 준 250여 쪽에 달하는 진료 기록을 참고하면서 작성되었다. 허쉬콥은 레이의 기록들을 자기 집 창고에 보관하고 있었다. 레이가 실버힐 병원에 있을 때 담당의였던 조앤 나라드도 진료 기록 일부를 내게 보여 주었다.

2 이 장은 또한 수백 쪽에 달하는 레이의 편지, 이메일, 메모, 오디오 녹취본(레이는 혼잣말을 녹음했다)뿐만 아니라 1,500여 쪽의 미출간 회고록 초안도 참조했다. 레이는 때로 녹음기

로 녹음을 한 다음 비서에게 테이프를 주면서 타이핑해 달라고 했다. 나는 녹취록의 일부는 허쉬콥에게서, 또 다른 일부는 맨해튼에서 정신분석의로 있는 레이의 고등학교 동창생인 헨리 켈러만에게서 확보했다. 또한 레이의 친구이자 뉴저지에서 변호사로 일하고 있는 앤디 씨워드가 회고록의 축약본을 내게 주기도 했다.

3 Walter Freeman, The Psychiatrist: Personalities and Patterns (New York: Grune & Statton, 1968), 243-52.

4 David McK. Rioch, "Dexter Bullard, Sr., and Chestnut Lodge," Psychiatry 47 (February 1984): 2-3.

5 Freeman, The Psychiatrist, 243-52.

6 Dexter M. Bullard, "The Organization of Psychoanalytic Procedure in the Hospital," The Journal of Nervous and Mental Disease 91, no. 6 (June 1940): 697-703.

7 Alfred H. Stanton and Morris S. Schwartz, The Mental Hospital: A Study of Institutional Participation in Psychiatric Illness and Treatment (Basic Books, 1954), 44.

8 Stanton and Schwartz, 194.

9 Stanton and Schwartz, 149.

10 Stanton and Schwartz, 193. 스탠튼과 슈워츠는 또한 체스트넛 롯지의 의사들이 "자신들의 관심을 '심층적' 해석"에만 국한시켰고, 종종 글자 그대로의 의미는 무시했다고 말하고 있다. "이는 너무 빈번하게 발생하는 현상이어서 거의 직업병에 가까워 보였다." 형식적인 규칙들은 "사회의 요구에 의해 부과된" 것으로만 생각되었고, 이는 "사회가 '진정으로 인간적인 것'을 두려워하고 이를 방어하려고 하기 때문"이라고 말한다.

11 Dexter M. Bullard, interview by Robert Butler, January 17, 1963, p. 23, transcript, American Psychiatric Association Foundation: Melvin Sabshin, M.D., Library and Archives.

12 Paul A. Offit, Pandora's Lab: Seven Stories of Science Gone Wrong (Washington, D.C.: National Geographic, 2017), 142.

13 Gail A. Hornstein, To Redeem One Person Is to Redeem the World: The Life of Frieda Fromm-Reichmann (New York: Other Press, 2000), 278. 호른슈타인의 이 저서는 프롬-라이히만이 재직하던 때와 그 이후 체스트넛 롯지 병원의 정신을 생생하고도 엄밀하게 보여 주고 있다.

14 Psychoanalysis and Psychotherapy: Selected Papers of Frieda Fromm-Reichmann, ed. Dexter M. Bullard (Chicago: University of Chicago Press, 1959), 335.

15 Frieda Fromm-Reichmann, "Loneliness," Contemporary Psychoanalysis 26 (1990): 306. 원래는 Psychiatry: Journal for the Study of Interpersonal Processes 22 (1959)에 실렸다.

16 Fromm-Reichmann, 310.

17 Fromm-Reichmann, 318. 프롬-라이히만은 이러한 외로움에 대한 정의를 Ludwig Binswanger, Grundformen und Erkenntnis Menschlichen Daseins (Zurich: Niehans, 1942), 130.에서 빌려 오고 있다.

18 Ann-Louise S. Silver, "A Personal Response to Gail Hornstein's To Redeem One Person Is to Redeem the World: The Life of Frieda Fromm-Reichmann," Psychiatry 65, no. 1 (Spring 2002): 9. 실버는 또한 프롬-라이히만이 사망한 후 체스트넛 롯지 병원에 대한 기억을 나와의 대화에서 나눠 주었다.

19 Ann-Louise S. Silver, "Thorns in the Rose Garden: Failures at Chestnut Lodge," in Failures in Psychoanalytic Treatment, ed. Joseph Reppen and Martin A. Schulan (Madison, CT: International Universities Press, 2003), 37-63.

20 Richard M. Waugaman, "The Loss of an Institution: Mourning Chestnut Lodge," in The Therapist in Mourning: From the Faraway Nearby, ed. Anne J. Adelman and Kerry L. Malawista (New York: Columbia University Press, 2013), 162.

21 Ran Zwigenberg, "Healing a Sick World: Psychiatric Medicine and the Atomic Age," Medical History 62 no. 1 (January 2018): 28.

22 Anne Harrington, Mind Fixers: Psychiatry's Troubled Search for the Biology of Mental Illness (New York: W. W. Norton, 2019), 119.

23 Zwigenberg, "Healing a Sick World," 28.

24 Peter D. Kramer, Ordinarily Well: The Case for Antidepressants (New York: Farrar, Straus and Giroux, 2016), 46.

25 James L. Knoll IV, "The Humanities and Psychiatry: The Rebirth of Mind," Psychiatric Times 20, no. 4 (April 2013): 29에서 인용. 원문은 M. Robertson, "Power and Knowledge in Psychiatry and the Troubling Case of Dr. Osheroff," Australasian Psychiatry 13, no. 4 (2005): 343-50.

26 메릴랜드주 건강 관련 분쟁 중재위원회 앞에서 열린 레이의 청문회에서 도티 스미스가 증언한 내용을 인용한 것이다. 청문회는 비디오로 녹화되었고 레이의 변호사였던 데이비드 J. 퓨델러의 사무실에 보관되어 있었다. 그는 2주 동안의 청문회를 녹화한

20개의 테이프를 나에게 공유해 주었다.

27 Nathan S. Kline, From Sad to Glad: Kline on Depression (New York: Ballantine Books, 1974), 2.

28 Kline, 157.

29 Mark Caldwell, The Last Crusade: The War on Consumption, 1862-1954 (New York: Atheneum, 1988), 242-47.

30 Maggie Scarf, "From Joy to Depression: New Insights into the Chemistry of Moods," The New York Times, April 24, 1977에서 인용.

31 Nathan Kline, "Clinical Experience with Iproniazid (Marsilid)," Journal of Clinical and Experimental Psychopathology & Quarterly Review of Psychiatry and Neurology 19 (1958): 73.

32 Kline, 75.

33 Kline, From Sad to Glad, 57.

34 Solomon Snyder, Brainstorming: The Science and Politics of Opiate Research (Cambridge, MA: Harvard University Press, 1989), 10.

35 Kline, From Sad to Glad, 권두언에서 인용.

36 Meredith Platt, Storming the Gates of Bedlam: How Dr. Nathan Kline Transformed the Treatment of Mental Illness (New York: DePew Publishing, 2012), 104.

37 Nathan S. Kline, "The Challenge of the Psychopharmaceuticals," Proceedings of the American Philosophical Society 103, no. 3 (June 1959): 458.

38 James L. Wellhouse Deposition, Raphael J. Osheroff, M.D., v. Chestnut Lodge, Inc., et al. (이후로는 Osheroff v. Chestnut Lodge로 표기), 490 A.2d 720 (Circuit Court for Montgomery County, Maryland, April 10, 1985)의 녹취 요약본에서 인용.

39 Testimony of Raphal Osheroff, Osheroff v. Chestnut Lodge, November 26, 1986. 앞으로 나오는 모든 인용문은 레이의 변호사 데이비드 J. 퓨댈러가 나에게 제공한 청문회 녹화 테이프에서 온 것이다.

40 Joanne Greenberg, I Never Promised You a Rose Garden (New York: Henry Holt, 1964), 209.

41 Testimony of Louise Bader, Osheroff v. Chestnut Lodge, November 26, 1986.

42 체스트넛 롯지 병원에서 1979년 3월 12일에 열린 직원 회의 녹취본 14쪽. 이 부분에

나오는 인용문들은 그곳 의료 직원들 12명의 직원 회의 녹취본에서 가져온 것이다. 당시 녹음되었던 회의 기록은 22쪽에 달한다.

43 녹취본 11쪽.

44 Morton M. Hunt, "A Report on the Private Mental Hospital: Survival Through Evolution," Trends in Psychiatry (1964): 15.

45 Roland Kuhn, "The First Patient Treated with Imipramine," in A History of the CINP, ed. Thomas A. Ban and Oakley S. Ray (Brentwood, TN: J. M. Productions, 1996), 436. 이는 "Photocopy from medical history #21502, of the 'Kantonal Treatment and Care Clinic In Munsterlingen,' concerning female patient Paula F. J., born April 30, 1907"과 동일하다. 2020년 3월 취리히대학교 역사학자들의 보고서에 따르면 (이미프라민을 비롯하여 많은 화합물을 실험했던) 쿤이 당시 일반적이었던 방법론적 요구 수칙을 준수하지 않았다고 한다. 예를 들어 어떤 실험 물질은 예비 실험 단계를 모두 거치지도 않고 환자들에게 건네지기도 했다. 쿤은 또한 임상 실험의 시작일과 종료일도 준수하지 않았다. Marietta Meier, Mario Konig and Magaly Tornay, Testfall Munsterlingen: Klinische Versuche in der Psychiatrie, 1940-1980 (Zurich: Chronos, 2019)를 참조할 것. 또 Marietta Meier, press release, September 23, 2019, in "Pierre Baumann and Francois Ferrero: An Official Inquiry on the Clinical Research Activities (1946-1972) of Roland Kuhn (1912-2005)," International Network for the History of Neuropsychopharmacology website, inhn.org/fileadmin /user_upload/User_Uploads/INHN/Controversies/MEIER_Press _release__ of_Kuhb_report.pdf도 참조하라.

46 David Healy, The Antidepressant Era (Cambridge, MA: Harvard University Press, 1997), 49-52. Kramer, Ordinarily Well, 3-6도 참조.

47 Roland Kuhn, "The Treatment of Depressive States with G-22355 (Imipramine Hydrochloride)," The American Journal of Psychiatry 115 (1958): 459.

48 Kuhn, 460.

49 Roland Kuhn, "The Imipramine Story," in Discoveries in Biological Psychiatry, ed. Frank J. Ayd and Barry Blackwell (Philadelphia: J. B. Lippincott, 1970), 216.

50 Roland Kuhn, "On Existential Analysis"(1959년 3월 23일에 열린 필라델피아 정신의학협회의 유럽 정신의학 치료 심포지엄에서 발표된 논문). Louis A. Sass, "Phenomenology as Description and as Explanation: The Case of Schizophrenia,"

Handbook of Phenomenology and Cognitive Science (December 2009): 635-54도 참조하라.

51 Nicholas Weiss, "No One Listened to Imipramine," in Altering American Consciousness: The History of Alcohol and Drug Use in the United States, 1800-2000, ed. Sarah W. Tracy and Caroline J. Acker (Amherst: University of Massachusetts Press 2004), 329-52.

52 Roland Kuhn, "Artistic Imagination and the Discovery of Antidepressants," Journal of Psychopharmacology 4, no. 3 (1990): 129.

53 Jane Kenyon, "Having It Out with Melancholy," in Constance: Poems (Minneapolis, MN: Graywolf Press, 1993).

54 Percy Knauth, A Season in Hell (New York: Pocket Books, 1977), 118.

55 Knauth, 83.

56 Knauth, 120.

57 Joseph Schildkraut, "The Catecholamine Hypothesis of Affective Disorders: A Review of Supporting Evidence," The Journal of Neuropsychiatry and Clinical Neurosciences 7, no. 4 (November 1995): 530. 원문은 The American Journal of Psychiatry 122, no. 5 (1965): 509-22에 실렸다.

58 Nikolas Rose, The Politics of Life Itself: Biomedicine, Power, and Subjectivity in the Twenty-First Century (Princeton, NJ: Princeton University Press, 2007), 192.

59 Memorandum Opinion, Robert Greenspan, M.D., et al. v. Raphael J. Osheroff, M.D., et al. (이후로는 Greenspan v. Osheroff로 표기), 232 Va. 388 (Circuit Court for the City of Alexandria, Virginia, February 8, 1983).

60 Testimony of Margaret Hess, Greenspan v. Osheroff, 11.

61 Diagnostic and Statistical Manual of Mental Disorders, Second Edition (DSM-II) (Washington, D.C.: American Psychiatric Association, 1968), 300.

62 Rick Mayes and Allan V. Horwitz, "DSM-III AND THE Revolution in the Classification of Mental Illness," Journal of the History of the Behavioral Sciences 41, no. 3 (Summer 2005): 250.

63 레이가 2009년 2월 2일 헨리 켈러만에게 보낸 이메일에서 인용.

64 Healy, The Antidepressant Era, 227.

65 Gerald L. Klerman, "Drugs and Social Values," International Journal of the Ad-

dictions 5, no. 2 (1970): 316.

66 Emily Martin, "Pharmaceutical Virtue," Culture, Medicine and Psychiatry 30, no. 2 (June 2006): 157.

67 Robert Whitaker, Anatomy of an Epidemic: Magic Bullets, Psychiatric Drugs, and the Astonishing Rise of Mental Illness in America (New York: Broadway Paperbacks, 2010), 64.

68 Aaron T. Beck, Depression: Causes and Treatment (Philadelphia: University of Pennsylvania Press, 1967), 313. 엘라빌을 제조하는 제약 회사인 머크는 에이드의 책 5000부를 사서 의사들에게 배포했다. 또 음악 연구가를 고용해서 "삶과 그 문제들 이 어떻게 우울을 만들어 내는지에 대한 아름다운 표현"이 될 블루스 앨범을 내기도 했다. '엘라빌'이라는 단어가 앨범 재킷에 인쇄되어 있다.

69 Frank Ayd Testimony before the State of Maryland Health Claims Arbitration Board, December 7, 1983.

70 레이는 1989년 샌프란시스코에서 열린 미국 정신의학협회 연례 회의에 참석했다. 그리고 이 인용은 그때의 메모로부터 가져온 것이다. 레이는 그때의 경험을 이후 회고록 초안의 27장에 반영하고 있다.

71 Thomas G. Gutheil, M.D., "Preliminary Report on Osheroff v. Chestnut Lodge et al.," 날짜 없음, 1-2.

72 Gutheil, "Preliminary Report," 4.

73 Testimony of Raphael Osheroff, Osheroff v. Chestnut Lodge.

74 Testimony of Raphael Osheroff.

75 Joel Paris, The Fall of an Icon: Psychoanalysis and Academic Psychiatry (Toronto: University of Toronto Press, 2005), 96.

76 Miriam Shuchman and Michael S. Wilkes, "Dramatic Progress Against Depression," The New York Times, October 7, 1990, www.nytimes.com/1990/10/07/archives/dramatic-progress-against-depression.html.

77 Sifford D, "An Improper Diagnosis Case That Changed Psychiatry," Philadelphia Inquirer, March 24, 1988, 4E.

78 Gerald L. Klerman, "The Psychiatric Patient's Right to Effective Treatment: Implications of Osheroff v. Chestnut Lodge," The American Journal of Psychiatry 147, no. 4 (April 1990): 409. 원래 참고논문은 Sifford D, "An Improper Diagnosis

Case That Changed Psychiatry"이다.

79 Michael Robertson and Garry Walter, Ethics and Mental Health: The Patient, Profession and Community (Boca Raton, FL: CRC Press, 2014), 180.

80 Abigail Zuger, "New Way of Doctoring: By the Book," The New York Times, December 16, 1997, www.nytimes.com/1997/12/16/science/new-way-of-doctoring-by-the-book.html.

81 Thomas H. McGlashan, "The Chestnut Lodge Follow-Up Study 1. Follow-Up Methodology and Study Sample," Archives of General Psychiatry 41, no. 6 (June 1984): 573-85. 또한 Thomas H. McGlashan, "The Chestnut Lodge Follow-Up Study II. Long-Term Outcome of Schizophrenia and the Affective Disorders," Archives of General Psychiatry 41, no. 6 (June 1984): 586-601도 참조.

82 J. D. Hegarty et al., "One Hundred Years of Schizophrenia: A Meta-Analysis of the Outcome Literature," The American Journal of Psychiatry 151, no. 10 (October 1994): 1409-16.

83 Ann-Louise S. Silver, "Chestnut Lodge, Then and Now: Work with a Patient with Schizophrenia and Obsessive Compulsive Disorder," Contemporary Psychoanalysis 33, no. 2 (April 1997): 230.

84 A. Donald, "The Wal-Marting of American Psychiatry: An Ethnography of Psychiatric Practice in the Late Twentieth Century," Culture, Medicine, and Psychiatry 25 (2001): 435.

85 Donald, 433.

86 "Money Woes May End Mission of Historic Hospital," Psychiatric News 36, no. 8 (April 20, 2001): 9.

87 Silver, "A Personal Response to Gail Horstein," 2.

88 Nesa Nourmohammadi, "A Year Later, Historic Chestnut Lodge Still Mourned," The Washington Post, June 17, 2010, www.washingtonpost.com/wp-dyn/content/article/2010/06/16 /AR2010061603175.html.

89 Sharon Packer, "A Belated Obituary: Raphael J. Osheroff, MD," Psychiatric Times, June 28, 2013, www.psychiatrictimes.com/view/belated-obituary-raphael-j-osheroff-md.

90 Plaintiff Complaint, Government Employees Insurance Co. et al. v. Prescott et

al., Case No. 1:14-cv-00057-BMC (U.S. District Court for the Eastern District of New York, January 6, 2014).

91 Samuel Osherson, Finding Our Fathers: How a Man's Life Is Shaped by His Relationship with His Father (Chicago: Contemporary Books, 2001), 1. (오서르슨이라는 인물은 오셔로프와 이름이 비슷하지만 아무런 관계가 없다.)

92 "Dr. Raphael J. Osheroff," The Star-Ledger, March 20, 2012, obits.nj.com/us/obituaries/starledger/name/raphael-osheroff-obituary?id=22024016.

93 Sigmund Freud, Writings on Art and Literature (Stanford, CA: Stanford University Press, 1997), 247.

제2장

1 이 장은 바푸가 주로 타밀어로 쓰고 산스크리트어로도 쓴 800쪽이 넘는 일기를 기반으로 작성되었다. 바푸의 며느리가 바푸의 사망 이후 옷장에서 발견했다고 한다. 나는 또한 바르가비가 아버지의 사망 후 가방에서 발견한 90여 쪽의 편지와 은행 메모지, 경찰 보고서 등도 참조했다. 일기와 편지는 미시간대학교의 타밀어 강사인 비드야 모한과 콜럼비아대학의 산스크리트어·타밀어 강사인 타일러 리처드가 번역해 주었다. 버클리대학교의 학생인 스루디 두라이도 번역을 도와주었다. 바르가비와 같은 시기에 첸나이의 브라만 가문에서 자란 비드야는 특히 맥락을 이해하는 데 많은 도움을 주었음을 밝힌다.

2 Vijaya Ramaswamy, Walking Naked: Women, Society, Spirituality in South India (Shimla, India: Indian Institute of Advanced Study, 1997), 3.

3 Kumkum Sangari, "Mirabai and the Spiritual Economy of Bhakti," Economic and Political Weekly 25, no. 27 (July 1990): 1464-75

4 Quoted in Ramaswamy, Walking Naked, 33.

5 Sri Nambudiri's foreword to Bapu's book titled Red-Eyed One, Open Your Red Eyes (Chennai: Madras Two, 1970), 1. 비드라 모한이 이 책을 번역해 주었다.

6 라자마니가 1970년 6월 9일에 마드라스 경찰에 보낸 편지.

7 Quoted in V. K. Subramanian, 101 Mystics of India (New Delhi: Abhinav Publications, 2001), 221.

8 The Mental Healthcare Act, Act No. 10, Ministry of Law and Justice, New Delhi, 2017.

9 Louis A. Sass, Madness and Modernism: Insanity in the Light of Modern Art,

Literature, and Thought (New York: Basic Books, 1992), 16.

10 Angela Woods, The Sublime Object of Psychiatry: Schizophrenia in Clinical and Cultural Theory (Oxford: Oxford University Press, 2011), 51.

11 Zeno Van Duppen and Rob Sips, "Understanding the Blind Spots of Psychosis: A Wittgensteinian and First-Person Approach," Psychopathology 51, no. 4 (2018): 4.

12 Sass, Madness and Modernism, 44.

13 Waltraud Ernst, Colonialism and Transnational Psychiatry: The Development of an Indian Mental Hospital in British India, c. 1925-1940 (London: Anthem Press, 2013), xviixx.

14 Waltraud Ernst, "Crossing the Boundaries of 'Colonial Psychiatry': Reflections on the Development of Psychiatry in British India, c. 1870-1940," Culture, Medicine, and Psychiatry 35 (August 2011): 539.

15 Ernst, 539.

16 George Devereux, "A Sociological Theory of Schizophrenia," The Psychoanalytic Review 26 (January 1939): 317.

17 Ernst, Colonialism and Transnational Psychiatry, 14. T. M. Luhrmann, The Good Parsi: The Fate of a Colonial Elite in a Postcolonial Society (Cambridge, MA: Harvard University Press, 1996)도 참조할 것.

18 Ernst, Colonialism and Transnational Psychiatry, 12.

19 Amit Ranjan Basu, "Emergence of a Marginal Science in a Colonial City: Reading Psychiatry in Bengali Periodicals," The Indian Economic and Social History Review 41, no. 2 (2004): 131.

20 Christiane Hartnack, Psychoanalysis in Colonial India (New Delhi: Oxford University Press, 2001), 1.

21 William B. Parsons, "The Oceanic Feeling Revisited," The Journal of Religion 78, no. 4 (October 1998): 503.

22 Sudhir Kakar, The Analyst and the Mystic: Psychoanalytic Reflections on Religion and Mysticism (New Delhi: Viking, 1991), 6.

23 Kakar, ix.

24 Kakar, x.

25 Kakar, Analyst, 25. 출처는 Paul C. Horton, "The Mystical Experience: Substance

of an Illusion," Journal of the American Psychoanalytic Association 22 (1974): 364-80.

26 N. C. Surya and S. S. Jayaram, "Some Basic Considerations in the Practice of Psychotherapy in the Indian Setting," Indian Journal of Psychiatry 38 (1996): 10.

27 N. N. Wig, "Dr. N. C. SuryaThe Lone Rider," Indian Journal of Psychiatry 38 (1996): 7.

28 Wig, 7.

29 Wig, 4.

30 Wig, 2.

31 Sudhir Kakar, "Reflections on Psychoanalysis, Indian Culture and Mysticism," Journal of Indian Philosophy 10 (1982): 293.

32 Edward Shorter, A Historical Dictionary of Psychiatry (New York: Oxford University Press, 2005), 256.

33 W. K., "Indian Drugs for Mental Diseases," The New York Times, May 31, 1953.

34 Nathan S. Kline, "Use of Rauwolfia serpentina Benth. in Neuropsychiatric Conditions," Annals of the New York Academy of Sciences 59, no. 1 (April 1954): 107-27.

35 David Healy, The Creation of Psychopharmacology (Cambridge, MA: Harvard University Press, 2002), 105.

36 Elliot S. Valenstein, Blaming the Brain: The Truth About Drugs and Mental Health (New York: Free Press, 1988), 70.

37 Kline, From Sad to Glad, 59.

38 Kline, 62.

39 Kline, 117.

40 "Chlorpromazine for Treating Schizophrenia," Lasker Foundation website, laskerfoundation.org/winners/chlorpromazine-for-treating-schizophrenia/.

41 Alain Ehrenberg, Weariness of the Self: Diagnosing the History of Depression in the Contemporary Age (Montreal: McGillQueen's University Press, 2009), 176.

42 Jonathan M. Metzl, The Protest Psychosis: How Schizophrenia Became a Black Disease (Boston: Beacon Press, 2009), 103.

43 Mat Savelli and Melissa Ricci, "Disappearing Acts: Anguish, Isolation, and the

Reimagining of the Mentally Ill in Global Psychopharmaceutical Advertising (1953-2005)," Canadian Bulletin of Medical History 35, no. 2 (Fall 2018): 259.

44 Rajesh Govindarajulu, "The Chellammal Effect," The Hindu, August 1, 2014, www.thehindu.com /features/metroplus/the-chellammal-effect/article6272190. ece.

45 Lakshmi Narayan, "The Kesavardhini 'Mami,'" Femina, May 23, 1975, 15.

46 Andrew O. Fort, Jvanmukti in Transformation: Embodied Liberation in Advaita and Neo-Vedanta (Albany: State University of New York Press, 1998), 162.

47 Josef Parnas and Mads Gram Henriksen, "Mysticism and Schizophrenia: A Phenomenological Exploration of the Structure of Consciousness in the Schizophrenia Spectrum Disorders," Consciousness and Cognition 43 (May 2016): 79.

48 David R. Kinsley, The Divine Player:A Study of Kṛṣṇa Līlā (Delhi: Motilal Banardidass, 1979), 226.

49 David Kinsley, "'Through the Looking Glass': Divine Madness in the Hindu Religious Tradition," History of Religions 13, no. 4 (May 1974): 293.

50 Vijaya Ramaswamy, "Rebels Conformists? Women Saints in Medieval South India," Anthropos 87, no. 1/3 (1992): 143.

51 Robert Bly and Jane Hirshfield, Mirabai: Ecstatic Poems (Boston: Beacon Press, 2004), 25.

52 Miranda Fricker, Epistemic Injustice: Power and the Ethics of Knowing (New York: Oxford University Press, 2007), 1.

53 Chittaranjan Andrade, "The Practice of Electroconvulsive Therapy in India: Considerable Room for Improvement," Indian Journal of Psychological Medicine 15, no. 2 (July 1992): 14. Chittaranjan Andrade, "ECT in India: Historical Snippets," Convulsive Therapy 11, no. 3 (1995): 225-27도 참조할 것.

54 Sisir Kumar Das, A History of Indian Literature, 500-1399: From the Courtly to the Popular (New Delhi: Sahitya Akademi, 2005), 50.

55 Bhargavi V. Davar, "The Fugitive." 이 작품은 미발표 원고이다. 내가 푸네에 있는 바르가비의 집을 방문했을 때 그녀는 10대와 20대에 썼던 두꺼운 소설과 시의 원고 뭉치도 보여 주었다.

56 Bhargavi V. Davar and Parameshwar R. Bhat, Psychoanalysis as a Human Sci-

ence: Beyond Foundationalism (New Delhi: Sage Publications, 1995), 20.

57 조현병에 대한 현상학적 접근 방식은 최근에 다시 유행하고 있는 것으로 보인다. Louis Sass, Josef Parnas, and Dan Zahavi, "Phenomenological Psychopathology and Schizophrenia: Contemporary Approaches and Misunderstandings," Philosophy, Psychiatry, and Psychology 18, no. 1 (March 2011): 123.

58 Bhargavi V. Davar, "Writing Phenomenology of Mental Illness: Extending the Universe of Ordinary Discourse," in Existence, Experience, and Ethics, ed. A. Raghuramaraju (New Delhi: DK Printworld, 2000), 61-62.

59 Davar, 75.

60 Bhargavi V. Davar, "From Mental Illness to Disability: Choices for Women Users/Survivors of Psychiatry in Self and Identity Constructions," Indian Journal of Gender Studies 15, no. 2 (May 2008): 270.

61 J. Moussaieff Masson, The Oceanic Feeling: The Origins of Religious Sentiment in Ancient India (Dordrecht, Holland: D. Reidel Publishing Company, 1980), 6.

62 Gananath Obeyesekere, "Depression, Buddhism, and the Work of Culture in Sri Lanka," in Culture and Depression: Studies in the Anthropology and Cross-Cultural Psychiatry of Affect and Disorder, ed. Arthur Kleinman and Byron Good (Berkeley: University of California Press, 1985), 144-45.

63 Barry Bearak, "25 Inmates Die, Tied to Poles, in Fire in India in Mental Home," The New York Times, August 7, 2001, www.nytimes.com/2001/08/07/world/25-inmates-die-tied-to-poles-in-fire-in-india-in-mental-home.html.

64 "SC Orders Inspection of Mental Asylums," Times of India, February 6, 2002, timesofindia.indiatimes.com/india/sc-orders-inspection-of-mental-asylums/articleshow/12409583.cms.

65 Asha Krishnakumar, "Beyond Erwadi," Frontline, July 20, 2002, frontline.thehindu.com/other/article30245597.ece.

66 Ramanathan Raguram et al., "Traditional Community Resources for Mental Health: A Report of Temple Healing from India," British Medical Journal 325, no. 7354 (July 2002): 38.

67 Ramanathan Raguram et al., "Rapid Response: Author's Response," British Medical Journal website, August 12, 2002, www.bmj.com/rapid-re-

sponse/2011/10/29/authors-response-0.

68 Santhosh Rajagopal, "Rapid Response: Misleading Study," British Medical Journal website, July 19, 2002, www.bmj.com/rapid-response/2011/10/29/misleading-study.

69 Davar, "Writing Phenomenology," 62.

70 파텔은 이 딜레마에 대해서 다음의 글에서도 감동적으로 서술하고 있다. "Rethinking Mental Health Care: Bridging the Credibility Gap," Intervention 12, no. 1 (2014): 15-20.

71 Bhargavi V. Davar and Madhura Lohokare, "Recovering from Psychosocial Traumas: The Place of Dargahs in Maharashtra," Economic and Political Weekly 44, no. 16 (April 2009): 63.

72 Bhargavi Davar, 종교적 치유에 대한 미출간 보고서, 120. (푸네에 있는 바푸 트러스트 도서관 소장).

73 T. V. Padma, "Developing Countries: The Outcomes Paradox," Nature 508 (April 2014): 1415. G. Harrison et al., "Recovery from Psychotic Illness: A 15- and 25-Year International Follow-Up Study," The British Journal of Psychiatry 178 (June 2001): 506-17도 참조할 것.

74 Kim Hopper, "Outcomes Elsewhere: Course of Psychosis in 'Other Cultures,'" in Society and Psychosis, ed. Craig Morgan, Kwame McKenzie, and Paul Fearon (Cambridge: Cambridge University Press, 2008)에서 인용. 세계보건기구의 연구가 가진 함의에 대해서는 Ethan Watters, Crazy Like Us: The Globalization of the American Psyche (New York: Free Press, 2010)에 잘 나와 있다.

75 이 연구에 대한 또 다른 주장은 다음과 같다. 개인의 자율성이 그다지 중요시되지 않는 다른 문화에 비해 서구 문화에서는 자아가 분열되고 분산되어 있다는 인식이 더 절망적이고 병리적인 것으로 느껴진다. 스탠포드대학교의 의학 인류학자인 타냐 루어만은 인도 첸나이와 가나 아크라, 캘리포니아 산마테오에 살고 있으며 조현병의 증상인 환청을 듣는 사람들을 연구했다. 캘리포니아에 사는 미국인들은 환청을 폭력적인 느낌을 주는 것으로 경험한 반면, 아프리카인과 인도인들은 "타인과 뒤섞인 자아의 정신"을 상상하는 것에 편안함을 느꼈다고 한다. 그들은 환청을 유용한 안내자와 같은 긍정적 힘으로 묘사하는 경향이 있었다. 그들은 환청을 "자신이 통제할 수 없는 사람들"이라고 해석했다. T. M. Luhrmann et al., "Differences in Voice-Hearing

Experiences of People with Psychosis in the U.S.A., India and Ghana: Interview-Based Study," The British Journal of Psychiatry 206, no. 1 (January 2015): 41-44.

76 Fort, Jvanmukti in Transformation, 145.

77 Paul Brunton, A Search in Secret India (London: Rider, 1934), 141.

78 Ramaswamy, Walking Naked, 8.

79 Bly and Hirshfield, Mirabai, 38.

제3장

1 Milton William Cooper, Behold a Pale Horse (Flagstaff, AZ: Light Technology Publishing, 1991), 168.

2 Cooper, 167.

3 Saul Williams, "Amethyst Rocks," in The Dead Emcee Scrolls: The Lost Teachings of Hip-Hop (New York: Pocket Books, 2006), 54.

4 2003년 7월 4일 세인트폴 경찰서 사건 보고서.

5 2003년 7월 4일 실라 람비 경관과 나오미 게인스의 인터뷰 녹취록. 이 인터뷰 전에 작성되었던 수백 쪽의 경찰 보고서와 의료 기록도 참조했다.

6 Audrey Petty, High Rise Stories: Voices from Chicago Public Housing (San Francisco: McSweeney's Books, 2013), 19.

7 D. Bradford Hunt, "What Went Wrong with Public Housing in Chicago? A History of the Robert Taylor Homes," Journal of the Illinois State Historical Society (1998) 94,no. 1 (2001): 96.

8 William Julius Wilson, "The Urban Underclass," in The Urban Reality, ed. Paul E. Peterson (Washington, D.C.: Brookings Institution, 1985), 137.

9 Wilson, 138.

10 Devereux Bowly Jr., The Poorhouse: Subsidized Housing in Chicago (Carbondale: Southern Illinois University Press, 1978), 109.

11 Prentiss Taylor, "Research for Liberation: Shaping a New Black Identity in America," Black World, May 1973, 13

12 Frances E. Kuo, "Coping with Poverty: Impacts of Environment and Attention in the Inner City," Environment and Behavior 33, no. 1 (January 2001): 28.

13 "Taylor Homes: The Demo of the 'Hole,'" South Street Journal 5, no. 3, Summer 1998, 1.

14 Linnet Myers, "Hell in the Hole," Chicago Tribune, April 12, 1998.

15 Pam Belluck, "End of a Ghetto: A Special Report; Razing the Slums to Rescue the Residents," The New York Times, September 6, 1998.

16 Belluck, 26.

17 George Papajohn and William Recktenwald, "Living in a War Zone Called Taylor Homes," Chicago Tribune, March 10, 1993.

18 Arthur Horton, "Disproportionality in Illinois Child Welfare: The Need for Improved Substance Abuse Services," Journal of Alcoholism and Drug Dependence 2, no. 1 (2013): 145.

19 Naomi Gaines, "Victory: A Memoir," 49. 쌍둥이 아들에게 헌정된 나오미의 회고록 원고는 264쪽에 달한다. 대부분은 수감되어 있을 때 작성됐다.

20 bell hooks, Rock My Soul: Black People and Self-Esteem (New York: Atria Books, 2002), 205. 벨 훅스는 또한 이렇게 말한다. "그래서 정신건강은 아프리카계 미국인들이 반드시 집단적으로 탐구해야만 하는 혁명적인 반인종주의 전선이라는 생각이 갈수록 강하게 든다."

21 John Head, Standing in the Shadows: Understanding and Overcoming Depression in Black Men (New York: Broadway Books, 2004), 3.

22 hooks, Rock My Soul, 23.

23 Kelly M. Hoffman et al., "Racial Bias in Pain Assessment and Treatment Recommendations, and False Beliefs About Biological Differences Between Blacks and Whites," Proceedings of the National Academy of Sciences 113, no. 16 (April 2016): 4296.

24 Christopher D. E. Willoughby, "Running Away from Drapetomania: Samuel A. Cartwright, Medicine, and Race in the Antebellum South," Journal of Southern History 84, no. 3 (August 2018): 579.

25 Cathy McDaniels-Wilson, "The Psychological Aftereffects of Racialized Sexual Violence," in Gendered Resistance: Women, Slavery, and the Legacy of Margaret Garner, ed. Mary E. Frederickson and Delores M. Walters (Urbana: University of Illinois Press, 2013), 195. 카트라이트는 또한 "노예들이 도망치게 만드는 질병"이

라는 의미의 "드레이프토마니아Drapetomania"라는 용어도 고안했다. 카트라이트에 대해서는 민권운동 시대의 정신의학에 대한 획기적인 논의를 하고 있는 Jonathan Metzl, The Protest Psychosis를 참조하라.

26 Bob Myers, "Drapetomania': Rebellion, Defiance and Free Black Insanity in the Antebellum United States" (PhD diss., UCLA Electronic Theses and Dissertations, 2014), 7에서 인용. Samuel A. Cartwright, "Report on the Diseases and Physical Peculiarities of the Negro Race," New Orleans Medical and Surgical Journal (1851)도 참조할 것.

27 John Biewen, "Moving Up: Part Two," broadcast by Minnesota Public Radio, August 7, 1997. 132.

28 Simone Schwarz-Bart and Andre Schwarz-Bart, In Praise of Black Women: Ancient African Queens (Houston: Modus Vivendi Publications, 2001), vii.

29 James Allen et al., Without Sanctuary: Lynching Photography in America (Santa Fe, NM: Twin Palms Publishers, 1999).

30 "Death by Lynching," The New York Times, March 16, 2000, www.nytimes.com/2000/03/16/opinion/death-by-lynching.html.

31 Joseph R. Winters, Hope Draped in Black: Race, Melancholy, and the Agony of Progress (Durham, NC: Duke University Press, 2016), 18.

32 Winters, 1920에서 인용. Anne A. Cheng, The Melancholy of Race: Psychoanalysis, Assimilation and Hidden Grief (New York: Oxford University Press, 2000)에 나오는 주장을 윈터스가 재인용한 것이다.

33 인종적 우울감에 관해서는 Jose Esteban Munoz, Disidentifications: Queers of Color and the Performance of Politics (Minneapolis: University of Minnesota Press, 1999), 74; David L. Eng and Shinhee Han, "A Dialogue on Racial Melancholia," Psychoanalytic Dialogues 10, no. 4 (2000): 667-700; Cheng, The Melancholy of Race를 참고하라.

34 Louise Bernard, "National Maladies: Narratives of Race and Madness in Modern America" (PhD diss., Yale University, 2005), 8.

35 여기에 나오는 내용은 응급실과 병원, 램지 카운티 교도소, 샤코피 교정 시설, 미네소타 시큐리티 병원 등에서 확보한 나오미에 대한 수천 쪽에 달하는 기록들에 기반하고 있다. 이 문서들은 램지 카운티 변호인 사무소에서 연방 정보자유법에 근거해 요구한

것이다. 나오미의 허락을 받아 정보 담당관인 데니스 게르하르스타인이 반년간 수집
하여 나에게 공유해 주었다.

36 Martin Summers, "Suitable Care of the African When Afflicted with Insanity":
    Race, Madness, and Social Order in Comparative Perspective," Bulletin of the
    History of Medicine 84, no. 1 (2010): 68. 원래는 "Exemption of the Cherokee
    Indians and Africans from Insanity," The American Journal of Insanity 1 (1845):
    288에서 가져온 것이다.

37 George M. Beard, American Nervousness: Its Causes and Consequences (New
    York: G. P. Putnam's Sons, 1881), 164.

38 John S. Hughes, "Labeling and Treating Black Mental Illness in Alabama, 1861-
    1910," The Journal of Southern History 58, no. 3 (August 1993): 437.

39 Albert Deutsch, "The First U.S. Census of the Insane (1840) and Its Uses as
    Pro-Slavery Propaganda," Bulletin of the History of Medicine 15, no. 5 (May
    1944): 471에서 인용. Calvin Warren, "Black Interiority, Freedom, and the Im-
    possibility of Living," Nineteenth-Century Contexts 38, no. 2 (2016): 113도 참조
    할 것.

40 Warren, 113.

41 "Reflections on the Census of 1840," Southern Literary Messenger 9, no. 6 (June
    1843): 350.

42 "Reflections on the Census of 1840," 350.

43 Warren, "Black Interiority," 114.

44 Deutsch, "The First U.S. Census," 475.

45 Arrah B. Evarts, "Dementia Precox in the Colored Race," The Psychoanalytic
    Review 1 (January 1913): 393.

46 Arrah B. Evarts, "The Ontogenetic Against the Phylogenetic Elements in the
    Psychoses of the Colored Race," The Psychoanalytic Review 3 (January 1916):
    287.

47 Evarts, "Dementia Precox," 394.

48 Waltraud Ernst, Colonialism and Transnational Psychiatry: The Development
    of an Indian Mental Hospital in British India, c. 1925-1940 (London: Anthem
    Press, 2013).

49 Mary O'Malley, "Psychoses in the Colored Race," The American Journal of Psychiatry 71 (October 1914): 314.

50 O'Malley, 327.

51 Warren Breed, "The Negro and Fatalistic Suicide," Pacific Sociological Review 13, no.3 (September 1970): 156-62. James A. Weed, "Suicide in the United States: 1958-1982," in Mental Health, United States 1985, ed도 참조. 또한 Carl A. Taube and Sally A. Barrett (Washington, D.C.: National Institute of Mental Health, 1985), 135-45; Judith M. Stillion and Eugene E. McDowell, Suicide Across the Life Span: Premature Exits (New York: Taylor & Francis, 1996), 18-20; "Racial and Ethnic Disparities," Suicide Prevention Resource Center website, sprc.org/scope/racial-ethnic-disparities; Ronald W. Maris, Alan L. Berman, and Morton M. Silverman, Comprehensive Textbook of Suicidology (New York: Guilford Press, 2000), 75; Centers for Disease Control and Prevention, National Center for Health Statistics, National Vital Statistics System, National Vital Statistics Reports 52, no. 3 (September 2003): 10; Deborah M. Stone, Christopher M. Jones, and Karin A. Mack, "Changes in Suicide Rates United States, 2018-2019," Morbidity and Mortality Weekly Report 70 (2021): 261-68도 참조하라.

52 Head, Standing in the Shadows, 30.

53 Keven E. Early and Ronald L. Akers, "'It's a White Thing': An Exploration of Beliefs About Suicide in the African-American Community," Deviant Behavior 14, no. 4 (1993): 277.

54 Arthur J. Prange and M. M. Vitols, "Cultural Aspects of the Relatively Low Incidence of Depression in Southern Negroes," International Journal of Social Psychiatry 8, no. 2 (1962): 105.

55 Kevin E. Early, Religion and Suicide in the African-American Community (Westport, CT: Greenwood Press, 1992), 42.

56 Early, 81.

57 Early, 43.

58 Abram Kardiner and Lionel Ovesey, The Mark of Oppression: Explorations in the Personality of the American Negro (New York: W. W. Norton, 1951), 387.

59 Kardiner and Ovesey, 387.

60 Richard Wright, "Psychiatry Comes to Harlem," Free World 12, no. 2 (September 1946): 51.

61 Wright, 49.

62 Dennis A. Doyle, Psychiatry and Racial Liberalism in Harlem, 1936-1968 (Rochester, NY: University of Rochester Press, 2016), 108.

63 Wright, "Psychiatry Comes to Harlem," 49.

64 Wright, 51.

65 Gabriel N. Mendes, Under the Strain of Color: Harlem's Lafargue Clinic and the Promise of an Antiracist Psychiatry (Ithaca, NY: Cornell University Press, 2015), 160.

66 George Ritzer and Jeffrey Stepnisky, Sociological Theory: Tenth Edition (Thousand Oaks, CA: Sage, 2018), 562.

67 Frantz Fanon, Black Skin, White Masks (London: Pluto Press, 1986), 138.

68 Rey Chow, "The Politics of Admittance: Female Sexual Agency, Miscegenation, and the Formation of Community in Frantz Fanon," in Frantz Fanon: Critical Perspectives, ed. Anthony C. Allessandrini (London: Routledge, 1999), 39.

69 Felicia M. Miyakawa, Five Percenter Rap: God Hop's Music, Message, and Black Muslim Mission (Bloomington: Indiana University Press, 2005), 68.

70 Iris Marion Young, On Female Body Experience: "Throwing Like a Girl" and Other Essays (New York: Oxford University Press, 2005), 49.

71 Young, 48.

72 Sudhir Venkatesh, "Midst the Handguns' Red Glare," Whole Earth 97 (Summer 1999): 41.

73 Dirk Johnson, "6 Children Found Strangled After Mother Confesses to 911," The New York Times, September 5, 1998, www.nytimes.com/1998/09/05/us/6-children-found-strangled-after-mother-confesses-to-911.html.

74 Lourdes Medrano Leslie, Curt Brown, and staff writers, "A Young Mother Accused of Murder," Star Tribune, November 15, 1998.

75 "Choice, Place and Opportunity: An Equity Assessment of the Twin Cities Region," Twin Cities Metropolitan Council website, metrocouncil.org/Planning/Projects/Thrive-2040/Choice-Place-and-Opportunity/FHEA/CPO-Sect-5.aspx.

76 Bruce T. Downing et al., "The Hmong Resettlement Study: Site Report, Minne-apolisSt. Paul, Minnesota" (Washington, D.C.: U.S. Department of Health and Human Services, Office of Refugee Resettlement, October 1984), 3.

77 "Most to Least Segregated Cities," Othering & Belonging Institute website, be-longing.berkeley.edu/most-least-segregated-cities.

78 Sophie J. Baker et al., "The Ethnic Density Effect in Psychosis: A Systematic Re-view and Multilevel Meta-Analysis," The British Journal of Psychiatry (2021): 112.

79 T. M. Luhrmann, "Social Defeat and the Culture of Chronicity: Or, Why Schizo-phrenia Does So Well Over There and So Badly Here," Culture, Medicine, and Psychiatry 31 (May 2007): 135-72.

80 Sophie Mbugua, "Wangari Maathai: The Outspoken Conservationist," Deutsche Welle website, March 6, 2020, www.dw.com/en/wangari-maathai-the-outspo-ken-conservationist/a-52448394.

81 Lorna A. Rhodes, Emptying Beds: The Work of an Emergency Psychiatric Unit (Berkeley: University of California Press, 1995), 40.

82 Rhodes, 14.

83 Rhodes, 31.

84 D. W. 위니콧은 엄격한 접근 방법에 대해 비판하면서 이렇게 말한다. "분석가가 '당신 어머니는 그다지 좋은 분이 아니었군요. 아버지는 당신을 유혹했고요. 이모는 당신을 내던졌어요'라고 말하는 것은 환자에게 도움이 되지 않는다. 환자만의 방식으로, 환자의 능력 안에서 과거의 외상적 요소가 분석의 소재가 될 때 변화가 이루어질 수 있다." D. W. Winnicott, "The Theory of the Parent-Infant Relationship," The International Journal of Psychoanalysis 41 (1960): 585.

85 "Insanity Defense," Legal Information Institute website, www.law.cornell.edu/wex/insanity_defense.

86 Benjamin F. Hall, The Trial of William Freeman for the Murder of John G. Van Nest, Including the Evidence and the Arguments of Counsel, with the Decision of the Supreme Court Granting a New Trial, and an Account of the Death of the Prisoner, and of the Post-mortem Examination of His Body by Amariah Brigham, M. D., and Others (Auburn, NY: Derby, Miller & Co., 1848), 502.

87 Kenneth J. Weiss and Neha Gupta, "America's First M'Naghten Defense and the

Origin of the Black Rage Syndrome," The Journal of the American Academy of Psychiatry and the Law 46, no. 4 (December 2018): 509.

88 William H. Seward, Argument of William H. Seward, in Defence of William Freeman, on His Trial for Murder, at Auburn, July 21st and 22d, 1846 (Auburn, NY: H. Oliphant, printer, 1846), 4.

89 Seward, 8.

90 Hall, The Trial of William Freeman, 501.

91 Rule 20 Evaluation, written by Gregory A. Hanson, assistant director of psychological services, and Jennifer Service, Minnesota Security Hospital clinical director, October 7, 2003, 129.

92 이 부분은 미네소타 교정국과 미네소타 복지부에서 나오미의 허락을 받고 샤코피 교정 시설에 요청하여 확보한 정신건강 담당 직원의 600쪽이 넘는 기록에 근거하여 작성되었다.

93 Susan Bartlett Foote, The Crusade for Forgotten Souls: Reforming Minnesota's Mental Institutions, 1946-1954 (Minneapolis: University of Minnesota Press, 2018), xiii.

94 Albert Q. Maisel, "Scandal Results in Real Reforms," Life, November 12, 1951, 152.

95 Luther W. Youngdahl, "The New Frontier in Mental Health," speech at the American Psychiatric Association convention, Detroit, Michigan, May 4, 1950, mn.gov/mnddc/past /pdf/50s/50/50-NFM-LWY.pdf.

96 Luther W. Youngdahl, "Statement by Governor Luther W. Youngdahl at the Burning of Restraints" (speech), Anoka, Minnesota, October 31, 1949, mn.gov/mnddc/past/pdf/40s/49/49-SGL-Youngdahl.pdf.

97 Youngdahl, "The New Frontier," 6.

98 John F. Kennedy, Message from the President of the United States Relative to Mental Illness and Mental Retardation, 88th Cong., 1963, H. Doc., serial 12565, 3.

99 D. G. Langsley, "The Community Mental Health Center: Does It Treat Patients?," Hospital and Community Psychiatry 12 (December 1980): 815.

100 E. Fuller Torrey, American Psychosis: How the Federal Government Destroyed the Mental Illness Treatment System (New York: Oxford University Press, 2014),

78.

101 Torrey, 93.

102 Jennifer Bronson and Marcus Berzofsky, "Indicators of Mental Health Problems
     Reported by Prisoners and Jail Inmates, 2011-12," U.S. Department of Justice
     special report. Open-file report available at www.themarshallproject.org/doc-
     uments/3872819-Indicators-of-Mental-Health-Problems-Reported-by. 정신건
     강의 관리와 사법 정의 사이의 교차 지점을 잘 개관한 자료로는 Alisa Roth, Insane:
     America's Criminal Treatment of Mental Illness (New York: Basic Books, 2018)
     이 있다.

103 "Incarceration Trends in Min nesota," Vera Institute of Justice website, www.
     vera.org/downloads/pdfdownloads/state-incarceration-trends-minnesota.pdf.

104 Thomas M. Daly, For the Good of the Women: A Short History of the Minne-
     sota Correctional Facility Shakopee (Daly Pub.: 2004), 7.

105 "Minnesota Correctional Facility: Shakopee Inmate Profile," Minnesota Depart-
     ment of Corrections website, coms.doc.state.mn.us/tourreport/04FacilityIn-
     mateProfile.pdf.

106 이 부분은 나오미가 '일기장'이라고 제목을 붙여 놓은 120쪽짜리 노트를 참고했다.
     나오미는 주기적으로 자신의 방을 청소하고 편지와 노트, 그림, 책을 언니 토마에게
     보냈다. 토마는 시카고 집에 이 모든 걸 보관하고 있었다. 나오미가 석방될 즈음 토마
     는 이미 나오미의 편지와 글 전부를 거대한 쓰레기봉투 세 개에 넣어서 어디론가 옮
     긴 다음이었다. 앞으로 나올 내용은 쓰레기봉투 두 개에서 나온 것들이다. 세 번째 봉
     투는 다른 창고에 있어서 토마가 찾기가 어렵다고 했다. 우리가 2021년 2월에 시카
     고에서 만났을 때 나오미는 이 자료들을 읽도록 허락해 주었다.

107 Khoua Her, "Khoua Her's Story: Part IV," Hmong Times, January 1, 2001, 13.

108 Her, 9.

109 Khoua Her, "Khoua Her's Story: Part I," Hmong Times, November 16, 2000, 1.

110 Christopher Thao Vang, Hmong Refugees in the New World Culture, Commu-
     nity and Opportunity (Jefferson, NC: McFarland, 2016), 168. Youhung Her-
     Xiong and Tracy Schroepfer, "Walking in Two Worlds: Hmong End-of-Life
     Beliefs and Rituals," Journal of Social Work in End-of-Life and Palliative Care 14,
     no. 4 (2018): 291-314도 참조하라.

111 Mara H. Gottfried, "'This Can Never Happen Again': 1998 Slayings of Six Children in St. Paul by Their Mother Led to Changes in Mental Health Assistance," Bemidji Pioneer, September 1, 2018.

112 Toni Morrison, Beloved (New York: Vintage Books, 1987), 6.

113 Bowly Jr., The Poorhouse, 24.

114 Arthur Blank, "Apocalypse Terminable and Interminable: An Interview with Arthur S. Blank Jr.," in Listening to Trauma: Conversations with Leaders in the Theory and Treatment of Catastrophic Experience, ed. Cathy Caruth (Baltimore, MD: Johns Hopkins University Press), 288.

115 Blank, 284.

116 William H. Grier and Price M. Cobbs, Black Rage: Two Black Psychiatrists Reveal the Full Dimensions of the Inner Conflicts and the Desperation of Black Life in the United States (New York: Basic Books, 1968), 156.

117 Rollo May, The Discovery of Being (New York: W. W. Norton, 1983), 158.

118 Elizabeth Hawes, "Incarcerated Women Are Punished for Their Trauma with Solitary Confinement," Solitary Watch website, December 24, 2020, solitary-watch.org/2020/12/24/incarcerated-women-are-punished-for-their-trauma-with-solitary-confinement/.

119 Hawes, 7.

120 Elizabeth Hawes, "Women's Segregation: 51 Interviews in 2019" (unpublished), Solitary Confinement Reporting Project, 9.

121 Hawes, 9.

122 2004년 4월 29일 칼이 나오미에게 보낸 편지에서 인용. 나는 이 편지를 비롯해 칼과 주고받은 편지들을 토마가 보관했던 나오미의 물건들 속에서 발견했다. 앞의 각주 106번을 참고하라.

123 "In the Matter of Naomi Gaines: Findings of Fact and Recommendation," Department of Human Services, Special Review Board, Saint Paul, Minnesota, September 17, 2015의 녹취록에서 인용.

124 Andy Steiner, "Her Sentence Complete, Naomi Gaines-Young Wants to Talk About Mental Illness," MinnPost, September 3, 2019, www.minnpost.com/mental-health-addiction/2019/09/her-sentence-complete-naomi-gaines-young-

wants-to-talk-about-mental-illness/.

125 미네소타 시큐리티 정신병원에서의 사항들은 나오미의 허락을 받고 미네소타 복지
부가 요청하여 확보한 2000쪽이 넘는 의료 기록에 근거한 것이다.

126 Falk W. Lohoff, "Overview of the Genetics of Major Depressive Disorder,"
Current Psychiatry Report no. 6 (December 2010): 539-46. See also Elsevier,
"Largest Twin Study Pins Nearly 80% of Schizophrenia Risk on Heritability,"
ScienceDaily, www.sciencedaily.com/releases/2017/10/171005103313.htm.

제4장

1 로라 이야기는 1996년부터 2010년까지 300쪽에 달하는 로라의 의료 기록을 바탕으로
작성되었다. 원래 이 원고는 2019년 4월 1일자 《뉴요커》에 "정신과 약물 끊기에 도전하
기"라는 제목으로 발표된 것이다.

2 Joseph Biederman, "The Evolving Face of Pediatric Mania," Biological Psychiatry
60, no. 9 (November 2006): 901-902.

3 Carmen Moreno et al., "National Trends in the Outpatient Diagnosis and Treat-
ment of Bipolar Disorder in Youth," Archives of General Psychiatry 64, no. 9
(September 2007): 1032.

4 Laura Delano interviewed by Charles Eisenstein, "Laura Delano: Sanity in an In-
sane World," A New and Ancient Story, podcast, charleseisenstein.org/podcasts/
new-and-ancient -story-podcast/laura-delano-sanity-in-an-insane-world-e28/.

5 이 부분은 로라가 2004년 아웃워드 바운드 여행에서 쓴 일기장을 참고했다. 여기 인용
문들은 로라가 공유해 준 수십 통의 이메일과 편지에서 가져온 것이다.

6 "Eleanor Roosevelt Facts," Franklin D. Roosevelt Presidential Library and Muse-
um website, www.fdrlibrary.org/er-facts.

7 Alex Beam, Gracefully Insane: The Rise and Fall of America's Premier Mental
Hospital (New York: PublicAffairs, 2001), 152.

8 Ernest Samuels, Henry Adams (Cambridge, MA: Harvard University Press, 1989),
200.

9 A. John Rush et al., "Acute and Longer-Term Outcomes in Depressed Outpatients
Requiring One or Several Treatment Steps: A STAR*D Report," The American
Journal of Psychiatry 163, no. 11 (November 2006): 1905-17.

10 Elizabeth Jing and Kristyn Straw-Wilson, "Sexual Dysfunction in Selective Serotonin Reuptake Inhibitors (SSRIs) and Potential Solutions: A Narrative Literature Review," Mental Health Clinician 6, no. 4 (July 2016): 191-96. Tierney Lorenz, Jordan Rullo, and Stephanie Faubion, "Antidepressant-Induced Female Sexual Dysfunction," Mayo Clinic Proceedings 91, no. 9 (September 2016): 1280-86도 참조할 것.

11 Miranda Fricker, Epistemic Injustice: Power andthe Ethics of Knowing (New York: Oxford University Press, 2007), 1.

12 Carl Elliott, "On Psychiatry and Souls: Walker Percy and the Ontological Lapsometer," Perspectives in Biology and Medicine 35, no. 2 (Winter 1992): 238.

13 Sylvia Plath, The Journals of Sylvia Plath (1982; repr., New York: Anchor Books, 1998), 35.

14 Plath, 61.

15 Harold F. Searles, My Work with Borderline Patients (Lanham, MD: Rowman & Littlefield, 1986), 59.

16 Diagnostic and Statistical Manual of Mental Disorders, Third Edition (DSM-III) (Washington, D.C.: American Psychiatric Association, 1980), 322.

17 Janet Wirth-Cauchon, Women and Borderline Personality Disorder: Symptoms and Stories (New Brunswick, NJ: Rutgers University Press, 2000), 2.

18 Robert Whitaker, The Anatomy of an Epidemic: Magic Bullets, Psychiatric Drugs, and the Astonishing Rise of Mental Illness in America (New York: Broadway Paperbacks, 2010).

19 Helena Hansen, Philippe Bourgois, and Ernest Drucker, "Pathologizing Poverty: New Forms of Diagnosis, Disability, and Structural Stigma Under Welfare Reform," Social Science & Medicine (February 2014): 76-83. Sandra Steingard, "A Conversation with Nev Jones," Mad in America: Science, Psychiatry, and Social Justice, September 22, 2020, www.madinamerica.com/2020/09/a-conversation-with-nev-jones/도 참조할 것.

20 Joseph Schildkraut, "The Catecholamine Hypothesis of Affective Disorders: A Review of Supporting Evidence," The Journal of Neuropsychiatry and Clinical Neurosciences 7, no. 4 (November 1995): 530. 이 논문은 원래 The American

Journal of Psychiatry 122, no. 5 (1965): 509-22에 실렸다.

21 Nathan S. Kline, From Sad to Glad: Kline on Depression (New York: Ballantine Books, 1974), 37.

22 Brett J. Deacon, "The Biomedical Model of Mental Disorder: A Critical Analysis of Its Validity, Utility, and Effects on Psychotherapy Research," Clinical Psychology Review 33 (2013). Falk W. Lohoff, "Overview of the Genetics of Major Depressive Disorder," Current Psychiatry Reports 12, no. 6 (December 2010)도 참조하라.

23 Thomas Insel, Healing: Our Path from Mental Illness to Mental Health (New York, Penguin Press, 2022), xvi.

24 로라가 2010년 9월 28일 로버트 휘태커에게 보낸 이메일.

25 Anonymous forum comment, "Narcissus: just another Effexor story," Surviving Antidepressants website, September 28, 2012, www.survivingantidepressants. org/topic/3027-narcissus-just-another-effexor-story/?tab=comments#comment-33092.

26 Anonymous forum comment in reply to "Identity crisis," Surviving Antidepressants website, www.survivingantidepressants.org/topic/7497-identity-crisis/.

27 Amir Raz, "Perspectives on the Efficacy of Antidepressants for Child and Adolescent Depression," PLOS Medicine 3, no. 1 (2006): e9.

28 Nathan S. Kline, "The Practical Management of Depression," The Journal of the American Medical Association 190, no. 8 (1964): 738.

29 Jonathan Metzl, Prozac on the Couch: Prescribing Gender in the Era of Wonder Drugs (Durham, NC: Duke University Press, 2003), 147. 메츨은 여기에서 "향정신성 약물이 정신분석학적 패러다임의 문화적이고 사회적인 의미(특히 성적이고 인종적이며 젠더에 대한 의미)를 다시 전개하는 방식"에 대해 설득력 있게 논의를 펼친다. Jonathan Metzl, "Selling Sanity Through Gender: Psychiatry and the Dynamics of Pharmaceutical Advertising," Journal of Medical Humanities 24, no. 1 (2003): 79-103; Jonathan Metzl, "Prozac and the Pharmacokinetics of Narrative Form," Signs: Journal of Women in Culture and Society 27, no. 2 (Winter 2002): 347-80; Jonathan M. Metzl, Sara I. McClelland, and Erin Bergner, "Conflations of Marital Status and Sanity: Implicit Heterosexist Bias in Psychiatric Diagnosis

in Physician-Dictated Charts at a Midwestern Medical Center," Yale Journal of Biology and Medicine 89, no. 2 (June 2016): 247-54.

30 Lara Magro, Marco Faccini, and Roberto Leone, "Lormetazepam Addiction," in Neuropathology of Drug Addictions and Substance Misuse Volume 3: General Processes and Mechanisms, Prescription Medications, Caffeine and Areca, Polydrug Misuse, Emerging Addictions and Non-Drug Addictions, ed. Victor R. Preedy (London: Academic Press, 2016), 273.

31 Alain Ehrenberg, Weariness of the Self: Diagnosing the History of Depression in the Contemporary Age (Montreal: McGillQueen's University Press, 2009), 199.

32 Todd M. Hillhouse and Joseph H. Porter, "A Brief History of the Development of Antidepressant Drugs: From Monoamines to Glutamate," Experimental and Clinical Psychopharmacology 23, no. 1 (February 2015): 121.

33 Debra J. Brody and Qiuping Gu, "Antidepressant Use Among Adults: United States, 2015 2018," Centers for Disease Control and Prevention: National Center for Health Statistics Data Brief no. 277 (September 2020), 2.

34 Metzl, Prozac on the Couch, 61.

35 Metzl, 154.

36 Laura의 블로그는 '정신의학으로부터 회복하기'라는 제목이었고 주소는 'recovering-frompsychiatry.com'이었으나 지금은 운영하지 않는다.

37 버팔로대학의 정신의학 교수인 지오바니 파바는 선택적 세로토닌 재흡수 억제제 복용을 중단했을 때 발생할 수 있는 합병증에 대한 연구를 수행하고 있는 몇 안 되는 의사 중 하나이다. 그는 최근에 이 주제에 대한 책을 출간했다. Giovanni A. Fava, Discontinuing Antidepressant Medications (New York: Oxford University Press, 2021).

38 L. Pacheco et al., "More Cases of Paroxetine Withdrawal Syndrome," The British Journal of Psychiatry 169, no. 3 (1996): 384.

39 Andrea L. Lazowick and Gary M. Levin, "Potential Withdrawal Syndrome Associated with SSRI Discontinuation," Annals of Pharmacotherapy 29 (December 1995): 1285.

40 E. Szabadi, "Fluvoxamine Withdrawal Syndrome," The British Journal of Psychiatry 160, no. 2 (February 1992): 284.

41 John Keats to George and Tom Keats, letter, December 2127, 1817, British Li-

brary website, www.bl.uk/romantics-and-victorians/articles/john-keats-and-negative-capability.

42 Peter Kramer, Listening to Prozac: A Psychiatrist Explores Antidepressant Drugs and the Remaking of Self (New York: Penguin Books, 1993), 270-71.

43 Nathan S. Kline, "Clinical Experience with Iproniazid (Marsilid)," Journal of Clinical and Experimental Psychopathology & Quarterly Review of Psychiatry and Neurology 19 (1958): 79.

44 Carl Elliott, "Pursued by Happiness and Beaten Senseless: Prozac and the American Dream," Hastings Center Report 30, no. 2 (2000): 9

45 Elliott, 11.

46 Ehrenberg, Weariness of the Self, 200.

47 Carl Elliott, introductionto Prozac as a Way of Life, ed. Carl Elliott and Tod Chambers (Chapel Hill: University of North Carolina Press, 2004), 3.

48 Kramer, Listening to Prozac, xv.

49 Adam Phillips, "The Art of Nonfiction No. 7," interview by Paul Holdengraber, The Paris Review, no. 208 (Spring 2014), www.theparisreview.org/interviews/6286/the-art-of-nonfiction-no-7-adam-phillips.

50 『프로작의 말을 듣기』에서 피터 크레이머는 프로작이 "비극의 전제 조건인 '참여'를 촉진시켜 준다"라고 말한다. 258.

51 Roland Kuhn, "The Imipramine Story," in Discoveries in Biological Psychiatry, ed. Frank J. Ayd and Barry Blackwell (Philadelphia: J. B. Lippincott, 1970), 215.

52 Adrienne Einarson, Peter Selby, and Gideon Koren, "Abrupt Discontinuation of Psychotropic Drugs During Pregnancy: Fear of Teratogenic Risk and Impact of Counselling," Journal of Psychiatry & Neuroscience 26, no. 1 (2001): 4.

53 Kramer, Listening to Prozac. Peter Kramer, "Incidental Enhancement," Human Nature and Self Design (January 2011): 155-63.

54 Ann-Louise S. Silver, "A Personal Response to Gail Hornstein's To Redeem One Person Is to Redeem the World: The Life of Frieda Fromm-Reichmann," Psychiatry 65, no. 1 (Spring 2002): 2.

55 Frieda Fromm-Reichmann, "Loneliness," Contemporary Psychoanalysis 26 (1990): 306. 원래는 Psychiatry: Journal for the Study of Interpersonal Processes

22 (1959)에 실렸다.

56 Sigmund Freud, "Fragment of an Analysis of a Case of Hysteria (1905 [1901])," in The Standard Edition of the Complete Psychological Works of Sigmund Freud, Volume VII (1901-1905): A Case of Hysteria, Three Essays on Sexuality and Other Works (1905) (London: Hogarth Press, 1975), 122.

57 Susan Katz, "Speaking Out Against the 'Talking Cure': Unmarried Women in Freud's Early Case Studies," Women's Studies: An Interdisciplinary Journal 13, no. 4 (1987): 298. 원문은 Sigmund Freud and Josef Breuer, Studies on Hysteria, trans. James Strachey (New York: Basic Books, 2000), 160(Originally published in 1895)에 실린 것이다.

에필로그

1 Arthur L. Robin and Patricia T. Siegel, "Family Therapy with Eating-Disordered Adolescence," in Handbook of Psychotherapies with Children and Families, ed. Sandra W. Russ and Thomas H. Ollendick (New York: Kluwer Academic/ Plenum Publishers, 1999), 301.

2 나의 원고를 읽고 여기에 대해 지적해 준 네브 존스에게 감사를 표한다. 정신병과 자아 정체성에 대한 그녀의 논문은 내게 영감의 원천이 되었다. Awais Aftab, "Phenomenology, Power, Polarization, and theDiscourse on Psychosis: Nev Jones, PhD," Psychiatric Times, October 8, 2020, www.psychiatrictimes.com/view/phenomenology-power-polarization-psychosis를 참조하라. 또한 Nev Jones et al., "'Did I Push Myself Over the Edge?': Complications of Agency in Psychosis Onset and Development," Psychosis: Psychological, Social and Integrative Approaches 8, no. 4 (January 2016): 324-35도 참조할 것.

3 David Milne, "Michigan Continues to Cut Public Psychiatry Beds," Psychiatric News, February 7, 2003, psychnews.psychiatryonline.org/doi/full/10.1176/pn.38.3.0008.

4 Jon Arcelus et al., "Mortality Rates in Patients with Anorexia Nervosa and Other Eating Disorders: A Meta-analysis of 36 Studies," Archives of General Psychiatry 68, no.7 (2011): 729.

5 Rebecca J. Lester, Famished: Eating Disorders and Failed Care in America (Oak-

land: University of California Press, 2019), 16.

6 "Facts About Eating Disorders: What the Research Shows," Eating Disorders Coalition for Research, Policy & Action (EDC) website, eatingdisorders coalition. org. s208556. gridserver. com/couch/uploads/file/Eating%20Disorders%20Fact%20 Sheet. pdf.

7 "Facts About Eating Disorders."

8 Lester, Famished, 16.

9 Ancel Keys, Josef Brozek, and Austin Henschel, The Biology of Human Starvation (Minneapolis: University of Minnesota Press, 1950), 908.

10 Nonja Peters, "The Ascetic Anorexic," Social Analysis: The International Journal of Social and Cultural Practice, no. 37 (April 1995): 49. Ancel Keys, The Biology of Human Starvation (Saint Paul: University of Minnesota Press, 1950)도 참조하라.

11 Liza Mundy, "Open (Secret)," The Washington Post, May 6, 2007, W18. 리자 먼디 는 또한 하바와 입양처 가족과의 만남에 대해 친절하고도 자세히 알려 주었다.

12 Louise Gluck, Proofs and Theories: Essays on Poetry (Hopewell, NJ: Ecco Press, 1994), 10.

13 William James, Essays in Psychology (Cambridge, MA: Harvard University Press, 1984), 247-68.

14 Rachel Aviv, "Which Way Madness Lies: Can Psychosis Be Prevented?," Harper's Magazine (December 2010), 41.

15 Patricia E. Deegan, "Recovery as a Self-Directed Process of Healing and Transformation," Occupational Therapy in Mental Health 17 (2002): 18.

16 Deegan, 19.

17 Patricia E. Deegan, "Recovery: The Lived Experience of Rehabilitation," Psychosocial Rehabilitation Journal 11, no. 4 (1988): 14.

18 Deegan, "Recovery as a Self-Directed Process," 18.

19 Deegan, "Recovery: The Lived Experience of Rehabilitation," 14.

20 John Steinbeck, The Grapes of Wrath (New York: Viking Press, 1939), 15.

21 Frieda Fromm-Reichmann, "Remarks on the Philosophy of Mental Disorder," Psychiatry: Interpersonal and Biological Processes 9 (1946): 294.

내게 너무 낯선 나

1판 1쇄 인쇄	2024년 7월 16일
1판 1쇄 발행	2024년 7월 30일
지은이	레이첼 아비브
옮긴이	김유경
발행인	황민호
본부장	박정훈
기획편집	강경양 이예린
마케팅	조안나 이유진 이나경
국제판권	이주은 한진아
제작	최택순
발행처	대원씨아이㈜
주소	서울특별시 용산구 한강대로15길 9-12
전화	(02)2071-2019
팩스	(02)749-2105
등록	제3-563호
등록일자	1992년 5월 11일
ISBN	979-11-7245-958-1 03180